活在恩典中

The End of Your World: Uncensored Straight Talk on the Nature of Enlightenment

[美]阿迪亚香提 著 李思坤 译

华夏出版社
HUAXIA PUBLISHING HOUSE

目录 Contents

编者序 / 001
前　言 / 001

第一章　人类的两难困境 / 001

> 我们之所以受苦，最重大的一个原因就是，我们相信自己脑袋里的想法。

第二章　解除我们的苦难 / 025

> 只有在这个片刻、当下，我们才有能力醒过来，给痛苦一个终结，就是这个时刻让发生在过去的一切变得如此值得。

第三章　从小我的催眠中醒来 / 049

> 99％的人活在小我意识状态的催眠之中，呼吸于其中，但是，也正是这个催眠，让我们极力渴望要从中逃脱。

第四章　放下挣扎 / 067

> 你所需要做的一切就只是去注意到，你的内在有一个没有挣扎的地方。

第五章　体验情绪的天然能量 / 091

> 你必须真正地沉入痛苦，甚至是放松地进入这个苦痛之中，以便你可以允许这个苦痛开口讲话。

第六章　内在的安定 / 111

> 为了达到安定，我们必须以一种新的方式去倾听。

第七章　亲密与敞开 / 127

> 当你习惯于越来越放松地进入到自己不知道的空间时，你会注意到有一种你与自己的亲密感会悄然生长，甚至有时你都不知道你在与谁亲密。

第八章　苦难的终结 / 147

> 你必须在你的肉身死亡之前"死"去，如此，你才能真正地活着。

第九章　真实的自主性 / 161

> 想着我们可以拽着某位灵性导师的衣角而开悟是一个巨大的幻觉。

第十章　超越对立的世界 / 183

> 记住，我们的目标不是要变得有灵性而没有人性，而是既有灵性又有人性；我们的目标不是变成一个非人的神，而是要成为一个有神性的人。

第十一章　活在恩典中 / 201

> 如果我们有心去看的话，恩典一直都包围着我们。美好的时刻是恩典，艰难的时刻是恩典，令人困惑的时刻也是恩典。

关于作者 / 212
译　后　记 / 213

编者序

2009年春，我与阿迪亚香提在电话中谈到跟真音出版社合作出版一本新书及一系列有声读物的可能性。在这个过程中提到，我想要出版一本有关他的教导的书，这本书既对那些刚刚走上灵性道路的人很有帮助，同时又不失深度。阿迪亚（正如学生与朋友们所叫他的那样）使我很惊讶，他说："我教得越多，越是发现最基本的东西才是我教学中最重要的部分。我注意到，当我以一种清晰的方式来谈论本质性的灵性洞见时，那些新上路的与那些已经在这条路上几十年的人，都会获得巨大的收益。"

关于《灵性探索的基础》一书的构想，成为2009年秋天在加州洛斯加托斯举办的连续五天的系列讲座的主题。这些讲话经过录音整理后，被编辑成《活在恩典中》这本书。

当你在阅读《活在恩典中》时，我的建议是，慢慢来，尽可能地注意到那些在你的内在引起共鸣的地方、那些有所领悟的时刻、那些阿迪亚所说的"啊哈时刻"。就某种意义而言，《活在恩典中》是一次（能量）传导，是对我们超越任何定义的真实本性的揭示。这份传导是一次心与心的相遇，就像是揭开面纱一样，我们直接看到存在本体中的某种无疆界的真相。这份传导不是发生在话语的层面，而是在感觉的层面，它是沟通中更精微的部分。这本书充满了各种指引。问题是，我们是否可以跟随这些指引？

几年前，我采访阿迪亚及他的工作，我问他是否想过将能量传递出去。他说："我并没有刻意地谈论它，但是，它其实是我教导中很重要的一个方面。"《活在恩典中》对于读者来说，就是这样一个机会，可以在存在这个浩瀚而敞开的维度与阿迪亚相遇。这是一次让我们的心获得自由的相遇，它邀请我们一直下落、下落、再下落，无需着陆。

真音出版社出版人
塔米·西蒙

前　言

　　最近，我在回顾自己这些年的教学历程。我注意到的一件事情是，在任何灵性教导中，最具有蜕变力的元素都来自于它的基础和根本。这些也是最容易被遗忘的，因为我们头脑的天性就喜欢复杂。头脑相信，一件事情越是精微与复杂，它就越能够精确地反映出现实。然而，在我多年的教学过程中，我看到的是，最有力量的教导实际上是教学中的基础部分，正是那些教导中的基础元素，掌握着帮助我们达成生命蜕变的真实力量。

　　这个观察也是我创作这本书最原始的动机：当我在教学中不停地发现这些基础元素是我工作中最重要的部分时，我想把它们呈现出来。当然，在教学中确实还有一些更精微与复杂的部分，可是，我看到它们其实并不是那么重要；我一次又一次地看到，教导越是简单，就越有力量和蜕变力。我们的心智很难相信这点——怎么可能有如此简单却如此有力量的东西呢？但是，我还处于不停发现的过程中，通过探索是什么基本因素导致我们受苦，以及我们是如何从分离的视角来看待自己的生命，这些都毫无疑问地成为我教学中最具蜕变力的方面。

　　然而，灵性生活中最深奥的一面是恩典这个因素，它超越任何教导。恩典的降临是在我们发现自己完全处在开放状态的时候，在我们变得敞开心扉、敞开头脑，并且也愿意揶揄一下自己——自己可能并不知道那些自以为知道的事的时候。在那个不知道的间隙里、在那个悬而未决的时刻，生命以及现实的另一个元素会闯进来。这就是我所说的"恩典"。它是那个"啊哈!"的时刻——一个认出的时刻,一个当我们意识到某件事情之前我们所无法想象的时刻。

有许多环境与体验能够让我们向这份恩典敞开。无论是我们在大自然中经验的一个美丽的瞬间,还是当我们与所爱的人在一起,或是静静地坐在寂静之中,出于某些缘由,一种全新的认知被开启了。我们发现自己被恩典充满。而另一些时刻,恩典以一种更猛烈的方式到来,我们生命中的困境最能够打开我们的心扉与头脑。虽然我们总是想方设法地避开这些时刻,但实际上,正是这些充满挑战的时刻为我们的成长及意识的转变提供了最大的机会。

这本书为我们提供了很多简单的方法,让我们向恩典敞开,让我们在进入那些隐秘而安静的片刻时,向光明的神秘元素敞开。这将点燃一场革命,一场我们如何看待生命的革命、一场深远的革命,它帮助我们去终结人类日复一日的苦难与冲突。

这本书里的教导不是为了方便头脑收集资讯,而是可以使你得到一些让你深刻冥想的东西,让你看到你是否在自己的体验中发现了真相。你需要有意愿放慢速度甚至是停下来,充分地消化你所听到的一切,因为,无论针对任何教导,我们永远无法在其语言中找到真理。进一步说,真理是在我们真实的自我里找到的。通过这样的方式去探索,我们将教导变成我们自己的。又通过将教导指向我们自己内在的体验,我们觉悟到一个更加完整而统一的人生观,而它最终会直指人心最深沉的渴求与向往。

第一章　人类的两难困境

我们之所以受苦，最重大的一个原因就是，我们相信自己脑袋里的想法。

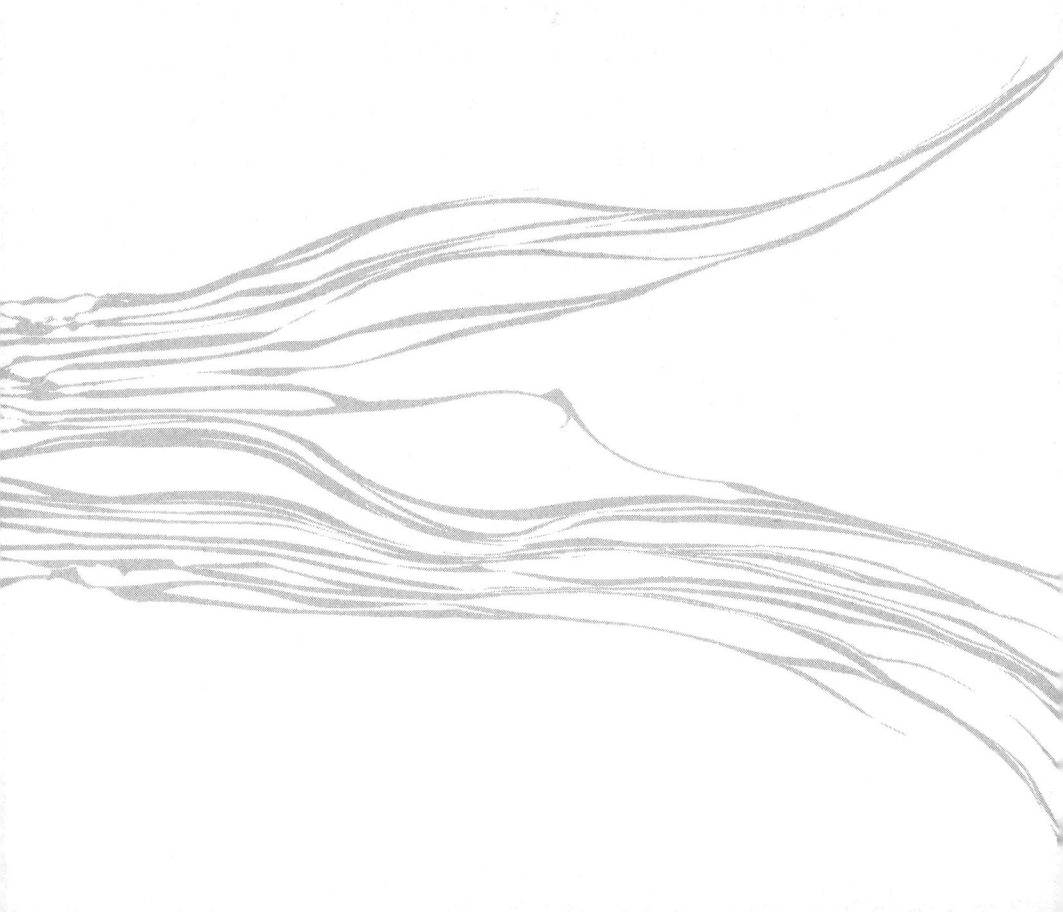

当我还是个大约七八岁的小孩子时，我开始留意并且琢磨的一件事是：在我观察自己周围的大人时，我发现他们喜欢劳苦、疼痛和冲突。即便我成长于一个相对健康的家庭，我的父母与姐妹都很有爱心，而我实际上也有一个相当精彩且快乐的童年，我还是会在周围的世界里看到巨大的痛苦。当我看着大人的世界时，我在思索：人们是如何进入到冲突之中的？

作为一个孩子，我恰巧是个很棒的聆听者——也许有人会说我是个"听墙根的"。我会去听发生在家里的每一句谈话。实际上，我们家有一个笑话：家里没有一件事是我不知道的。我以前喜欢了解发生在我身边的每一件事，所以，在童年时光里，我花了很多时间去听我家及亲戚家的大人们谈话。多数时候，我发现他们所谈论的事情都相当有意思，但是，我也注意到他们大部分的谈论中都有着某种特定的起伏——谈话有时候会进入一些小小的冲突中，之后会渐渐从冲突中退出，退出后又快要起冲突了，最后又从冲突中抽离。人们偶尔还会有一些争执或是受伤害的感觉，他们会觉得被误解。对我来说，这些状况让我觉得很古怪，我真的无法理解大人们为何要以那样的方式去做事，他们与人沟通和连结的方式真的令我费解。我无法弄清楚到底发生了什么事，感觉怪怪的。

相信我们所想

我日复一日，周复一周，年复一年地这样看着、观察着，有一天，突然间我灵光乍现："噢，我的老天！大人们相信他们所想的！那就是他们受苦的原因！那就是他们会产生冲突的原因，那就是他们行为古怪、令我无法理解的原因，因为他们真的相信自己脑子里的想法。"对于一个小孩子来说，这样的观念实在是相当怪异的。这对我来说，是一个相当陌生的想法。当然，我的脑袋里也有想法，但是，当我还是小孩，我可不像大人们那样总是带着满脑子跑个不停的评论四处行走。基本上，我常常忙于找乐、聆听，或是专注和着迷于生活的某些方面。当时，我认识到，那些大人们的确花了很多时间去"思考"。而在我看来，更要命也更奇怪的是，他们真的对自己所思考的东西信以为真，他们相信思想是在自己脑袋里的。

突然间，我理解了大人相互交流时到底发生了什么：人们实际上是在交流自己的想法，而每一个人都相信他们的想法就是真的。问题就在于，这些不同的大人们对于什么是真的都有着不同的想法，因此，当他们在交流的时候，那场交流实际上也成了一场无言的谈判，每个人都企图占上风，并且捍卫自己的想法或信念。

当我继续去观察大人们是如何相信自己的想法时，我感到惊讶："他们疯了！我现在明白了：他们疯了。相信自己头脑里的想法真是疯了。"奇怪的是，发现这一点对于我这个小孩子来说，真是一种解放。说它是一种解放的意思是，至少我开始理解了大人们奇怪的世界，尽管这个世界对我来说没什么道理。

这些年在分享这种体验的过程中，我已经了解到，有许多其他的人也记得他们小时候对这个成人世界的疯狂有着类似的洞见。但是，这个洞见并未让很多孩子产生出一种释放感，而是使得他们开始质疑自己，思索自己是不是有什么不对劲。对于孩子们来说，想到我们所依赖的大人——由他们来为我们的生存负责，并监护和爱我们——实际上是疯狂的，这是多么恐怖的一个体验啊。

人类受苦的两难困境

不知什么原因，这个洞见并没有引发我对成人世界的害怕。相反，它对我而言实际上是个巨大的释放，因为我至少可以理解他们为什么要做他们所做的一切。在不知不觉中，我实际上在做人的巨大困境方面获得了第一个洞见，它是关于人类受苦的原因。这正是佛陀在2500年前追问的一个问题：什么才是人类受苦的原因？

当我们任何一个人看着这个世界时，我们自然会看到难以想象的美丽与神秘。有很多东西值得我们欣赏，也值得我们景仰。但是，当我们看着人类世界时，也不得不承认，其中也有着大量的痛苦与不足。有大量的暴力、仇恨、无知以及贪婪存在。为什么人类看起来很喜欢受苦呢？为什么我们看起来是那么喜欢对痛苦紧抓不放，仿佛它是一件重要的财产？

从小和猫猫狗狗一块长大，我注意到一件事儿：一条狗经常会和你生气，它可能会有怨气或者失望，也可能会时常有一种受伤的感觉，但是，几分钟之后，甚至有时候是几秒钟之后，这条狗就会丢掉那个情绪。它会在很短的时间里放下它的痛苦，并回到它自然的开心状态中。我想："为什么要人类放下痛苦会那么难？是什么原因让我们常常背负着痛苦，并使之成为我们的负担？"某种程度上，许多人的生命就被限定在那些导致他们受苦的事件中了，而且很多人是为了很久很久以前所发生的事情在受苦。这些事情并没有继续发生，但是，他们却在某种程度上继续活在那个苦难中，那个受苦的体验还在持续，这到底是怎么回事？

作为一个小孩子，尽管那时我并不知道我这个洞见是多么重要，但它是对于我们为什么会受苦的一个最初的了解。我越来越清楚地知道，我们受苦的最首要的原因就是，我们相信自己所想的，因此，那些在我们脑袋里的想法就不请自来地进入我们的意识，转悠个不停，而我们也开始执著于这些想法。作为一个小孩子，我这个洞见远比我所能意识到的重要得多。我花费了很多年的时间，可能是二十年，才认识到当时作为小孩子的我实际上发现了人们卡在痛苦里的根源。我们之所以受苦最重大的一个原因就是，我们相信自己脑袋里的想法。

我们为什么要这样做？我们为什么要相信自己脑袋里的想法呢？当别人对我们说出他们脑袋里的想法的时候，我们未必相信。当我们读一本书时——书什么也不是，只是记录下某个别人的想法而已——我们也许相信也许不信。但是，为什么我们会对发生在我们脑子里的想法有这种想要抓住的倾向呢？为什么我们想要紧抓不放并且变得认同于它们？哪怕这些想法给我们造成了巨大的疼痛和苦难，我们好像也没有能力将它们放下。

语言的阴暗面

我们对于思维的相信，始于我们的教育以及我们学习语言的自然过程，它像是被编写的程序一样。对于一个孩子来说，语言是一个伟大的发现。毕竟，可以给某些事物命名是一件很美妙的事情。当我们可以指着某样东西说："那是我想要的！""我要喝水。""我要吃东西。""我要换尿布。"这是一件极具优势的事情。当我们最初发现语言并开始运用它的时候，那是一个很精彩的突破。

小的时候，对我们来说，语言最具力量的部分在于我们自己的名字，也就是在我们意识到自己有一个名字的时候，我们才发现语言是如此有力量的。我还记得我认识到这一点的那个人生时刻。我过去常常会在脑海里一遍又一遍地重复自己的名字，因为这真是好玩。它是一个伟大的发现："哦，这就是我！"

在成长过程中，我们大多数人都会在某种程度上迷恋语言。语言可以用来沟通许多美妙的事情，它是一个非常强有力的工具，可以用来分享我们生命中的体验。随着我们年龄渐长，语言也变成我们用以表达伟大的创意及智慧的方式。但是，就像每件事情一样，语言有它的阴暗面。同样，思想也有着它的阴暗面，但从来没有人教过我们思想的阴暗面是怎么回事。没有人告诉过我们：原来，相信我们头脑里的想法有可能是一件非常危险的事情。我们被教育的仅仅是思想的正面因素。在成长的过程中，我们实际上被父母以及周围的世界植入了一些程序，这让我们非常像一台电脑。在这个过程中，我们被教育得只会以绝对的方式来进行思考。事物非此即彼、非对即错、非黑即白。这些程序影响着我们的思维方式以及我们认知世界的方式。它是蓝色、红色，它是大的或高的吗？

伟大的灵性导师克里希那穆提曾经说过:"当你教一个小孩子给一只小鸟命名,说那是一只'鸟'时,那个孩子就再也不会看到鸟了。"他们将会看到的就只是那个叫做"鸟"的词语,他们将会看到和感觉到的只是那个词语。当他们仰望天空,看到一只陌生的长有翅膀的生灵在飞翔时,他们将会忘记其中有着多么伟大的奥秘,他们将忘记他们真的不知道那是什么,他们将忘记那个在天空中飞翔的东西是超越任何词语的,那是无限生命的一个表达。那飞越天空的实际上是一个如此非凡的奇迹般的事物。但是,一旦我们给它命名,我们就以为我们知道了它是什么。我们看见了"鸟",我们就已经给它打了折扣。"鸟"、"猫"、"狗"、"人"、"杯子"、"椅子"、"房子"、"森林"——所有这些东西都被赋予了名字,而一旦我们给它们命名,这一切都会在某种程度上失去它们天性中的活力。当然,我们需要给这些东西命名,并在它们周围形成一些概念,但是,如果我们开始对这些名称以及我们为其创造的概念信以为真,那我们就开始进入观念世界的催眠之旅中了。

思考以及运用语言的能力,其阴暗面在于:如果我们漫不经心或是以一种不明智的方式去运用的话,我们将遭受痛苦,并经历一些不必要的冲突。因为,思想所做的事情终究就是:分离。对于不同的事物,思想进行分类、命名、拆分,或是解释。需要重申的是,思想和语言有着非常有用的一面,它们因此而有必要得到发展。进化过程花了很大的力气来确保我们有能力进行缜密而理性的思考,或者换言之,我们花了很大力气来确保我们的思维方式可以保证我们能继续存活。但是，回头看看这个世界，我们看到的是，正是这个用以帮助我们存活的东西，同样也变成了监禁我们的东西。它让我们陷入了这个世界的幻梦，活在以心智为主的世界里了。

　　这就是那个被许多古老的灵性教导所提及的梦幻世界。当古圣先贤们说，"你的世界是一场幻梦，你活在一个幻象里"时，他们所指的是这个头脑的世界，以及我们对我们的思想信以为真的方式。当我们通过思想去看这个世界的时候，我们停止了如实地去体验生命，也停止了如实地去体验他人。当我对你有了某个想法的时候，那个想法实际上是我创造出来的，我就因此将你变成了一个想法。就某种程度而言，如果我对你有一个让我自己信以为真的想法，那我实际上已经是在贬低你，我已经使你变成某种很渺小的东西了。这其实就是我们人类的思考方式，这就是我们互相加诸于对方的方式。

　　要真正了解人类受苦的起因，以及从中自由解脱的潜能，我们必须非常仔细地去看清楚人类受苦的根源：当我们对自己所想的信以为真，当我们以为自己的所想就是现实时，我们就会受苦。在我们真正看到这一点之前，它似乎不那么明显。但是，就在我们对自己的思想信以为真的刹那间，我们就开始活在梦幻的世界里了。在这里，心智将一个只存在于头脑中而非真实存在的世界完全概念化了。在那个片刻，我们开始体验到隔绝感，我们不再能够以丰富而充满人情味的方式感觉彼此的连结，而是发现我们自己越来越退缩到心智的世界里，退缩到一个我们自己创造出来的世界里。

走出受苦的迷局

那么,出路何在?我们如何才能避免迷失于我们自己的思想、投射、信念以及意见之中?我们如何才能找到走出这整个受苦迷局的出路?

首先,我们要开始做一个简单却强有力的观察,即:所有的思想,无论是好的坏的,可爱的还是邪恶的,它们都发生于某个东西的内在。所有的思想都是在一个浩大的空间里生生灭灭。如果你观察自己的心智,你会看到,一个思想只是在它自己里面升起,它的升起与你的意愿毫不相关。相应地,我们却被教育去抓住并认同于这些思想。但是,如果我们能够放弃这种想要抓住思想的倾向,哪怕只是一个片刻,我们就会留意到某种非常深奥的东西,即:思想的生灭是在一个浩大的空间里自发地产生,而这个嘈杂的心智实则是从一种非常非常深的宁静感中产生出来的。

在最初的观察中,你也许无法明显地看到这一点,因为,我们习惯认为静默或宁静取决于外在的环境,即,我家里安静吗?邻居家的狗是不是不再叫了?电视是不是关了?或者说,我们倾向于认为内在的安宁就是:我的头脑是不是嘈杂?我的情绪是不是平静?我感觉到安定了吗?但是,我现在说的静默或宁静并不是指相对意义上的静默,它不是指噪音(或者哪怕是头脑噪音)的缺席,而是指,你开始注意到,有一种恒久存在的静默,而噪音也存在于这个静默之中,甚至包括头脑的噪音也是如此。你可以开始看到,每一种思想都是从那个绝对静默的背景中升起的,念头实际上是从一个无念的世界里升起的,每一种想法都出自一个浩瀚的空间。

当我们继续观看思想的天性时,尤其是去看看到底是什么或是谁在觉知思想的产生时,我们大多数人都会说,"呃,我是那个注意到这个想法的人",并对此信以为真。这其实是因为我们被教育成如此,我们总会自然地假设,那个"你"或"我"是分离的个体,是那个"思考着"我们的想法的人,此外,还会有谁在思考着这些想法呢?但是,如果你近距离地去看,你会意识到,并没有一个真正的你在那里思考。思考只是自然发生了而已。无论你想要还是不想要,它只是兀自发生,无论你想不想要它停止,它也只是兀自停止。当你开始看到这个过程,看到你的头脑只是兀自思考兀自停止时,你可能会感到相当震惊。如果你不再试图去控制自己的头脑,你就会留意到,思想产生于一个非常浩瀚的空间。这是一个非凡的发现,因为它开始显示出有一个非思想的东西存在,而且,我们并不是我们头脑里将要出现的下一个想法。

当我们开始对自己的想法信以为真,当我们在最深的层面上认为思想就等同于现实,那么,我们就会看到,这在很多层面直接地将我们导向挫折、不满以及最终的苦难。认识到这一点,就是我们解除痛苦的第一步。然而,还有一些更根本的东西需要被看到。我们将认识到,我们很早就形成了自己的意见、信念、以及概念化的能力。即便当我们开始看到是头脑使我们受苦,为什么我们还要带着如此强烈的感情紧抓住自己的头脑不放呢?我们为什么还要抓住这些认同,以至于有时候达到一个地步,感觉是这些认同紧抓着我们似的?我们这样做的其中一个原因就是，我们认为自己头脑的内容——我们的信念、想法、意见——实际上就是我们自己。这是最主要的幻象，即我是我所想的，我是我所相信的，我是我所持有的观点。为了帮助我们看穿这个幻象，我们需要看得更加深入，要去看是什么驱使我们以这样的方式去看待世界。

我们所寻求的是什么？

在耶稣离世后不久，有一部《托马斯福音》，据其记载，耶稣曾说，"求道者应不断追寻直至找到方止。寻找之时，他将被烦扰。烦扰之后，他将被震惊，而后，他将君临一切。"这段引言位于整部福音之首，也是其中最具震撼力的教导。"求道者应不断追寻直至找到方止。"求道者在追寻的是什么？你们在追寻什么？人类真正追寻的是什么？对于我们所追寻的，我们可能有许许多多的名目，但是，无论我们称之为神、金钱、认可，还是权力、控制，我们真正追寻的就是幸福。实际上，我们却只是向外在的形式追寻，因为我们认为只有当自己获得了那些，我们才会幸福。所以，实际上，无论我们说自己正在追寻的是什么——神、金钱、权力或声望——我们所追寻的就是幸福。如果我们不认为追寻会给我们带来幸福，我们就将不会再去追寻。

在这段引言中，耶稣一开始就说，求道者应该不断地追寻直到找到为止，找到幸福、和平或是实相本身，这是他的鼓励和指引。真相是，在如实地看到实相之前，是没有恒久永存的和平或幸福的，所以，我们必须首先发现什么是真的、我们是谁，以及生命的核心是什么。他鼓励我们要坚持去追寻，不断地深入再深入，直到我们找到为止。我们大多数人所面临的挑战却是，我们不知道该如何去追寻。我们大多数人以为，追寻只是另一种形式的紧抓或是获取。但是，这不是耶稣在这里所讲的追寻。

耶稣所指的追寻之路是久远以来的一个启示：向内追寻。如果我们真的去看，我们会发现，我们向外获取的任何东西终将消失。这也是佛陀几千年前所讲的无常法则。你所看到的你周围的一切，无论权力、控制、金钱、人或是健康，都处在一个生生灭灭的过程之中。正如你的肺部要呼吸吐纳一样，事物必须消散以便生命能够呼吸如新。这也是宇宙的法则之一：你所看到、尝到、触碰到以及感觉到的一切最终都将消失，并回归它的本源，退回源头，等待着再次的重生与出现。

在引言的第二句，它揭示出这段福音的力量所在："寻找之时，他将被烦扰。"这句话指出，为什么大多数人不能找到恒久的幸福，因为大多数人不想被烦扰。我们大部分都不想被打扰，我们不想在自己追寻幸福的过程中遇到任何的困难。我们真正想要的就是能够有人将幸福端到我们面前。但是，想要找到真正的幸福，我们必须真的愿意接受烦扰、震惊，接受在我们的假想中可能存在着错误，并且愿意被抛进未知的深井。

被烦扰的意思是什么？我们为什么非得在所有层面都有意愿向它敞开呢？要理解这一点，我们必须仔细地观看我们的心智，去看看那些我们所相信的事情，以及我们紧抓的思想。我们必须要探查一下所有导致我们受苦的终极原因，那些我们对于控制、权力、赞许和认可的瘾头。这些外在于我们的东西，也许会给我们带来某种短暂的快乐或是享受，却无法给我们带来自己真正渴望的最深的满足，无法对我们为何受苦给出有针对性的解答，它们也无法给人类的困境带来最深的释放。

如果有人对你说："你可以停止受苦。你可以就在此时此地真正完全停止受苦，你所需要做的就只是放弃你所认为的一切。你必须放弃你的意见，你必须放弃你的信念，你甚至还得放弃你自以为是的一切。你必须将这一切都放下，这就是你所需要做的。放下这一切，你就会幸福，你会完全地幸福，并永远从痛苦中解脱出来。"然而，对于大多数人来说，这却是一桩不可接受的买卖。

"放弃我的想法？放弃我的意见？如果我这么做的话，我就是放弃了我自己！不！我不会那样做的！我宁愿受苦也不愿意放弃我所想的、我所相信的以及我所紧抓的；我宁愿受苦也不愿意放弃我的意见！"这听上去也许很荒谬，但这恰恰是大多数人的处境。这也是我们大多数人心智状态的一个出发点。我们不愿意被烦扰的意思是指，当我们不愿意去发现那些我们信以为真的东西事实上并不真实时，我们是不可能幸福的。如果我们不愿意去发现那些我们原本相信的东西其实并不是真相，那我们就永远不会幸福。如果我们不愿意真诚地去看我们自己，去看那些我们自以为自己如何的背后的整个构架，并且保持开放，去接受我们原本关于自己是谁的想法有可能完全是错误的——也许我们完全不是我们所认为的样子——如果我们不能够接受这个想法，或者至少接受这种可能性，那么，我们将无法从受苦中找到出路。

　　这就是为什么耶稣说，当你开始去寻找，你就会被烦扰。当你开始变得有意识，有更多的觉知，当你开始睁开眼睛时，你首先看到的一件事情就是：你在多大程度上被蒙蔽，你正多么紧地抓着那些使你受苦的东西。从各种方面来看，这都是至关重要的一步，即：你是否愿意觉知？你是否愿意睁开你的眼睛？你是否愿意承认你是错的？你是否愿意看到你也许并不是基于真相与现实的出发点而活着？这就是被烦扰的意思。但是，我在这里所用的烦扰这个词并不是指一件负面的事情。愿意被烦扰是指你愿意看到真相，你愿意看到事情也许并不是你以为的那样。

伟大的内在空间

　　当你愿意考虑，事情也许与你所认为的有所不同时，它将使你的内在敞开，而我称其为"伟大的内在空间"：在这里，我知道自己不知道。当你意识到你并不真正知道这个事实时，就是你终结苦难的开始。我说的是真的，你真的什么也不知道：你并不真正了解这个世界，你并不真正了解别人，你并不了解你自己。当你真的花一点时间去看周围的世界时，这就显得是多么清晰可见啊。当我们看看人类所创造的这个世界以及我们彼此间是如何连结时，这一点是如此的明显：我们根本就什么也不知道。这也是当我还是个小孩时所看到的事实：这个成人的世界有一种疯狂的品质，每一个人走来走去假装他们真的知道，假装他们知道什么是真的、什么不是真的，假装他们知道什么是对的什么是错的，但实际上并没有人真的知道。这就是我们所害怕的事情，我们不想真正承认，没有人真的知道。

　　我们再一次看到，大多数人对于要被烦扰这件事都有一份巨大的不情愿。但是，如果你受够了苦——而我想象你已经受了很多苦了——那时候你也许愿意被困扰，也许你的受苦已经创造出了对这个伟大的内在空间的渴望，也许你愿意开始敞开，接受你可能跟自己所以为的完全不同，而他人也可能与你所认为的样子完全不同，接受这个世界与你所想象的也完全不是一回事。启程的地方一直都在你的内在，这就是那个入口。因为，这个伟大的内在空间毕竟是在我们的内在。然而，我们的倾向却总是习惯让别人先开始："你要改变，你变了，我就会开心！""如果这个世界改变了，我就会开心！""如果我的环境改变了，或者我的工作状况变了，我才会快乐。"但实际上，我们要从自身开始——不是试着去"改变"我们自己，因为我们甚至连自己是谁都不清楚，这样我们不可能知道自己需要怎样的改变。首先要做的事情是，我们必须去看看我们自身，我们到底是谁。在我们试着对自己做任何改变之前，我们首先要搞清楚的是，我们是谁、我们是什么，因为，只有通过找到真实的自己是什么，我们才会步入意识的维度，在那里，不必要的痛苦才会终结。

　　所以，就在这个片刻，无论我们在哪里，就让我们去看看自己。我现在正坐在一个凳子上，我就在这个地方看我自己是谁，但我真的不知道。我发现，我是如此高深莫测。我发现，我可以给自己加上一个名字，我可以用很多方式给自己不同的名字，我可以给"我是"之后加上很多的描述，但实际上，所有这些都只是念头而已。当我通过念头的面纱向下看时，我发现我只是一个奥秘。我在很大程度上消失不见了。作为一个念头，我消失了；作为一个想象的某某，我消失了。我所发现的是，如果我算得上是什么的话，我就是觉知的一个点，能认出我所以为的关于我的一切其实并不是真正的我；我认出我将有的下一个念头永远不可能真实地形容清楚我是什么。

当你看到你的想法只是一层面纱的时候，你在这面纱之下发现了什么？当你向着那超越你头脑的东西敞开的时候，你真正发现了什么？当你不急于跳到下一个想法中，而是变得定静并开始探询时会发生什么？静静地问："真正的我是什么？"这个时刻是不是变得绝对定静了？而你不正是完全地觉察到这份定静了吗？如果我们不进入自己的头脑时，真实的我们不正是那个辽阔而美妙的奇迹吗？我们不就是一个定静的、安宁的觉知与意识的点吗？在这个意识、这个定静的空间之中，许多念头可以出现也确实会出现，许多情绪可以出现也确实会出现，它们在我们的头脑里以我们所能够想象的许多方式出现，但实际上，它们全都只是想象。我们怎么知道这些都是想象呢？因为当我们停止想象时，它就会消失。当我们停止给自己命名时，我们所以为的自己的样子就会消失，除非我们又开始给自己命名。但是，当我们停下来去看的时候，显而易见的是，那里只有那个看，一个开放的觉知的空间，此外无他，因为接下来的就只是下一个念头而已。

持有你自己的权力

没有人告诉过我们，我们是一个觉知的点，或者说纯粹的灵性。没有人教过我们这个，相反，我们被教育要去认同自己的名字，我们被教育要去认同自己的生日，我们被教育要去认同自己将会有的下一个想法，我们被教育去认同我们头脑中所收集的关于过去的记忆。但所有这些都只是一种教育而已，所有都只是更多的想法而已。当你基于你自己的直接经验而持有你自己的权力时，你会遇见那最终极的奥秘，而你就是那个奥秘。尽管当你一开始看着你自己一无所是之时，会觉得不踏实，但是无论怎样，你还是会去看。为什么？因为你不想再受苦了，因为你愿意接受困扰，因为你愿意被打动，你愿意被震惊，你愿意去认识到，关于你自己的一切想法有可能并不真实。

当你向着这一切敞开时，也只有那时，你才能够脚踏实地，持有你自己的权力。只有那个时候，你才能够真正看到你头脑下面两个想法之间的空间，清楚地看到我们所是的就存在于我们所思所想之前。在你给自己命名之前你就存在，你甚至在你被称为"男性"或"女性"之前就存在，你存在于我们说"好"或"坏"、"有价值"或"无价值"之前。真实的你比你所说的你是什么有着更深的根基。当你第一次看到或感觉到真实的你时，那会是一个相当大的惊喜。你可以开始感觉到你自己的透明，你开始有可能认出你真的压根就不是某某人，即便是那个关于某某人的想法升起，即便你在你的人生中经常假戏真做地扮演着某某人，那是你过日子的方式，你要对你的名字作出回应，你去上班，你要做你的工作，你称自己是一个丈夫、妻子、姐妹，或是兄弟。这一切都是我们给彼此的名目，所有这一切都是标签，它们都很好，它们并没有什么不好的，但是当你对它们信以为真时就另当别论了。一旦你对于贴在你自己身上的标签信以为真，你就已经是在限定那个实际上无限的东西，你就将你自己限定在一个想法里了。

给自己及他人创造形象

让我们来看看我们是如何在那个空无中创造出自我形象的吧，因为实际上我们正在这么做。从我们内在充满宁静与觉知的空间中，我们创造出一个关于自己的形象及概念，或是关于我们自己的一堆想法，而这些东西都是在我们小的时候就已经被告知了的。我们被给予了一个名字、一种性别。我们在人生中获得不同的经验，经历作为一个人的坎坎坷坷，而随着每一件事的发生，我们关于自己的想法也在变换。一点点的，我们开始累积起一些关于我们的自我形象的概念。在很短的时间里，也就是在我们五六岁的时候，我们就开始萌生起自我形象的概念。在我们的文化中，自我形象被赋予了很高的价值。我们呵护自己的形象，我们粉饰自己的形象，我们试着让自己的形象变得比真实的自己更强、更好或者有时候是更差。简言之，我们所处的这个社会，就是一个如此看重形象的社会，我们给自己或他人投射出各种各样的形象。

我记得当我在大学学心理学的时候，其中有一个主题是关于一个好的、健康的自我形象的重要性。对于这个主题我觉得很着迷，而有一天我突然想到："形象？好形象、坏形象，它只是一个形象！我认识到，我们一直被教育的就是要从一个负面的自我形象变为一个正面的自我形象。当然，如果我们一直待在形象的范畴里，一直相信我们是一个理念或是形象的话，那么，有一个正面的自我形象确实要比有一个负面的自我形象好些。但是，如果我们开始去探寻让我们受苦的核心或者根本，我们就会开始看到，一个形象就只是一个形象而已，它是一个概念、一整套想法，它的的确确就只是想象的产物，是我们想象了自己的样子。为了掌控别人对我们的看法，我们到头来就是要将如此多的注意力放在我们的形象上，我们要维护一个持续的投射、一个不断提升的自我形象。

所以，其结果就是，我们走来走去与对方互相展示着自己的形象，我们也以各自的形象与彼此连结。无论我们认为别人是谁，它都只是我们头脑里的一个形象而已。当我们基于形象而连结彼此时，我们并没有与彼此真实地连结，而只是与我们对彼此的想象连结。然后，我们会纳闷，为什么我们不能很好地彼此连结，为什么我们总是进入争执，以及为什么我们总是对彼此产生如此深的误解。

每个人都知道，当我们带着一个糟糕的自我形象而走来走去的时候会有多么的痛苦且难受。几乎我们每一个人，都有意无意地处在一种想让自己感觉良好的过程中。而一旦你看穿大多数人的表相，你会发现其核心，即：人们普遍有一种不足或是不够好的感觉。这个形象看起来是在某种程度上受伤了，但它绝对不可能真正地抓住那个人的本质。

不过，生活中还是有些更深刻的东西存在。有一种新的可能，让我们可以从一个完全不同的视角以一种全新的方式去看待形象。允许你去看到你的自我形象就只是个形象而已，它不是实相，不是真相，不是真正的你。我们可以认为我们相当不错，也可以认为我们不太有价值，但任何一种想法都只是基于我们头脑中的一个形象，它是我们从自己的社会、文化、朋友、家长，以及任何跟我们有关联的人那里继承下来或创造出来的。当我们长大以后，我们获得了重新创造自我形象的能力，但是，在我们小的时候，社会、父母和文化都以我们的一个形象来制约我们。当我们告别童年时，我们试着改变我们的形象——因为我们认为以前的形象不太适合自己了，它不太对劲，就像是一件我们不想再穿的旧衣服一样，所以，我们要试一下别的；我们创造出新的形象，新的我们想象自己是谁的幻象。但是，无论这些形象是什么样的，当我们去看这些形象的核心时，会有一种我们在假装的感觉，一种我们不想被人抓住的感觉，因为我们不是在做真实的自己，而我们也真的不知道我们是谁。

当我还很小的时候，我看着周围的世界，我记得自己在想，"嘿，他们每个人看起来都像是知道他们是谁。"无论是我的朋友还是我的父母，那些在我生命中出现的人们，让我感觉他们好像都知道自己是谁，都知道他们在干什么，他们都带着相当的确定性。但是，至于我自己，我却像是在假装知道似的。我并没有意识到的是，其实每个人也都在假装！可看起来，好像除了我以外，没人假装。于是，当我越是跟人们谈论这件事，当我开始倾听人们所说的话以及他们是如何说的时候，我就越来越意识到，假装正在做他们自己的人要比我想象的多得多。

对无象的发现

如果我们活在自我形象之中，活在我们以为我们是谁以及想象我们是谁的状态中，这会创造出一种情绪环境。举例来说，如果我们想着我们是很棒的和有价值的，我们就会创造出很棒并且有价值的情绪。但是，如果我们总想着我们是无价值的，那我们就会创造出无价值的情绪。因此，我们可以有一个很棒的或者很糟糕的自我形象，又或是一种既不好也不糟的自我形象。无论如何，只要我们去看这些形象的核心，就会有一种不真实的感觉，感觉不实在。这是有原因的，因为只要我们将自己看做是自己头脑中的一个形象，我们就绝不可能感觉到完全的满足，我们不可能感觉到完全的价值。哪怕这个形象是正面的，我们也不会感觉到一种完全的活力。

如果我们愿意以一种深入的方式去看表相之下的东西，我们期望发现的是一些伟大的、闪光的形象。大多数人，在他们的潜意识深处都希望找到一个关于自己的概念、自己的形象，它是非常良好的、相当美妙的，是值得被仰慕和被认可的。然而，当我们开始注视我们的形象而去看这些形象的内在时，我们会发现一些相当令人吃惊的东西，也许一开始甚至还有一点被烦扰的感觉。我们开始发现，并没有什么形象存在。如果你直面此刻，直视你关于自己的概念，而不是插入另一个概念或另一个形象，只是去看到：无论你如何定义你自己，你只是看到一个形象，它只是一个概念，而当你注视其下时，你所能发现的就是：你并没有形象，也没有一个关于你的概念存在。它不是指好形象还是坏形象，而是没有形象。由于这一点是如此出人意料，所以，大部分人几乎都是本能地跑开了，他们会直接跑回到一个更正面的形象里去。但是，如果我们真的想知道我们是谁，如果我们真的想要搞清楚那个让我们受苦的确切原因，从我们信以为真却并非我们的幻象中提升，我们就必须愿意去看清楚这个形象和概念的本质，去看清楚我们所持有的有关彼此的理念的本质，尤其是我们这些理念的本质中到底有些什么。

当你感觉到或知道你自己并没有形象也没有什么概念时，你会有什么样的体验呢？最开始，这会令人迷茫困惑，你的头脑可能会想："还是得有一个形象啊！我必须要戴上一个面具。我必须得将自己以某种特定的方式展现为某个人或某些东西。"当然，那只是头脑，只是制约性的想法。这真的就是因恐惧而化现的，因为有一种恐惧就是关于我们的真实所是。因为当我们去看真实的自己的时候，在我们的概念之下，在我们的形象之下，那里一无所有，根本就没有什么形象存在。

有一个禅宗公案，那是一个你的头脑无法解开的谜，一个只有通过直视你自身才能解开的谜。它说："在你的父母亲出生前，你的真实面貌是什么？"当然，如果你的父母还没有出生，你就没有出生，而如果你还没有出生，你就没有一具肉身，你就没有心智。所以，如果你还未出生，你就无法为你自己构成一个形象。在这个谜中，它是以一种方式在发问：当你超越所有关于你自己的形象、概念，当你绝对直接地去看，就在此时此地，当你完全立足于你的内在，去看你的头脑、概念以及形象的本质时，你是什么？你愿意进入那个空间吗，在那个地方就不会加入任何形象与概念吗？你真的愿意并准备好如此的自由和开放了吗？

如果你不再试图去控制自己的头脑，你就会留意到，思想产生于一个非常浩瀚的空间。这是一个非凡的发现，因为它开始显示出有一个非思想的东西存在，而且，我们并不是我们头脑里将要出现的下一个想法。

第二章　解除我们的苦难

只有在这个片刻、当下,我们才有能力醒过来,给痛苦一个终结,就是这个时刻让发生在过去的一切变得如此值得。

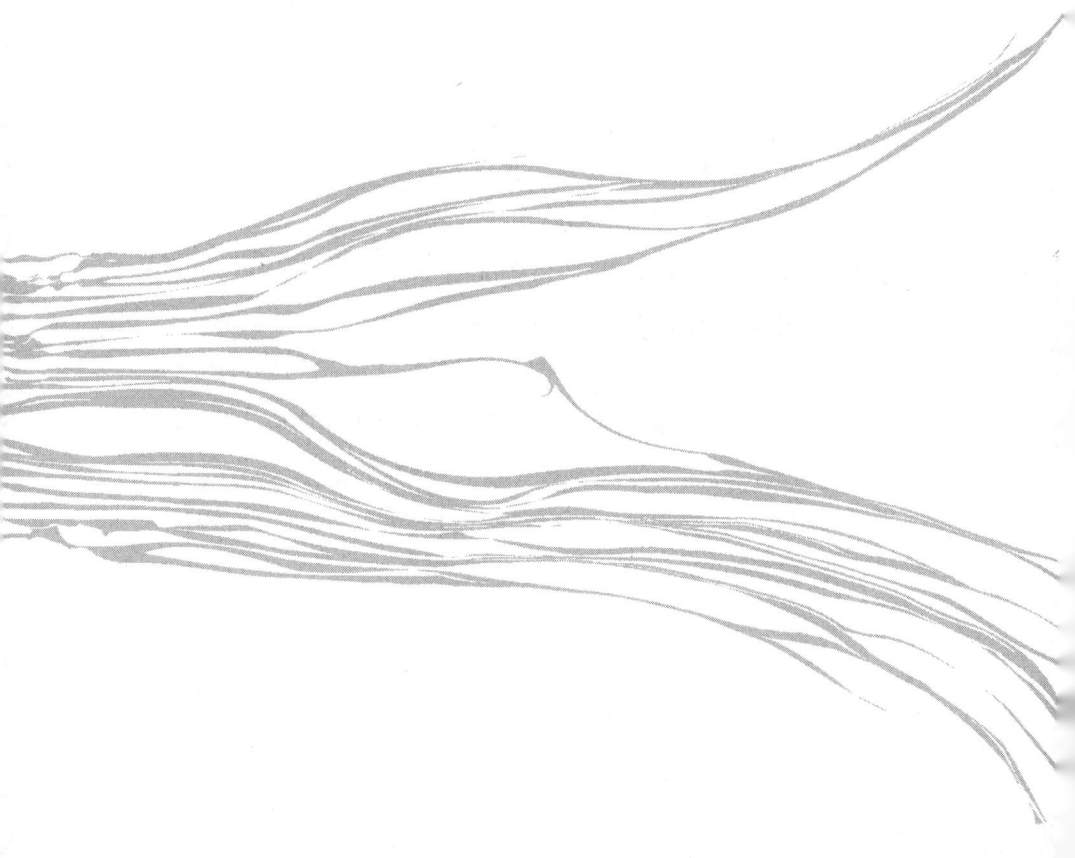

人类总是被迫去反思他们自己的人生，而几乎每一个人都会注意到的一件事情就是，受苦是人生常态。纵观人类历史，有很多人都试图理解或解释苦难。世界上的所有宗教也都是针对人们的苦难，以及人们常常感受到的疏离感或是某种程度的分裂感的。我们中的很多人总会感受到自己与他人的分离，进而衍生出恐惧感和隔绝感。因此，总是存在着这个深刻而挥之不去的问题："我们为什么会受苦？"

这不仅是一个人类追问了许多世代的问题，就某种程度而言，它也是一个最私密的问题。因为实际上，从我们生理上来看，我们是不应该受苦的，换言之，当我们感觉到冲突，当我们感觉到某种焦虑时，我们的身体就会变得紧张。当我们受苦时，我们的身体会直接产生反应：我们的呼吸会改变，我们的心率会改变，我们的身体会发出信号，告诉我们有些东西不对劲了。从很多方面来看，我们在生理上被迫要找出法子来使自己不受苦。奇怪的是，即便是从生理的设计来看，我们也是不应该受苦的，但是，我们还在受苦。

这就好像是说我们实际上是被设定成要快乐的程序的，因为当我们感觉快乐时，我们的身体也会在一个最佳的状态中运作。当我们感觉到快乐时，我们是开放的，我们也会更健康、更充满能量。我们的存在本体在进化过程中所创造出来的整个机制，看起来都是与快乐、平和、友爱以及开放挂钩的。但是，人类最普遍的一个体验却是：我们在内心深处经常试图去隐藏或否认的，就是那个持续不断的人间苦难。

所以，让我们对苦难的概念看得更深入一点，看看我们为什么会受苦，并去探索一下是否有可能在什么时刻从痛苦中脱身，而非一定要等到未来，因为未来总是未知的。

当我们开始去了解受苦的原因时，它显得非常简单。我们通常认为是外在的原因让我们受伤：哦，今天下雨了，或者，风太大了，我们很冷，或是有人对我们说了一些伤人的话，或是当我们小的时候家人对我们很糟糕，等等，我们认为是这些原因让我们受苦。但是，我们的苦是从哪里升起的呢？当痛苦发生时，有没有一个本质的点呢？当我们真的开始去观察痛苦时，受苦的是我和你，是我们的自我感在受苦，它感觉枯竭、隔绝和孤独。当然，同样的，这个自我也会感觉到幸福、喜悦、爱与平和，但是，到底是什么使得这个"自我"如此热衷于受苦呢？

如果进一步检查，我们会看到，自我意识最主要的特质之一就是：我们感觉到分离，我们感觉到不同。我是在这儿的一个自我，你是在那儿的一个自我。这是一种与生俱来的东西。当我们出生时，我们就开始进入成为个体的过程，换言之，我们开始分离。如果你曾经观察过一个婴儿，你会发现，他们会长时间地以一种非常专注的方式注视着镜子里的自己。当他们非常小的时候，他们盯着自己却无法认出那是自己。但是，几个月以后，甚至在婴儿的语言能力发展出来之前，你会看到有一个时刻，当他们看着镜子时，他们会认出他们在看的正是自己。然后，他们会饶有兴致，甚至有些迷恋地看镜中那个神秘的聚合体，最后会有一种基本的判断：那是我！

随着生命继续，孩子会学到他自己的名字，以及一大堆人类的价值观、道德观及思想体系：什么是对的，什么是错的；应该、不应该；谁应该做什么，谁不应该做什么，等等。就如前面我们所提到的，随着我们不断长大，我们承继了这个充满概念的世界的整个思维方式。

我们被抚养长大并且被启蒙以人类的方式去思考——人们看待生活的概念化方式——而一点点地，在我们成长的过程中，我们沿袭了我们的文化看待生命、看待自己、看待彼此以及看待世界的方式。谈到痛苦的源起，我们可以开始看到它是起源于"你"和"我"，也就是自我的分离感。

打开通向苦难的门

这个让痛苦升起的自我感是怎样的呢？当没有自我感时，我们仍然可以感觉到受苦，也可以感受到某种烦恼。一个婴儿可能生气，它会哭会喊，但是这种痛苦与我们长大成人并意识到我们是谁以后的痛苦是不同的。我们有一种观念，要成为一个自我、某人，某个不同的人、某个独立于其他一切的东西，正是这些分别令痛苦升起。随着我们日渐长大，我们开始发展出一个叫做小我的东西。我们的小我，其最基本的感觉就是我们对自己是谁的认识所产生的感觉。我们对于认识所产生的小我感，基本上就是我们将自己与周围世界的人分离的那一刀。

这种他者感在最初并不真的是个问题。实际上，正如我们所看到的，在小孩子开始发现他们之外的他者时，那实际上真是一个伟大的发现。当他们开始说，"这是我的，不是你的。那是我的！给我！我要这个！我要那个！"这时候，情况就开始转变了。孩子们刚开始学到以这种方式去看世界的时候是很带劲儿的,这也是为什么他们如此喜欢去运用它的原因。当他们发现了基本的自我感时,这就帮助他们在这个世界里找到了一种平等感,帮助他们去定位:"我在这儿,在你对面。"这像是很必要的一件事。我说"像"是很有必要的,因为它几乎发生在每一个人身上。每一个人都会发展出一种分离的自我感,一个小我的结构。所以,如果说这是错的或是它不应该发生,那就完全没有道理,因为它确实这样发生了,并且它一直都是这样发生在几乎每一个人身上的。

但是,我们的自我感有一个阴影,那就是,当我们以一种分离的、不同于我们周围生命的方式来看待我们自己时,就会衍生出一种隔绝感和恐惧感。因为,当我们以他者的方式来看待生命,当我们将彼此视为"他者"时,那些"他者"就会被当成潜在的威胁。当然,对于小我而言,生命本身就是最大的威胁。生命是一个巨大的发生。你可以去旅行,你可以去度假,你可以到地球的另一端,但你还是无法逃离生命。你可以到达月球,但你还是无法逃离生命、无法逃离存在。只要我们从本质上将存在视为真实的我们之外的某物,我们就在将存在视为一个潜在的威胁。把存在视为一个潜在的威胁会衍生恐惧,并最终繁衍出冲突和痛苦。当我们从本质上将自己视为分离的自我时,我们就会开始想,我得照顾好"我"、"我的"需求,并且"我的"需求是最最要紧的,因此,我们就得确保自己能得到自己想要的,而无视他人的要求及需要。所以,你能够拥有的第一个深刻洞见可能就是:一切痛苦都基于错误的自我观念。一旦我们得出结论,发现我们是以一个分离的自我而存在时,我们就已经打开了解除痛苦的大门。

需要弄清楚的一点是，我并不建议任何人试着去除他们的自我感。每个人都需要一种自我感，现在想想如果你完全没有自我感会怎样：如果你饿了，你会不知道该把食物放入何处，你是要把它放进你的嘴里，还是放进那边的另外一张嘴里？它会被放进哪张嘴里？如果你没有自我感，你确实会不知道该如何在这个世界里生存。如果你渴了，你会不知道把水放进哪里。这听起来很奇怪，但是，当你进入非常非常深的静心状态时，所有的自我感都会被去除，你的自我会暂时地消失。这时候会出现的问题是，你会完全失去功能，你真的什么也做不了。因此，有一种自我感，有一种"我在这里！"的感觉是非常重要的，事实上，它也是从生理上被植入我们的系统的。

但是，这也会让潜藏的错误观念从此开始露头，因为我们被赋予了一个名字，我们会凭直觉将它置于自我感之上。现在，我们的自我感有了一个名字，而后，它还有一个年龄，随着人生的继续，它还会被叫做"历史"。年龄越大，我们就会拥有更厚重的自我感，我们的自我感会变得越来越紧实，越来越坚固，就某种程度而言，自我感越来越真实。而它越真实，我们就越会感觉到这个自我感需要以它自己的方式得到保护。我们越感觉到这种分离感，我们同时就越会感觉到自己需要去控制环境以及他人，以获得我们想要的。

我常常被问到这个问题："怎么会有一个自我感存在，而没有一个实体的自我呢？"我喜欢举这个例子来探索自我感，它就像香水，在"你是谁"或"你是什么"的存在本体之中散发出来。如前所述，它会帮助你在这个世界中定位，并且帮助你拥有各种功能。说它像香水的意思是指，当你去感觉那个自我感时，它更像是一种感觉而非一个实体。由此，它像是一种香味散布在你整个本体周围，这只是一种"它在"的感觉，一种它"存在"的感觉。

于是，心智开始将它加诸于这个基本的自我感之上。它加上的第一样东西就是一个叫做"我"的念头。哪怕只是第一念，你就可以感觉到自我感变得越来越紧实，越来越稳固，不再像香水那般流动了。毋宁说，它承接了某种品质，而这种品质也像是某些东西有了自己的位置，它不同于周围世界的其他东西。心智会不停地继续，一而再再而三地创造出越来越精致的自我，它还将运用这个自我感来证明，必须得有一个实存的自我。

小我除了是意识的一种状态之外，什么也不是

所有伟大的灵性教导都指引我们向内看，去"认识自己"。除非我们能认识我们自己，否则，我们不可能找到超越痛苦的路。实际上，这是因为，我们不知道自己居然是如此热衷于痛苦，热衷于误解我们真实的本性及实相本身。所以，这个认为我们是某种分离的东西、某种不同于我们周围一切的东西的假设，就是我称之为"小我意识"的基础。因为，究其根本，我们在这里谈论的其实是一种意识状态，一种将这个世界进行概念化打包的方式而已。当我们的心智开始想象我们是某种与周围世界相分离的东西或是不同于周围世界的东西时，它将改变我们认知事物的方式，也就是说，它会改变我们的意识

状态。我们所信以为真的想法会转换或改变我们的意识状态。

当你开始觉知你当下的念头时,你会看到这种意识的转变。举例来说,你有下面的想法:想象在一个晴朗的日子里,你完全放松地躺在海滩上,你可以听到海水拍打着海岸的声音,你可以感觉到身体下面温暖的沙滩在支持着你,你能感觉到阳光照在你的脸上,你能够听到远处海鸥的叫声……假如你只是去想象这些,并且允许自己真的去感受它们,它们就会开始转变你的意识。你会真的感觉到这个片刻的与众不同,哪怕并没有任何事情改变,哪怕你并没有真的在海边,哪怕这一切都是由你的心智通过想象而创造出来的,它仍然可以改变你感觉世界的方式,而你感觉的方式将会影响你对自己、他人以及周围世界的认知方式。

那么,再前进一步。当我们的心智演绎说我们的自我感意味着真的有自我存在,那么,我们的意识就会发生改变,而不需要很长时间,我们意识的所到之处,皆是分离。当然,它不会这样告诉你。大多数人不会一边四处走动一边告诉自己:"我感觉周围的一切都与我分离。我是个别的、不同的。"因为意识的变化,这个小我意识与你看待和经验生命的方式如此契合,以至于你根本不必提醒你自己了。你甚至不必有意识地去想这个问题,因为它深深地被植入了你感知到的方法之中。真相是,小我什么也不是,它只是意识的一种状态而已。

如果我们能够完全地,从最深的层面去理解这一点,即,小我只是意识的一种状态而已,那我们将不再会受到它的束缚。我们不会被它拖下来,我们不会感到孤立。然而,我们看到我们的小我、看到我们自己是非常分离的实体,而我们周围的每一个人都在做着同样的事情。我们周围的每一个人都认为他们自己与别人有着本质的不同,也与那些普通的生命不同。因此,我们所进入的这个世界,我们所遇见的每个人都以这种小我的意识状态反射回我们身上。为了找到解脱之道,我们要从头脑所创造的梦幻中醒过来,从这个我们与周围一切相分离的梦幻中醒过来,这也是唯一让我们可以从痛苦中解脱的道路。

实际上,小我是虚构出来的,它只是我们脑子里的一个故事而已。对某些人来说,这种想法是革命性的。有人甚至认为揭穿小我的想法是危险的、傻乎乎的或是荒谬的。我整个的自我感、我作为个人的存在感怎么可能都只是虚构的呢?这个自我感怎么可能只是我头脑中创造出来的东西呢?

过去的消失

我想要跟你们分享一个小小的练习,它会补充说明我想说的内容。花一点时间,就五秒钟吧,在这五秒钟里,让你自己停止思考任何事情,无论那是关于你自己的,还是关于他人,或是关于这一天的。只要五秒钟时间,就会让你的心智变得安静。在这五秒钟到底发生了什么?也许你会以为你所经验的唯一的东西就是一颗安静的心。但是,如果你真的开始去检查一下,当你不再想着你自己的时候到底发生了什么,你也许会发现,再也没有分离了,你不是"某个人";在这些时刻,你会注意到你整个的过去消失了。对于有些人来说,这听起来有点吓人，你会看到当你不再想着自己的过去时，它确实不在那里了。

然而，这不是显而易见的吗？无论一秒钟以前发生过什么，那些事都没有在现在发生，也绝不会再次发生。无论是一分钟前、一周前还是一个月前发生过什么，它几乎都在发生之时就结束了。但是，当然，我们也将它记录在我们的心智里。我们的心智类似于一台录音设备，它在其中记录了过去所发生的，并且在现在进行回放。但是，心智所回放的只是我们过去在内心的表现而已，而非过去本身。当你停止思考时，所有的一切就是当下。你不得不想象出一个有关昨天的想法以使之存在，而当我们回忆起昨天时，当我们回想起过去的一刻时，我们以为那是真实存在的。更糟糕的是，我们相信自己能够准确地回忆过去！但是，所有那些用以检测记忆以及我们可以多么准确地忆起过去事件的研究都表明，我们的心智基本上很快就被扭曲过去了。

有一个很著名的用以测试记忆力的研究，是对一群大学生讲述一个短到只有三十秒的故事，研究者说：“我们将要给你们讲一个故事，而我们想要你们做的事情就是，尽你们所能地准确记住它，然后，我们会在不同的时间间隔后让你们复述给我们听。"而后，这些学生去听这个故事，并且知道他们唯一的任务就是尽可能准确地记住它，一分钟之后，他们会被要求复述这个故事。五分钟后，他们会再次被要求复述它；而后，半个小时、一个小时、十二个小时后，再后来是一天、两天、一周后，最终，是两周之后。

研究发现，只是一分钟之后，一开始复述故事，学生们实际上就已经开始扭曲它了，他们的记忆力并不如他们所想的那样好。即便是研究者们把故事讲给非常聪明的大学生听，这个任务简单到只是让他们记住这个故事，结果发现，当学生开始复述故事至第三轮或第四轮时，故事就开始变得如此不同，以至于几乎看不出它的本来面目了，而这只是在第三四轮的复述中，即在听到故事后的一两个小时之内。到了一两周后，故事甚至会被扭曲到你无法想象它是出自原来的故事。然而，所有学生都确信他们已相当准确地记住了这个故事。

这已经一次又一次地显示出我们关于过去的记忆并不是实际的记忆，它更像是一些念头与想象的再创造及重组。我们大多数人会惊讶于我们的重新组装是多么的不准确。大部分人坚持认为我们有关过去事件的记忆与实际的发生一致；我们不相信自己也许会有一个"选择性"的记忆。我们以为，"哦，我绝对记得发生了什么。它在我的脑海里还是如此鲜活！"

这里要揭示的真相是，一旦记忆消失，它就真的消失了。而当你不再想着你自己存在时，就真的没有一个自我了。你所要做的就是去试一小会儿，就只是静止五秒钟。那时，你的姓名、性别，以及你所想象的自己将会发生些什么呢？

如果我们想要发现一条超越痛苦的路，我们必将看到，这个自我感除了是一堆投射到当下及未来的记忆聚合物之外，它什么也不是。我们必将留意到：我们以为自己是谁？其实我们只不过是一个念头而已。我们所想象的自己，就只是一个想象。无论是我们的念头还是我们的想象，都不可能说出自己是谁。

当你完全敞开，认识到你不是你所认为的那一个，你不是你头脑里的故事，这是相当令人震惊的。如果你真的开始为你自己去看到这一点，这将是一场革命。通过以这样的方式来看你自己，看到你的心智是如何创造出一种自我感及自我形象的，你就开始进入到"你是谁"和"你是什么"这两个问题的核心了，你开始感觉到你与你的心智有了某些距离。当你注意到你对自己的判断时，那是什么样？当你看到心智并且认出它时，那是什么样？当你注意到你关于自己的所有想法时，那是什么样？当你看着你的自我形象时，它又是什么样？当你感觉到有一种分离的自我感时，它是什么样的？只是带着这些问题去生活，你的心智就会打开一个空间。你开始意识到你可能并不真的是你的心智，而有可能的是，你的心智只是发生在你内在的东西，那些念头只是兀自发生，你无需进入下一步，暗示自己有一个拥有这些想法的"思想者"在那里。然后，问题就变成：既然这些想法都是在内在发生的，它是什么呢？是谁或者是什么觉知到这些了呢？

受苦的三种方式：控制的幻象

在这本书的后面，我们将会继续探讨这些问题，但是现在，我们将要探索小我给我们制造痛苦的三种方式。通过最基本的观察，我们发现是念头给我们带来了痛苦。第一种方式，也可能是三种方式中最根深蒂固的，即：我们想要控制的欲望。一旦我们想象自己与周围的人是分离的，与我们周围的一切生命是分离的，我们的内心就会很自然地产生一种感觉，认为生活是某种需要我们去控制的东西。为了让自己有安全感，并且也因为存在着这种分离感，我们不只需要控制自己还想控制别人以及我们周围的环境。然而，真相是，我们没法拥有任何控制力，我们自己无可避免地被捆绑着。

实相是，我们没有任何控制力；小我无法控制实相，它无法要求实相以小我自己的方式展现和显露。那么，为什么小我没有控制力呢？很简单，因为小我就只是你心智里的一个念头而已。它是一个形象，是你的心智自我参照、自思自忖地创造出的自我感。如果你整个的小我都只是想象的产物，是将念头与自己连在一起的一个机制，那么，很显然，一个念头是不可能拥有任何控制力的。一个念头就只是一个发生，它一发生就消失了。

承认这一点是相当具有挑战性的，有时甚至是吓人的，尤其是当我们相信自己就是自己的小我时。然而，生活总是持续不断地一次又一次地让我们看到，我们真的无法如自己所想的那样去控制，我们没有任何控制力。在你的心智里面，你真的没法控制念头在你头脑里的进出。如果你都无法控制出现在你脑袋里的念头，你还能有多少控制力呢？如果你真能控制的话，你为什么让自己一直都只要好的感觉，如敞开、爱意和开心的感觉呢？尽管生活一再示现给我们看，小我是无力控制的，可我们还是相信它能够控制，这是不是很奇怪呢？我们坚持认为它能够控制，如果它无法控制的话，那太令人难以承受了！当小我意识到它无力控制时，这好像是最糟糕的事情，因为如果小我无力控制的话，那它就真的没有希望了，它没有出路，它没法让生活如它所愿地进行。

如果我们真的是自己的小我，是我们心智中那个由念头所创造出的自我的话，那真的会是一件可怕的事情。好在我们不是，我们是观看着这个心智的那一个，我们会留意到这个心智，并且觉知到所有的心智活动，包括这个想要控制的欲望。如果你真正开始去看这个控制的概念，就会将自己的心打开。如果我们想要终结我们持续不断的痛苦，这的确是我们必须做的，那我们就必须打开我们的思路。最终，我们将直接超越念头而敞开。但是，最开始的时候，我们必须要放开那些我们意欲考虑，以及我们意欲得到的结论。当我们处在小我中时，我们不仅会自然地想要控制别人，同时也想控制我们自己，我们总是试图去控制生活。但是，我确信你已经注意到，你无力控制生活。太阳在它想升起的时候升起，在它想落下的时候落下，而不是在你或我想要它落下的时候落下；无论你想还是不想，天会下雨；无论你想还是不想，月亮会升起也会落下。同样的事情适用于我们所处的每一个片刻，我们所遇见的每一个人。我们以为自己可以控制，但那只是一个幻象，是一个骗局。

这个骗局由我们的心智所创造，就某种程度而言，它也是最具说服力的一个骗局，因为只要我们以为我们在控制、我们能够控制，那我们就会停留在小我意识的束缚中。表面看来，控制的幻象使我们感到安全，感到有能力为自己创造出舒适安全的生活，并以我们需要的方式来操纵我们的生活。然而，实际上，我们并不具有如此的控制力。同时，这个幻象还被设计得相当美妙而复杂，因为几乎每一个人都有可能为之堕落。除了在真正的艰难时刻之外，几乎每个人都以为，"我控制着我的人生"。

有些时候，你会无奈地认出你无力控制。当痛苦的情绪升起时，你无法逃离，你无法使之消失，突然间，你会觉得"我无力控制"！此时，失控感所带来的痛苦就显而易见了。而这常常会导致一个很深的恐慌："哦，我无力控制！我无法改变这种情感！我得做什么？我能如何改变这个？"即使我们看到自己没有控制力，但我们还是习惯性地要紧抓着它，这是不是很讽刺呢？这是不是正应了那个关于疯狂的定义：不停地试着做同样的事情，却期待着不同的结果？但是，我们确实会花费一生的工夫试着去操练这份我们并不真正拥有的控制感。

要求不同的事物

我们的心智创造痛苦的另一种方式就是，对生活或是对他人提要求。就某种程度而言，小我就是一个提要求的机器："我要这个！""我要那个！""我不要这个！""我不要那个！""你应该像这样子！""你不应该对我做这个！""我不应该有这种感觉！"所有的要求，究其实质，都是我们试图操控实相的方式，是我们坚持认为生活应该与它的本来面目不同。但是，我们并不总可以很明显地看到，我们以这种方式要求生活的程度有多严重。然而，如果我们看得更仔细一点，我们就可以看到这种倾向是多么的普遍；任何时刻你都喜欢在潜意识里对生活做出细致入微的要求，要求它不同。

我们在生活中的每一件事情里找寻快乐，殊不知，快乐实际上就在我们的心中，它是我们存在的天性。没有什么办法可以让我们立即变得快乐，我们所需要做的就只是停止去做那些让我们不快乐的事情而已。而其中让我们自己极其不快乐的事情就是，我们对自己及彼此提要求。在人与人的互动中，非常普遍的是我们要求某人改变以使我们快乐或是满足。在这个过程中，我们完全不顾及别人的最大利益，或是某个集体的最大利益是什么。这真是爱的表达吗？这是我们最终想要的吗？我们真的想要周围的每个人都为我们改变并令我们开心吗？我们真的是想成为那种暴君吗？这真的说出了我们的真心，说出了我们内在所拥有的爱吗？

当我们坚持只有周围的人事物改变了才能令我们幸福时，我们实际上是在否认那些深藏于我们内在的东西，我们是在否认真实的自我，我们是在否认有关彼此的真相。我们在假想幸福仰赖于我们生活中的人事物。我们相信，如果生命中的每个人都能够"就这样"，那么我们就会满足。

因此，这种要求的欲望——正如控制的欲望一样，实际上是从小我意识中升起的一种状态，在这个状态中我们假想自己及每个人都是不同和分离的。但是，要再强调一次的是，"我们是分离的"这个想法并不真实，它是伪装的，它是我们的心智所编造出来的。它是我们所拥有的一场梦。难就难在，我们周围的每个人都有着同样的梦，从本质上来说，它是人类的集体梦幻。所以，不单只是你或我在做梦，几乎全人类都做着同样的被分离的梦，觉得自己与周围的世界完全不同。这也意味着我们真的必须进入很深的内在去看我们自己，因为我们不单要超越自己头脑的幻象、超越我们的误区去看，我们还要超越人类整体的幻象去看。

与如是抗辩

另一件让我们感觉被分离的事情就是，我们与当下和过去的如是争辩，这是第三个让我们受苦的最普遍的原因。事实是，如果你想确保自己一定要受苦，那么，就去与如是争辩吧。人们常常问我："你说'如是'的意思是什么？""如是"是指在你还没有思考的那个片刻，那就是"如是"。与这个片刻去争辩，你就会受苦。

我意识到，这么讲也许太过于简单了，它听起来甚至是在侮辱人。毕竟，大部分人都认为那些过去发生的事情是不应该发生的，这样想会让他们觉得公平。我们都有过艰难时刻，我们都有过受伤的时刻，甚至还有人被虐待过，我们都曾遭受过欺侮或重创。当我们看着那些时刻，我们的脑子里会想："那一刻不应该是那个样子！""谁谁谁不应该那样做！"这是很自然的，那个念头、那个结论，看起来是多么的公平。因为，我们周围的每一个人都会同意这个看法，所以我们甚至不会去质疑这一点。事实上，接受那些已经发生的，显得既疯狂又令人不快。但是，那些已经发生的，无论好坏，都只是一个如是的实相。所以，当我们与已经发生的如是实相去争辩，说"它不应该发生"，我们就会受苦，就是这么简单。

我绝没有要你否认过去所发生的实相，我也不是说你必须假装喜欢那些曾经发生的事，假装它们没有使你受伤，没有使你困惑，没有带给你巨大的痛苦。我所说的是，当你与之争辩时，当你说过去已经发生的却不应该发生时，你就会受苦。无论发生过什么，它都已经发生了。无论它是好是坏都已经发生了。无论当下正在发生什么，都是正在发生的。我们不必称之为"好"或"坏"。它可能是痛苦的，也可能不痛苦；我们可能喜欢，也可能不喜欢。在这个片刻发生的，就是正在发生的，当你与之争辩时，当你说那些正在发生的不应该发生时，你就会受苦。

让我们忍着不去与当下或是过去争辩，有时候会感觉很危险，我们甚至会害怕："如果我们不与当下正在发生的争辩，也许它就永远不会改变了。"因为，当我们的心灵与头脑都打开时，我们就肯定会看到这个世界中的巨大苦难、痛苦以及冲突。当我们面对这样的真相时，如果我们不说"这不应该发生"，就简直像是对人的一种侮辱。

但是，一旦我们说某事不应该发生时，我们就已经将自己锁进了一个极其狭窄的心智装置中，它在那里几乎没有什么选择。当我们真的可以如是地去看，无论好坏，那么，我们就会拥有所有的选择，我们就可以以一种睿智而充满爱意的方式去回应生活。它并不意味着我们只是对自己说，"就是如此"，而后什么也不做。当我们可以看到实相，并且如是地与实相在一起时，它为我们提供了许多创造性的回应方式、许多新的去看待实相并且投身于实相中的方式，这些方式不是基于分离、否认或试图控制的，相反，它们源自人心，源自爱、慈悲以及智慧。

这同样也适用于过去。当我们不再相信我们过去的某些事情不该发生时，我们最终开始放下，而不是假装那些痛苦的时刻没有发生，那么，我们就是在敞开，在与过去建立一个创造性的关系，我们有能力去拥抱过去所发生的每一件事，哪怕是非常痛苦的那些事情。因为，毕竟每一件事情都在帮助我们到达这个片刻，到达当下、现在。而只有在这个片刻、当下，我们才有能力醒过来，给痛苦一个终结，就是这个时刻让发生在过去的一切变得如此值得。就是在这个时刻，我们可以终结痛苦，就是在这个时刻，我们可以从过去、现在和未来的所有故事中醒过来。

　　为了醒过来，我们必须要了解这三种倾向——试图控制、要求以及抗拒如是实相——是如何在我们的生活中助长苦难的。就某种程度而言，我们必须去找到那个能力，让我们真的愿意去看到真相，在这个时刻，我们不再试图去控制或是要求，因为，是真相将我们带离苦难。是真相允许我们从深陷的小我意识状态转而进入到一个全新的不同的意识状态，这个状态更加自由，更加有内涵，并且有着无限的创造性。在小我中，我们的选择非常有限，而它们以前都已经被试过了，并且所有小我的解决方案都以失败而告终。如果你想知道它们是不是都失败了，只要打开电视机，读一读报纸就会明白。仍然有战争，仍然有残酷，到处都有人不开放、没有爱、不彼此支持。很清楚的一点是，这个世界需要有不同的东西了。正如我们所见到的，一而再再而三地重复着同样的事情却期待着不同的结果，确实是一种疯狂。而从很多方面来看，这正是我们在这个世界生活的方式。

世代苦难的黏稠本性

现在,我想介绍另一种不同的苦难,一种很难解除的苦难。在多年的教学过程中,我已经注意到有一种特殊形态的苦难,它非常黏稠、广泛,而且通常会让你很难找到出路,我称之为"世代苦难"。世代苦难的概念基于我们每个人都属于某个家族系统的事实,而这个家族系统可以一直追溯到比我们的想象还要久远的时候,甚至一直追溯到原始人类——我们的祖先那里。我们实际上是许许多多世代造就的产物。我们每一个家族系统都充满着巨大的美丽与良善。同时,我们也知道,在这些系统里也携带着我们称之为"世代痛苦"或"世代苦难"的东西,这实际上是我们在无意识中世代相传的能量。

如果你仔细看看某个特定家族系统的话,你会看到在这个家族的传承里,有一种将痛苦传递下去的倾向。举例来说,那些喜欢因愤怒或抑郁而受苦的父母往往倾向于生出同样因此而受苦的孩子,而这些孩子又会再生出同样的孩子,如此继续。世代苦难非常阴险,随着时间流逝,它会越来越深地嵌入到一个家族中,并且形成大部分人所经验到的痛苦。

有趣的是,你需要注意到世代苦难并不是个人化的。换言之,它更像是一家人之间相互传染的病毒一样,一个家庭感染了这种痛苦的方式之后就会将它传递下去,传给未来的世代,就像是流感或感冒那样。当你生下来时,你甚至什么也不知道就被传递了这份世代苦难。作为回应，你会抱怨，认为它很可怕，或者是一直抗拒它。但是，你如果这样做的话，就会发现你对这个苦难的否认或抱怨只会使之更深地沉入你存在的本体之中。

当你开始认出这种世代的苦难是如何操纵着你的人生，当你看到你特定的受苦方式类似于你家中其他成员的受苦方式，它会帮助你打开你的心灵与头脑。在这个更宽广的视角，你实际上可以开始放下责难，并看到那些将这个苦难通过世代的链条传递给你的人们，他们自己正在经受着这个苦难并且尚未意识到发生的一切。这个苦难只是来到他们面前，以他们所做的事情显化出来，而后，他们又毫不知情地将它传递给下一代。

我们一生中那些最深的痛苦与创伤就来自于这个世代苦难。当人们认同于一个困苦的情绪，如愤怒、烦躁、暴怒，或是怨恨时，我常常会问他们："这种情绪提醒你想起你父母亲中的哪一位，你的母亲还是父亲？"通常，当他们触碰到自己最深的情绪伤痛时，他们会立即指出它是来自于父母亲的哪一方。当你可以清楚地看到这一点时，你会看到你的父亲或母亲，或是你的叔叔舅舅或姑姑姨姨们实际上与你有着同样的伤痛，是他们将它表现出来并传递给你，而他们的父母也是通过同样的方式传递给他们的。

最终，这个能量传给你了，你就成为这个世代苦难的前线战士。你很容易变得充满怨恨或是指责别人将这个痛苦传给了自己，但是，当你真的看到它的本质时，你会看到它并不是个人恩怨，哪怕它给你的感觉是非常个人的，它所呈现出来的方式也是非常个人化的，但是，这个痛苦本身，这个苦难本身真的不是你。它是被无意识地从一个人传给下一个人的，从这一代传给下一代。当然，它被传递时总会让人极其痛苦，有时候甚至是以极其暴力的形式，因为当它显化在你以及你家人身上时，它看起来就是针对你这个目标而来的。但是，如果你可以避免完全迷失在愤怒或怨恨中——尽管从一个相对的角度来说，迷失是可以被理解的——如果你可以收起你的评判一会儿，就会看到，你所感觉到的痛苦中的很大一部分是来自你家庭其他成员的痛苦，而它不一定非得是你的痛苦。

当你可以感觉到并且认出你内在这个深深的痛苦时，你会看到指责家里的其他人并不是解决方案；当你感到自己正急着要指责时，要记住你的家族也活在同样的痛苦中。极有可能的是，他们从来都没有想象过它是来自于家族的。他们可能会将它看做是个人恩怨，因此他们的唯一选择就是将它表现出来。当你开始看到这个代代相传的长长的痛苦之链，你意识到，此时此地，你可以觉知到它是如何起作用的时候，你就有机会让它终结。

解除痛苦的过程不是容易的、好玩的或是很令人享受的，但是，它确实意味着强烈地改变你对痛苦的看法。当我们开始变得有意识或是更能觉知到痛苦时，往往，这个痛苦也会在一段时间里被夸大。它就像是我们开始从某种情绪的麻木中出来，当我们开始直接连接到痛苦时，我们也许会发现自己正在怨恨或是抱怨他人。但是，我们越是向外看，越是怨恨、指责他人或特定的生活情景，我们就越会变得无意识，而更多的痛苦和苦难就越会更深地进入我们的身心系统。当这个痛苦在我们里面被埋藏得越深，它就越会被传递给我们所爱的人——我们的孩子、朋友、家人，等等。尽管很痛苦，我们还是有一个宝贵的机会可以看到，通过我们自己的觉知以及直接面对痛苦的方式，我们最终可以让痛苦终结。

即便是痛苦和苦难可以世代相传，就我们看来，它也只能在我们的心智结构里面——通过相信我们自己是分离的，通过指责与责难的想法——得以维系。要想终结痛苦，就要真正看到我们心智中所有的运作方式，即，它们是如何用习惯性的思维模式来维系痛苦的。当我们开始理解痛苦的肇因，即：一切痛苦都是基于我们以不同的方式假想自己是分离和不同的，此时，我们就开始了觉醒和转变的过程，从不快乐走向快乐。我们也开始认识到，即便我们已经拥有了从我们的家族系统中传递下来的苦难，即便我们一辈子都活在这些将我们引向痛苦的心智构造中，我们实际上还是相当幸运的，我们有能力给这种痛苦一个终结，只要我们觉知到它就行了。

直面苦难通常是非常痛苦的，尤其是当我们刚开始去面对的时候。这就像是你的肢体因为血流不畅而变得麻木一样，当血液开始流动时，肢体会疼一阵子。当血液流经血管，生命重新回到这个肢体中时，你会有一种针扎般的感觉，这也是醒过来的一部分，是从头脑的梦幻中走出来的一个部分。但是，我们这样做也是有重大意义的，我们允许自己走过这个解除麻木的过程，从我们头脑的假想中走出来，这很关键，不单为我们自己，同样，我们也能够停止因我们的无意识行为而带给他人的痛苦。那时，我们就会成为解决人类苦难的方法中的一部分。只要我们还在我们的小我中昏睡，我们就真的对己对人都无益。当我们从小我的意识状态中醒过来时,我们所受的苦就会越来越少,而当我们更少地受苦时,我们也会减少给周围的世界带来痛苦的机会。这是我们所能够给予世界的一份礼物,也是这个世界很乐于接受的一份礼物。正如我们都希望趋乐避苦一样,所有众生都是如此。我们每个人都有机会在自己的生命中停止受苦,并且帮助所有人停止受苦。

第三章　从小我的催眠中醒来

99%的人活在小我意识状态的催眠之中，呼吸于其中，但是，也正是这个催眠，让我们极力渴望要从中逃脱。

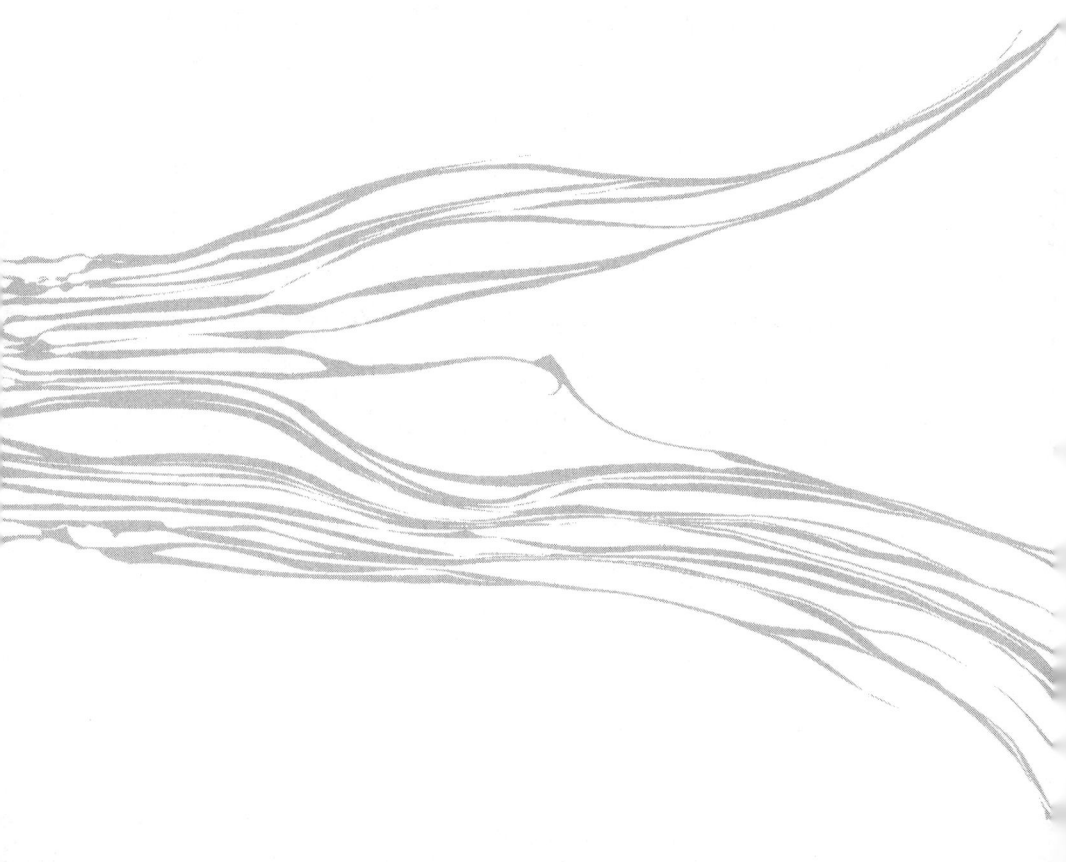

如果我们真的要说清有关受苦的所有问题，以及我们对自由、爱和连结的欲求和渴望，那么，我们就需要学会看清我们的心智。正如我们所见，当我们开始去看心智的本性时——就在思考过程本身——我们就可以看到思考是如何创造出分离感与隔绝感的。通过仔细探寻，我们会发现，认同的过程——即我们的痛苦之根——始于念头本身。念头是象征性的，一个念头并不是一样东西，它并不实际存在，它是个抽象物。一个念头至多只是对我们的感觉所吸纳的东西的一种描述而已。况且，从很小的年纪开始，我们就被教育说，我们是我们所以为的自己。但是，就这一点还有另一个层面，也就是说我们喜欢相信我们是别人所认为的样子。我们从我们的父母、朋友、社会、老师、兄弟姐妹，以及每一个给我们意见回馈的人那里获得了对于自己的看法。

　　其中的困难及问题就在于，我们常常发现自己的形象是相互冲突的，因为别人和我们对彼此的看法及想法往往不同。在某一刻，我们可能对自己有一个这样的看法：我是一个有价值、有爱心并且很快乐的人，但是几分钟或一个小时之后，我们的自我形象就会急剧地改变。突然间，我们可能会决定说，我们是一个可怕的人，因为有人对我们很挑剔，说了一些不太友善的话，或是告诉我们说他们不再爱我们了。我们对自己的看法会让我们感觉到很没有安全感，因为它变化得如此之快，且常常掌握在别人手中。我们因此而受苦，因为别人的意见可以很容易地触发我们的愤怒、悲伤，甚至抑郁。我们的自我感总是昙花一现，它并不如我们所想象的那样结实，围绕它而产生的困惑也是人类苦难最大的起因。要说明人类苦难的两难困境，需要我们更加仔细地去看清楚我们的头脑是如何创造出这种不断变化的自我感的。

对于许多人来说，我们也许并不是自己所认为的那个人——这个想法，具有很大的革命性。这个发现会让我们自然而然地在心中升起一个更大的问题：我们是我们的头脑吗？我们头脑里的想法有没有可能认识我们、形容我们或者界定我们呢？当我们开始清楚地去看我们的经验时，我们会看到至少有两种现象在进行：其一是我们头脑的运动，包括所有的描述、自我形象、想法、信念以及时时刻刻升起的看法；另一个现象是我们头脑中的觉知。我们很少考虑头脑的觉知，那是头脑升起和退去的空间。

头脑有一个非常强大的能力就是将觉知放入催眠之中，很快，我们就会发现自己迷失在那场催眠之中了。确切地说，这个催眠就是我们称之为"小我意识"的东西，它是我们信念的产物，这个关于我们是谁的信念形成了小我的结构。小我什么也不是，它只是我们关于自己的信念、想法以及形象，它实际上完全是假想的东西。

请注意一下，当你去睡觉，而你的头脑不再想着你是谁时，你的自我感会怎样？当你躺在床上昏昏欲睡的时候，你的信念、想法、意见，以及你头脑中的这个世界会发生些什么？当你的头脑在休息时，它所假想的种种投射都不存在了。当你去睡觉的时候，你头脑中的所有假想都停止了，至少在你开始做梦前是如此。在深度睡眠的状态中，你所体验到的是巨大的平和。我们称它为"睡觉"，我们称它为"休息"，而这对于我们的生存来说是绝对至关重要的。如果我们没有足够的睡眠，我们最终会变得有点儿疯狂；如果我们睡不够的话，如果我们不允许我们的头脑进入一个深度的平和休息的状态，让它什么也不想的话，我们甚至会死去。

　　这是很讽刺的，因为我们以为自己以某种方式控制了头脑，然后平和、安宁及自由就会来。我们简单地认为，只要有了正确的思想、正确的理念、正确的信念，我们就可以找到平和的钥匙，并从此开始与它们友好地相处。但是，我们的历史，我们成百上千甚至几万年的历史所展现给我们的是，我们没能拯救我们自己。我们的想法无法将我们从愤怒、苦涩及暴力中拯救出来，它们也没能将我们从战争、饥荒与破坏中拯救出来。假如说我们的历史——思想的历史、理念的历史——给我们昭示过什么的话，那就是：思想解救不了人类，思想解救不了世界，必须有些别的什么来替代那些哪怕是我们所想象出来的最伟大的理念。相反，我们必须从自己的头脑开始下手。如果我们不从自己的头脑开始的话，那么，我们的头脑就会跳出来不停地将它自己投射到我们对生活的看法之中，而我们又将迷失在另一场梦幻和另一场催眠之中了。

小我的催眠

　　一旦我们被这种催眠的状态所俘获，我们就被关进了机械而充满约束的头脑运动中。每个人都知道被抓进这种小我催眠状态时是什么样子：我们体验到的将是巨大的挫败和不满。我们感觉挫败的部分原因是小我对于这份潜在的不满真的无能为力，因为小我本身就只是念头的机械运动而已，它无法表达任何真实的创意。我们的小我基本上是过去的记忆在当下时刻对自己的表达。我的意思是指，小我只是我们的制约模式在此时此刻的展现，它反映在我们的思考、行动及反应中。在小我的意识状态中，我们真的不如我们想象的那样能拥有多少选择或意志力。

在更深的直觉层面，我们都知道这一点。因为如果我们拥有自己所认为的选择，我们将能很轻易地选择开心与平和，一个人只要没发疯，他就不会做出其他选择。况且，即便是我们相信自己真的拥有这份选择的力量，生活还是不停地让我们看到，我们甚至无法操控自己的头脑会去哪里，我们无法在日常生活中坚持自己想要的方式，更不要说控制我们自己的行为或是我们周围人的行为。我们有多少次在新年开始的时候能痛下决心改变，而改变又有多少次真的发生了呢？常见的是，哪怕我们说了自己想要去做的事情，我们却总是始乱终弃。原因不是因为我们缺少意志力，而是因为，从小我的意识层次来看，我们并不如自己所想象的那样拥有多少选择的权力，而这也是小我在意识的催眠状态中最令人挫败的事情。

99%的人活在这个小我意识的催眠状态之中，呼吸于其中，但是，也正是这个催眠，让我们极力渴望着从中逃脱。哪怕我们并不知道自己到底渴望从什么当中解脱，但是，我们都有一个不受约束和限制的欲望深深地烙在我们的心里。我们都有着这份与生俱来的欲望，想要自由、创造、充满爱、开放和慈悲。但是，当我们陷入小我的意识状态时，在这个小我的催眠中，我们的选择是非常有限的。

变形的思想

小我的意识状态不只是一种头脑的状态，小我同样会紧紧抓住情绪与感觉，也抓住某种能量特质，并随之一起进入小我的催眠之中。我们所思考的内容会产生出许多的情绪与感觉让我们去体验。就某种程度而言，我们的肉体及情绪体就是我们思想的复印机。换言之，我们的身体将思想转换成情绪与感觉，它几乎像是把水变成酒一样。身体能成为思想的复印机，这简直是一个炼金术般的奇迹。一方面，存在着思考的内容；但是，在我们的身体里，由我们的脖子往下，思想的升起会表现为感觉、情绪和感受。这并不是说我们所有的情绪或所有的感觉都是从思想中获得，但是，可能至少有99%是从那里发源的。

我们不只是被教育去认同于我们的思想内容，我们也被教育去认同于某种情绪环境。每一个人都有一种内在的环境，这使得他们感觉自己像是自己。它不一定是某种特定的正向的感觉，有些人会认同于一个非常黏稠的、沉重的苦难状态，但是，当他们进入那个沉重的苦难状态时，才感觉那最像是自己。每个人都有着他们各自独特的情绪环境——就像是某种情绪的磁极一样。我们不仅被教育要去认同我们的思想内容，我们也被教育去认同我们是如何感觉的，我们还被教育要因共同的情绪状态而认出彼此。我们每天说着共同的语言："我很生气"、"我很悲伤"或者说，"他是个很愤怒的人"，或者，"她好像总是很伤心"。通过相信我们自己或他人就是这样的，我们实际上就进入了自己所拥有的每一个感觉和每一种情绪的催眠之中。

苦难的漩涡

被催眠的特质，就是小我意识状态的标志。几千年来，不同传统中伟大的灵性导师都认识到这一点，他们也针对这个制约给出了非常深刻的教导。他们都以这样或那样的方式指出，小我意识状态是一场梦，它不是一个真正存在的东西，它只是在想象中存在的东西。佛陀叫它"轮回"，他将它比喻为头脑的轮转，而只要我们开始认同于那个转轮中的任何思想——任何形象、任何理念——这个认同就会将我们拖入到苦难、迷惑和紧缩的循环模式中。

我想要使用佛陀用过的另一个词"苦难之轮"。对我而言，它就像是一个漩涡、一个能量模式，一旦我们靠近它，一旦我们买它的账，我们就会被它抓住。这个漩涡有着它自己的重力，而它总是潜藏着不易被我们发现。这股力量并不总是显化出来——我们并不总是陷入伤心、痛苦或愤怒之中——但是这股潜藏着的让漩涡升起并抓住我们的力量非常强大。这个将我们吸入的漩涡，其最普遍的方式就是通过情绪的反应，像愤怒、贪婪、骄傲、憎恨、防卫以及控制的欲望（这些特质是我们情感生活的不同面向），将我们直接拖入到这个苦难的漩涡之中。

这个漩涡是如何起作用的呢？有关它的最清晰的表达存在于我们的关系领域中。我们存在于一个持续不断的关系世界中，你所见之处、所到之处，都是关系。你所拥有的感觉实际上都包含在关系中：你的身体与周围的环境、你的头脑和你的意识、外在的世界与内在的世界；你每个片刻的心跳与你肺部的呼吸吐纳……这是一个关系的世界。当然，我们也和周围的人有关系，而这也是我们很容易就被拖入到悲伤与苦难的漩涡之中的原因，而一旦我们开始相信那些导致我们感觉到愤怒、贪婪、挫败或是失控的思想，我们就被拖入到悲伤与苦难的催眠漩涡之中。当我们处在关系中，而关系中的人也被拖入这个漩涡时，冲突与误解的循环真的就被强化了，同时，那个防御、控制以及指责他人的需求也被强化了，而这个循环真的是很难被冲破的。关键是要仔细观察你的经验，认出是什么想法将你拖入苦痛之中，是什么信念喜欢把你带入冲突。

关于这个苦难的漩涡，需要我们理解几件重要的事情。我再一次用"漩涡"这个词，是因为我们头脑的催眠非常像是一个能量的涡流，它就像是一个真空吸尘器一样，可以将你的意识非常迅速地吸进去。每时每刻，这个漩涡都潜伏在那里，随时可能升起来将你拖进去。那些情绪反应的负荷，如愤怒、骄傲和恐惧，同时还有小我想要控制的欲望、想要操纵权力以及要求的欲望，都会喂养那个漩涡。这些都是潜藏在我们那个小我结构里的能量，一旦我们开始相信它们，或者为它这个诱人的特质买单，那么，我们马上就会发现自己被吸进这个漩涡之中了。

小我的意识状态几乎完全妥协于这个漩涡，你可以看到你周围处处都是它的显化。如果你去听听人们是如何互动的，就会发现在开始的一瞬间他们就已经被吸入这个漩涡之中了，你会听到他们开始指责、责怪，或是试图控制彼此。或者在一些更细微的地方表现出来，比如，人们可能会试图以他们各自的观点去说服彼此。一旦被带到这个漩涡中，一个人可能就会进入到退缩、害怕或是索求的状态。从小我的状态来看，那些将我们拖入到漩涡中的很多东西，正是我们的头脑认为很有价值的情绪特质，看到这一点，是很重要的。小我几乎都会认为，控制别人、控制环境，当然还包括控制我们自己的生活是非常重要的。显而易见的是，一个人总是想着对他们自己的经验有所控制。但是，讽刺的是，你越是试图控制生活及他人，你就越会感觉到失控。这种失控的感觉本身正是痛苦漩涡的那个旋转的能量。你被它抓住了，一旦你被它抓进去，你就会试图抓住更多的控制，以便从中脱身，而事实上，你却只会让自己越陷越深。

记住，你可以因为自己，因为你自己的思想而陷入到这个漩涡中，也可以因为关系中的纠缠而深陷其中。我们学到的很多东西，我们被示范如何在关系中相处的，正是将我们拖入这个漩涡中去的头脑及情绪的特质。我们一辈子听到的都是人们试图说服对方，并使对方认为他们自己是对的；我们看到人们运用愤怒、权术和控制去操控他人；我们有时候也看到，这种操控表面上看起来似乎是有用的。当然，无论我们通过权术、操控和控制得到什么，最终都会使我们的内在受苦并且让自己感觉无力，与此同时，还会让我们渴求越来越多的控制。

你自己的头脑就是出发地

有一些方法可以让你避免被吸入痛苦和悲伤的漩涡中去，在任何一个时刻，无论你是独自一人还是在一个关系中，你都有机会从那个漩涡中逃开。你自己的头脑总是最佳的出发点。我们如果没有先处理好自己的头脑，并且理解头脑如何将我们拖入那个漩涡，我们就很容易会被抓住或是被吸入到苦痛之中。哪怕事情正如我们所愿地进行着，最终，一切都会改变和转换，小我终究会带着某个原因卷土重来而让我们受苦。到了某个点，无论事情看起来多么顺利，它还是会因为某个原因而冒出来，使我们紧张。

为什么小我总是把我们带入痛苦呢？真是够奇怪的。而其中最令人好奇的一个原因就是，我们的小我实际上总得抗拒如是实相，否则的话，我们的分离感就会开始消融，我们就会从头脑转入到心里，从一个我们以为自己什么都知道的地方而进入心中非常柔软的一个地方。从小我的观点来看，保留某种程度的冲突是非常要紧的，这也是为什么当我们看周围的世界时，我们总是看到人类有那么多的冲突。这并不是因为冲突是不可避免的，而是因为，只要我们还卡在小我的意识状态里，我们就会极其喜欢被拖入受苦的漩涡之中，因为小我需要这个漩涡以保持它的分离感并继续存活下去。当你去观察自己的头脑时，你会留意到它总是试着让自己分离，它是一个为自己吸引分别及冲突的专家，它总是以这样或那样的方式来反对某事或某人。我们越深地进入这种催眠，我们就越是不太可能相信我们也许是在催眠之中。小我在这个方面是很聪明的。这也是人类几千年来所处的两难境地：我们集体地被小我的催眠状态所俘获，因而也喜欢被苦痛与悲伤的漩涡所吸入。

纵观历史，只有极少数人有机会从小我的催眠中醒过来，从受苦的漩涡中冲出来的。在过去，只有极少数人以一种更深刻的方式去看待自己以及他们的头脑。他们是过去那些伟大的人，他们感觉到一个深深的召唤，要超越小我的意识状态。他们感觉到大多数人从自己所生存的这个意识状态中承继了苦难。由于某种原因，他们被迫带着足够的驱动力来超越它，并且成功了。今天，同样的邀请，同样的渴望以及同样的需求在召唤着我们所有人。它不再只是为神秘主义者所保留的，也不再只属于极少数人，因为我们这个集体的存活取决于我们觉醒的意识，我们要从这个分离和隔绝的梦幻中醒过来。

觉醒的平凡本性

在旅行的时候，我遇到一些像你我这样的人——非常平凡的人——他们被召唤着去探索他们自己的心灵和头脑，期望从我们所体验到的困惑与苦痛中找到一个答案。尽管他们并不像过去那样被称为神秘主义者，他们也不是和尚或尼姑，也不是行僧或是弃俗者，但无论如何，他们还是感觉到，也表达着这份非常真实的灵性转化的渴望。他们过着正常且普通的生活——去上班并养育孩子——而我所发现的是，越来越多的人开始从这个小我的催眠状态中醒过来。我们紧抓着我们的信念、意见和观念而使得我们处在这种痛苦的状态，然而越来越多的人想要从中醒过来。

对每一个人来说，哪怕想一想这种可能性——我们可以放下自己的观念、信念和意见——都会带来很多的抵抗和恐惧。这实际上相当具有威胁性：没有了我的信念，我会是谁呢？如果我不紧抓着我自己的意见，那我会是谁呢？如果我不去别人或是外在的环境里寻求我所渴望的幸福与自由，那我会是谁呢？如果我深入到意识的核心，我会是谁呢？如果我深入内心，不再是某种理念，不再是我所假想的东西，而是允许内在最深层面的东西发生，那我会是谁呢？

灵性的觉醒，除了是从小我意识状态中醒过来以外什么也不是，但是纵观古今，人们都认为它只为极少数人而准备，要从痛苦中解脱是极其困难的。这些有关困难或解脱者很稀有的想法，说到底也是我们头脑里的想法，这也许正是为什么少有人走上意识蜕变之路的最大的理由吧。如果我们看得再仔细一点，这些灵性觉醒是多么稀有，只有非常少的人能够真的觉醒的想法，其实只是我们头脑中的信念而已。蜕变和觉醒是人人皆可的。如果我们执着于这个想法，认为觉醒是不可能的，那么，我们实际上就是关闭了这种可能性。

一旦我们开始转变自己现有的观念，我们就从自己固有的方式里走出来了，就会开启一道通向真实自我的大门。我们都有这样一份对幸福与自由的渴望。在我们的心中，没有人想要受苦。当我们将内心敞开，我们会很清楚地看到，没有人想要给别人制造痛苦。

小我对痛苦和挣扎的上瘾

不要搞错了：小我对痛苦上瘾，也对挣扎上瘾。实际上，从某个角度来讲，小我喜欢通过痛苦和挣扎与你进行连结。当你与某人——一个朋友或是陌生人——有一个对话，而他们告诉你，他们人生中发生过的最精彩、最美妙的事情，你有可能会有兴趣，也可能会去听，你甚至还会和他们一起欢庆。但是，如果同样的人告诉你在他们身上发生过的糟糕的或恐怖的事情，你也许会像大多数人一样，想要听得更真切一点，你会像是被拖入此人内心世界了一样。这很说明问题，小我喜欢与痛苦连结，而不是与幸福连结。

我并不是说，在小我的意识状态里就完全没有快乐和幸福；当然有，即便是在小我里面，我们还是可以，也的确会在某些时刻体验到幸福、喜悦，以及相对的平和。所以说，被小我的想象抓住也不全都是糟糕的。如果它全都是糟糕的，那就没有人会长时间地被抓住。被小我所引导而产生的体验既是好的也是坏的，这也是其中的挑战。有时你非常接受生活，而有时你又非常抗拒生活。这种接受与抗拒、推开与拽入、"我爱"与"我恨"之间的来来回回，使得我们的意识被小我抓获，而正是这一点使得我们如此热衷于被苦难的漩涡所吸入。

我们的内在都有觉醒的种子。这个觉醒不是要求你完全地从头脑或是小我中挣脱出来，这个需要去除它的想法本身就属于头脑，属于小我，因为头脑和小我让生活分裂。我现在所说的完全不是分裂。你只是被邀请从一个催眠状态中醒过来。你越是不再想要将你的头脑推开，就越容易从其中醒来。你的头脑所遇到的苦难、挫败和冲突，正是那些将你的头脑限制在狭隘的观点中的东西。这与你为什么处在冲突中没有关系，与你否认什么也没有关系，它与你内在挣扎着要改变的也没有关系。唯一的事实就是，你的挣扎肯定无法让你的意识从这种有限的状态中醒过来。

放下你与如是实相的争辩

有时候，当事情变得足够糟糕，当这份苦难足够深重时，整个小我之轮就会停止转动。当你认同于你头脑中受束缚的想法，随之而来的就是那些长期的痛苦反应，这会变得太过痛苦。然后，这个漩涡就停止了，当你正处在一个巨大无比的悲恸之中，正处在一个剧烈无比的烦恼与苦痛之中，有些不一样的东西就很容易被你悄然地感知。在那个时刻，你会感觉到一份和平与自由，它会告诉你没有什么真的需要去改变。你不需要去与你自己抗争，而正好相反，你所需要的，就只是一个去质疑你头脑中的结论的意愿，一个放松的意愿。不是试着去改变当下，而是让当下如它本来的样子，哪怕你的头脑会告诉你许多理由让你去抗拒，但是，无论如何你要试着不去抗拒。

当你放下你与如是实相的争辩时会发生什么呢？无论你感觉如何，无论你感觉良好还是焦虑，感觉开心还是难过，冲突还是自由，就只是随顺它。像做实验一样地去看看当你停止与自己起冲突的时候会发生什么。当你放下冲突，哪怕只是一小会儿，只是一个自然的停止。当你不再与自己起冲突时，当你不再想着要反对任何事情时，你就完全进入了当下，进入到了这个片刻。你将会体验到的就是平和与定静——一种很深的内在宁静。在那个时候，你体验到的是意识的另一个维度，一个超越小我及其活动的维度。

很多人以为，意识的这个维度——平和、定静和美好——是你必须通过努力才能获得的，即，它是很遥远的，是你必须以某种方式去赢取的。但是，所有这些结论都只是你头脑中的想法而已，所以，你可以选择不再抓住更多的想法。你可以去敞开自己，并接受这种状态，在这个状态里，你没有结论，你的头脑开阔，你的意识自在放松；在那里，你开始可以触及一种全新的意识维度，而这种意识就是平和。这是一份邀请，邀请你只是作为这个意识而存在，并且在这个意识中行动。一旦你品尝过这份定静、这份平和，那么，小我就会站出来强烈地反对它。而后，苦难的漩涡就会更容易被看到。有些时候你可能会进入无意识，你也许不可能总是看到小我试着用不同的想法来劫持你，但是，即便如此，只要你有一刻停下来，看到这个模式，那么，就会有一条缝隙为你开启。这是一道通向另一种可能性的门、一种去体验你一直向往的平和与幸福的门，哪怕那时候的你正处在冲突之中。

在最艰难的时刻亦可找到自由

在我二十几岁的时候，有过一条很美的狗。我想你们有些人也一定有过深爱的宠物。我这条狗非常棒，它一直是个好伙伴，我走到哪里它就跟到哪里，无论我去哪个房间，它也跟着去，我要是开车，它也是个伴儿。几乎在所有的时间里我们都在一起。后来，它慢慢地得了某种癫痫症，我得带它去看兽医。他们试着为它进行药物治疗，但问题是，给多少药还是不给药像是一门艺术。我们那会儿还只是刚刚试着给它治疗，而几周以后，我回家时发现，它已经到了癫痫症的中期了。后来，病症不断地发展以至于无药可救。最后，它不得不结束了生命。这是我一生中最难过的时候。此前，我在我的人生中经历过某种程度的哀伤。我的祖辈们以及朋友们都曾去世，有些时候，是我很亲近的人去世了，但是，我还从来没有像失去这个不可思议的伙伴这样地受到影响。我发现我自己处在深深的悲痛中，这份悲痛让我几乎无法理解，因为我此前还从来没有体验过。

某天的下午，几个朋友、家人和我去后院为小狗作最后的告别。我把小狗的项圈以及几样它的东西放在一个盒子里，我写了我想要对它说的话，然后，我开始去读这份悼词，我开始流泪，眼泪就是那样涌出我的眼睛。这个悲伤当时是如此的巨大，以至于我决定让自己完全沉浸其中，我完全地进入了这份悲痛与哀伤的深井之中。我一直在哭啊哭，但同时又继续念我的悼词。然后，非常神奇的事情发生了，那是一种我从来没有体验过的感觉：就在巨大的哀伤与难过之中，就在胸口的正中心，有一道非常小的针孔般的亮光。而就在这道针孔般的亮光的中间，有一个微笑。我几乎可以实在地在我的脑海里看见，在那个针孔般微小的亮光里的微笑。

一开始的时候，它只是这个无限巨大的哀伤与悲痛中的一个小点，但是，当我继续哭泣时，当我继续读着悼词，这个开心的小点就开始扩大。几分钟以后，这个开心的小点已经无限扩大并变得巨大无比了，这真是一个非常奇怪而矛盾的体验。一方面，我完全陷入到深度的哀伤和难过的状态中，但是，就在同一时刻，那里却有着一份我从来没有体验过的更大的幸福及更大的安详的感觉存在着。

这是我所经历过的最最深刻的体验，它所揭示给我的是，即便是处在最深的黑暗状态，即便是在蒙受最巨大的损失，承受着深重哀伤或是处于极度的抑郁状态中，我们仍然可以找到一些幸福与安详，只要我们真的向那些情感敞开，只要我们真的放下我们的抗拒，只要我们完全地试着去包容这些痛苦的体验，只要我们终于允许它们在那里，允许它们如它们所愿地那样变得无力承受。当我们深深地放下的时候，当我们真的决定停止挣扎的时候，平和与幸福就升起来了。

这个故事我已经讲过很多次了，而我也已经收到很多信件和卡片，人们在信中跟我分享了类似的体验。我收到过一个人的来信，她已经迷失在很深的抑郁里好几十年了，直到有一天，她决定停止——停止挣扎，停止想要将它推开的企图，同时也停止沉溺其中，停止去喂养它——只是简单地停止。在那个停止的时刻，有些不曾预料的事情发生了：相反的情况展现出来。当她全然地去与那份抑郁相遇的时候，那份抑郁有多深，现在所升起的这份安详就有多深。这并不像是抑郁走开并且永远消失了，而是，它开始与一个绝对安详的状态共存了。当抑郁与一种安详的状态共存时，一个人就再也不会无力承受了。随着时间流逝，至少对于这个人来说，抑郁开始减退了。这就像是，抑郁可以向某个东西投降，它可以放下自己而进入安详了。

在困苦中找到安详并不是大多数人都体验过的事，因为他们还没有真的停止去抓住或是推开某种思想或感情特质。如果你完全臣服于那个情绪或是想法，你将看到那里有一个邀请，邀请你从你认同的想法以及整个情绪环境中醒过来。真的有一种方法可以让你停下来。实情是，这个已然存在的全新的意识状态，以及你当下正在体验的每个部分之中已经包含了绝对的定静和绝对的自在。所以，真的没有地方要去，也没有东西要去追寻。挣扎只会让我们在那个我们试图逃离的东西里面越陷越深。理解小我意识的这一点是非常重要的：我们越是辛苦地想要逃离，我们就会将自己埋得更深。

　　这个邀请很简单：放下对头脑的沉溺，认识到它没有你要的答案，而它也没有我们作为一个集体所要的答案。之后，我们就可以开始在我们的内在以及彼此之间停止这种疯狂，认识到我们深刻的本然的天性，在其中找到安详与幸福，而它不单只为我们而存在，它是整个人类的礼物。因为，当我们有可能成为任何人或是每一个人的时候，我们也在为每一个人贡献着我们的良善。当我们可以从我们的定静处——一个先于头脑而存在的地方——与自己连结时，我们也可以在同样的地方与每一个人连结。起初，与人连结而不被拖回到那个小我的头脑中，或是回到小我的意识里，或是回到受苦的漩涡里，这似乎是相当困难的，但是，如果你只是简单地守持住这个意念，它一定会发生——或许是瞬间即现，或许是一点一点地。

　　这里真的没什么可学的。觉醒实际上是一个去除模仿行为的过程。重要的是我们的行为源自哪里，我们与哪里连结。当我们与我们真实的灵性本质相连时，这种连结的品质就得以转化了。然后，我们对彼此所说的话就会带着一种完全不同的感觉。那时候我们变成了祥和的表达，而非这个充满着相互分离的世界的疯狂表达。这个启示始于，你认出你不是你的头脑，你不是你的小我，你也不是你的人格。实际上，你是一个广阔得多的东西。

第四章　放下挣扎

你所需要做的一切就只是去注意到,你的内在有一个没有挣扎的地方。

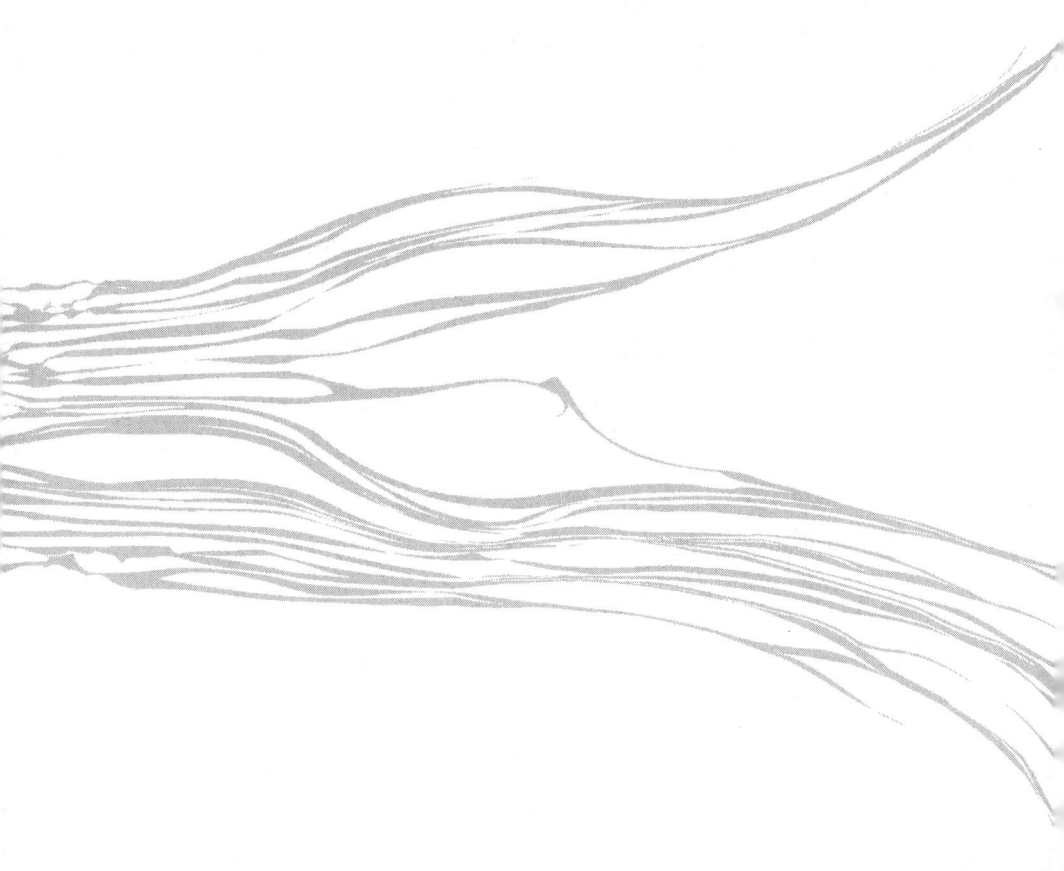

既然我们在小我意识状态中的沉溺是造成我们所有痛苦的最根本的原因，转换意识就成为走向解脱最根本的事情。我们必须醒过来，进入我们本质的状态，知道我们真正是谁。为此，最重要的是做好基础工作，好让觉醒自然地生发。首先，我们必须看到，通常的小我意识就是我们喜欢处于的挣扎的状态。我这里所说的挣扎倒不一定是那种很黏稠的、令人喘不过气来的挣扎、那些人生中很强烈的痛苦时刻，当然，挣扎有时候也包括这些。我所指的是那些更细微的挣扎。但是你无法让某人停止挣扎，你只能说："好，挣扎是你问题的很大一部分，所以，你需要做的就是放下挣扎。"如此，当我们看到我们在挣扎的时候，下一步，我们就必须去理解为什么我们要挣扎，为什么我们试图与实相抗争。因为，归根结底，我们的挣扎是与过去所发生的、当下所发生的，以及将来要发生的实相进行抗争。

当我们挣扎时，我们在自己的经验中制造了一种小我的意识状态，它的本质是：紧缩。"紧缩"就是一种狭隘化。当你在你的身体里感觉到紧缩时，无论是在你胃部还是心脏或是头部，你会经验到一种收缩、一种向内的挤压。当它们收缩的时候，我们实际上是在从整体以及一种完整感中被拽出来，进入了一种渺小和分离的感觉中。

为了停留在小我的意识状态中，我们必须挣扎，这也是为什么你看看周围的世界，处处可见挣扎。我们之所以挣扎并维持小我状态，原因是，它可以让我们活在一种仿佛一切尽在掌控，或是感觉我们与周围的世界相分离的状态之中。然而，最终的结果证明，这无法令人满足，它并没有提供舒适及安全，而是让我们过多地停留在已知及无风险之中，而无法进入未知的领域。

所以，在所有层面都存在着挣扎，无论是在工作中、政治中、家庭中，甚至是在我们的友谊中，常常有着某些挣扎的因素。挣扎是一种感觉，是当我们试图要反对什么东西时的一种紧张感。它可能意味着与另一个人、另一个机构的对立，但它常常也是我们内在的对立，我们内在的某些部分反对另外一部分，这就是那个试图想成为我们希望成为的人的挣扎。一旦我们的头脑里有了这样的分裂，我们就开始挣扎了，而只要我们在挣扎，我们的意识就很难从小我的状态转换到一种更自然、更开阔或是更完整的状态中。

这个自然的、开阔的状态实际上可以用另一个词来形容，那就是"灵性"。尽管这个词已经被滥用了，但它的本质是指意识的无限扩展，而我们所有人都具备这种可能。归根结底，什么是灵性呢？它不是你可见的东西，也不是你能抓住的，更不是你可以触碰的。换一种说法，它就是那个"醒着的空无"。我尤其喜欢的一个术语是《圣经》中所说的"圣灵"，对我而言，灵性恰如幽灵——不是因为它吓人，而是因为它是看不见抓不着的，你无法真正去定义它。一个幽灵就是一个不存在的存在，而灵性亦如此——一个醒着的无物，一个醒着的意识的扩展。相反，小我的意识状态无外乎是灵性的狭隘化，是这个无限开阔状态的紧缩。当那个灵性的意识紧缩并狭隘化时，人们最终就会感觉到分离。

通过挣扎、奋斗，我们的意识会被减缩。真正能够激励我们大家的，实际上对我们来说是最自然的，是开放、平和、爱以及怡然。这些品质完全是灵性的自然品性。当我们觉察我们灵性的本质、觉察我们非分离的、非某某人的本质时，这些品质就会从我们的内在升起，而后，爱就会非常自然地流动起来了。

我还记得当我开始怀着对真理的渴望，渴望结束这份挣扎而感觉到完整而圆满时，对我而言，问题来来回回地就在于："什么是真的？什么是真实？"就某种程度而言，我凭直觉认为，如果我可以找到什么是真的、什么是真实，我就可以感受清明，并且让我的人生得到解脱，真相可以让我打开我的心从而使自己获得自由。但是，即便是我在追求那份开放和自由，我用来追寻的方式却是通过挣扎本身。那时候，我并不知道我在挣扎，但我确实在挣扎。我所遇到的大部分人，他们都在追寻幸福、自由或是解脱，但实际上他们都是通过一种无意识的挣扎方式在追寻。当我开始觉察到自己这份对自由的需求时，当我的内在对此更有意识时，我开始花更多时间在静坐上。那时候的我读了很多关于自由和解脱的书，而它们似乎都在说着同样的事："你需要安静。你需要让你的头脑安静。如果你无法让你的头脑安静，你就无法超越你的头脑而看见。"所以，我就花了很多很多的时间去安安静静地坐着，试图让我的头脑平静下来。问题就在于，那种试图当中包含了巨大的努力。我曾花了很多年的时间去努力挣扎，就是为了超越我的头脑。

我想，这种做法实际上相当普遍，不仅是灵性圈子里那些做很多静心的人，在日常生活中也同样如此。许多人试图平息他们头脑中的波澜或是平息他们的情绪，而在试图这样做的过程中，他们的内在已经有了紧张，有了一份挣扎。这会是一件让人感觉非常挫败的事情，因为，我们都渴望着一种完整感和自由感，但是，我们却试图通过改变我们自己、挣扎着去转变我们真实的样子而达成。挣扎是一个障碍，它阻断了我们从小我的意识状态中醒来的通路。所以，我们怎样才能停止挣扎？我们怎样不与自己对抗才能达成内在的和平？

往往，人们相信，要放下这种方式肯定是一个复杂的过程，它要求我们了解某些特殊的知识或是资讯，会让我们的内在经历一些过程之类的。但实情是，终结挣扎比那个要容易得多，也显而易见得多，只是我们没有留意而已。真相就藏在我们的眼皮底下。它在我们四处可见的地方，只是，它很难被看见，因为我们没有真正清楚地去看过。停止挣扎，尽管这看起来似乎是艰难的，实际却并非如此。是什么使它看起来很难呢？是我们的自我感，我们这个"小小的我"，它在试图不去挣扎，而只要我们以这种自我感存在，并且试图不去挣扎，这个企图本身就在我们的内在设置了一份紧张，一种心理和情绪上的紧缩。

放松、放下挣扎，它不是小我所能为的，但是，我们却常常让我们的小我卷入其中，并试图让那个放下发生。其实，说"放下挣扎"也不太对劲。你所需要做的一切就只是去注意到，在你的内在有一个没有挣扎的地方。这样做也意味着，想要抱持任何希望都是没有未来的。事实上，有关未来的想法正是觉醒于我们真实本性的障碍之一。这是因为，未来让我们一直看着其他地方而非眼下的发生。如果你问自己："在我试着停止挣扎之前，在我试着放松、找到平和之前，平和是否已经在那里了？"然后，你只要安静一会儿，专注地去聆听就好。我们假设自己所追寻的不是已经存在的。当然，这也是我们要去追寻它的原因：因为我们相信平和、幸福与自由不在这里，不是已经在我们当下所在的地方、所处的时间。这个认为我们所追寻的某种圆满的状态不是在此时此地的假设，正是促使我们去追寻它的原因。

站在你自己的两只鞋里

真正的追寻不是在明天追寻，也不是到此地以外的任何地方去追寻，它始于你对这个片刻真实本性的认识。要做到这一点，你必须像我的老师所说的那样，"站在你自己的两只鞋里"，她说这话的意思是，你得清楚地去查看你自己的体验。停止想要拥有像别人那样的体验的企图，停止追逐自由、幸福，抑或是灵性的开悟。站在你自己的鞋子里，并且近距离地去检查：此时此地发生了什么？有没有可能放下想要让某事发生的企图？甚至就在这个片刻，也许存在着一些苦痛、一些不开心，但是，即便它们存在，有没有可能不再将它推开，不再试图去除它，也不再试图到达某个别处？

我理解，我们的本能就是要从不舒服中离开，并试着到达某个更好的地方，但是我的老师过去常说："你需要的是向后退，而不是向前进。"向前进的步子总是向前移动，总是要试着得到你想要的，无论它是一种物质的占有还是内在的平和。我们对前进的步子很熟悉：追寻以及更多的追寻，奋斗以及更多的奋斗，总是要去寻找平和、幸福、爱。而后退的步子意味着只是转过身来，将那个向外寻找满意的过程倒转过来，并且仔细端详你站立的地方，去看看你正追寻的是不是已经在你的体验之中了。

我们不是要把挣扎带到终点，我们也不是在试着不再挣扎。我们只是留意到有一种完全不同的意识的维度，就在这个片刻，它不是挣扎，不是怨恨，不是试图去某个地方。你可以在你的身体里实实在在地感觉到。你无法思考达到不挣扎的办法，没有所谓如何不挣扎的三步计划。它真的只是个单一的计划：留意到那个平和、那个挣扎的终结，实际上这个状态一直持续着。

因此，这个过程是一种认出。我们认出：哪怕你的头脑是混乱的，当下其实存在着平和。你也许会看到，哪怕你触及到当下的平和，头脑还是会因其制约而从中游离，它会试着去与这个基本的事实争辩，说平和并不存在于你之内。比如，它会说："我还不能够保持平和，因为我必须做这个或者做那个，因为这个问题或那个问题还没有得到解答，或是谁谁谁还没有向我道歉。"小我的头脑会找出各种各样的理由，坚持一定要有某事发生或是要做出某些改变，你才能做到平和。但是，这正是头脑梦幻的一部分。我们都被教育说，一定需要有些改变发生才能让我们体验到真正的平和与自由。

只是花一点时间去想象一下，这并不是真的，即便你相信这是真的，就只是去想象一会儿：如果你不需要去挣扎，如果你不需要花费任何努力去找到平和与幸福，那会是什么样子？当下会是一种什么样的感觉？就只是在这个片刻，花一点点时间安静下来，看看平和与宁静是否在你的内在？

我们确切地知道什么？

我们挣扎的另一种方式是通过不断产生想要知道什么的

需求而产生出来的。我们想要知道"为什么这样"以及"为什么那样",这个怎么做以及那个怎么做。通过这样的方式,头脑仿佛一台配备永久电池的机器一样,它总是不断不断地想要知道。从很多方面来说,头脑的这种特性也是相当自然的——有时候这个特点也是我们能生存下来的关键。头脑这种对"知道"的追寻与执著也是挺好的,它可以帮助我们完成实际的任务。那也是为什么我们要去学校学习的原因,我们由此可以追求我们的事业并且在我们所创造的这个世界中运作。有许多知识是非常有用的,但是当它进入我们的意识状态中,当它进入我们对平和与幸福的寻找中时,我们就不得不放下这份"知道"。我们必须放下对知道的努力,因为真实的情况是,我们不知道。

你可以像做实验一样地问自己这个问题:"我确切地知道什么吗?"而不是"我99%地知道些什么吗?"当你问,"我自己千真万确地知道些什么吗?"并且真实地去看那个在你的内在升起的东西时,首先,你所有的想法都会浮现——包括你所有的意见,你的信念,你所学的一切,你以为你所知道的一切,因为我们确实以为我们知道的东西多得不得了。但是,我们所知的一切却无法阻止我们受苦,无论是作为个体还是作为集体来说都是如此。我们还是会不停地回到那个想要知道的需求里面,回到头脑的运作里,好让自己从人类受苦与寻觅自由的两难困境中找到出路。我们能不能足够诚实地去直面我们头脑的本性,去问一问:"我真的知道些什么吗?"

如前文所述,头脑所知道的一切,都只不过是象征性的。这句话的意思是说,我们所拥有的每一个想法都只是对某个事物的象征而已。无论那个词语是"书本"、"树木",抑或"鞋子"、"衬衫",这些都只是指向其他东西的象征而已。当然,我们有些想法甚至连这个也做不了,它们只是指向另外的想法——有关想法的想法。

没有所谓真实的想法

要终结挣扎的另外一个办法是,我们可以看到对于那些我们认为自己知道的,其实自己一无所知。这真的是一大步。当我说"一大步"的时候,我的意思并不是说它很困难,而是说,它是一个大的转变,我们开始在自己的意识中理解这个世界了。我还记得当这个转变发生在我身上的情况。那时候,我和我的父亲在一个机器商店里工作。那时候,一天工作结束了,我下班,走向停车场,朝我的车走去。好玩的是,那时我确实没有想什么特别的东西,但是,突然间,我头脑里冒出来的一个想法是,没有一个所谓真实的想法。

但是,这并不是一个进入我脑袋里的想法,它更像是我说的"洞见"。一个真实的洞见并不是你头脑里升起的想法,一个洞见是某种你整个身体都理解并洞悉的东西。那也是为什么当你有了一个洞见,你往往会说:"啊哈!就是这个!"它是你身体的一个反应。当你有一个普通的想法时,你不会有"啊哈!"的感觉。你日常生活中每时每刻所产生的想法实际上与你的身体是隔离的,而洞见则相反,它会涵盖你整个的存在本体而产生出一个深刻的理解。那是一个充满着伟大启示的时刻,一种在智力、情感以及感觉层面的体验。

所以，它马上就传递出这样的了悟："天啊，没有所谓真实的想法这回事！"这太惊人了，我马上就开始宣告："我得想想这事！"真的，这是一个奇怪的反应，但是，可能也并没有所谓真实想法这回事，这看起来是如此的非理性，如此的没来由，这怎么可能呢？但是，当我开始去看着这个洞见时，我看到思想只是针对事物的象征而已，它们并不是事物本身，它们只是对事物的描述。我开始看到这个事实，即：思想与实相并无任何关系，换言之，头脑形成的结论并不是真相。这真是一件革命性的事情。在当时，对我而言它看起来真是革命性的，同时，我也看见我的任何想法都不是真实的。我确实是说"看见"，因为，在认识与启示中都有着"看见"的特质——你突然一下子看到某些东西，那就是那个"啊哈！""没有所谓的真实的想法。"这些发现是多么惊人啊！

有些想法是有用的，其他的则看起来相当无用，但无论一个想法是有用还是无用，相关还是不相关，有智慧还是没智慧，没有一个想法是绝对真实的。如果你觉察到没有一个想法是绝对真实的，那么，你就会停止在你的头脑里寻找真相。我们该去哪里寻找呢？如果我们不再去我们的头脑里寻找真相的话，那我们要去哪里找呢？如果我们不再去问我的思想，什么是真的，那么我们要向谁去问这个问题呢？如果我不认为它是真实的，我怎么能够找到什么是真实的呢？

在任何一个美好的"啊哈"或是天启的时刻，一切都静止下来。在那个时刻，它让你瞠目结舌。在我意识到没有想法是真实的那个时刻，所有其他的想法都变得不相干了，它们一点意义都没有，它们只是头脑试着去描述的故事罢了。我们热爱给彼此讲故事，我们热爱给自己讲故事，而最终，我们的头脑也热爱给它自己讲故事，通过我们所接收到的感官印象而给自己创造虚拟剧情。但是，如果我们允许这个想法——没有所谓真实的想法——沉入我们存在的核心，我们就可以完成这个意识的转换。因为，如果没有想法是真实的，那么，我们就不会再相信那些导致我们挣扎受苦的想法了。

进入实相的核心

几个星期之前，我在一个电台节目中听到一个伟大的物理学家讲话，他说，对一个科学家来说，有些事情是非常奇妙的："你们知道，即便是在量子力学里，理论也无法告诉我们什么是真实的。它们只是在解释着事物的行为，它们只是实相的象征而已，它们并不真的是真的。"我太惊讶了！这是一位科学家，他穷其一生就是为了搞清楚那些概念，而他现在所说的是，没有一个概念、没有一个公式是绝对真实的。它们是有用的，是的，它们也许可以解释这个世界的某些功能，但是，它们本身却没有任何真实可言。现在，如果一个科学家都可以这样说，那么，你和我至少可以在这个观察中敞开，对"我们所想的并不是真实的"保持开放的态度。

但是，当你对着这个想法敞开你自己时，你很可能会感觉自己像是两手空空一样，头脑似乎也不太知道要做什么了，它会感觉自己被暴露了，变得脆弱了。极有可能发生的事是，你的头脑从来没有到达过如此的境地，而你可能感觉头脑有着强烈的想要知道的欲望。那是可以的，因为，想要知道是头脑的功能之一，它想要讲故事。但是，它所讲的故事与事情的真实面貌可能完全不是一回事。所以，花一小会儿时间去感觉一下你的头脑，以及它天生想要知道、想去构思、想要讲故事的欲望。哪怕我们有着最具智慧的故事，也没有一个故事可能像实相那样真实。

超越这份两手空空的感觉，超越这份什么也不知道的虚空，就会有一个更伟大的事情出现，即：实相的核心。实相的核心不只是一个将我们"带回到山顶"的精妙的洞见，这么说吧，它不是一个概念。实相的核心是我们所实际居住的无边无际的空间。如果我们知道自己的思想不是绝对真实的，只是我们还在利用它们而已，如果我们是在这个无限的空间中与彼此连结，那将会如何？我们还是会进行沟通，不是吗？我们还是会给彼此讲故事，但是，当我们在给彼此讲故事时，我们知道那些故事至多只是说出了真相的轮廓，或者，我们大部分的故事甚至都无法很好地展现真相的概貌，这会不会是很具有革命性的呢？你能想象吗？你将更少地想去抓住，抓住你的头脑、头脑中的下一个想法以及那个试着说服你去挣扎的想法？如果你的头脑被解除了，会发生什么？如果你突然间意识到幸福、平和、爱以及自由不会来自于你的头脑，会发生什么？

去看这个片刻，你将看到：我们生命中最看重的东西——幸福、爱、创造力、平和、喜悦、团结——哪怕我们可以运用思想来为此作参照，但是，实际上它们没有一个是等同于思想的。我很确定，你会看到和感觉到，爱是超越"爱"这个词的东西。说"爱"这个字，它仅仅指向一个理念。然而，它的感觉如何？当你的心被打开的时候，那个感觉是怎样的？当你放下你的界限时，那个感觉是怎样的？在这个当下变得亲密，那个感觉是怎样的？能够把那个感觉放进一个理念里吗？当你真正地感觉到爱时，你难道不觉得那是无法用言语或思想来表达的吗？当你感觉到这份爱时，你已然进入了实相的核心——而当你放下那个信念，不再认为我们所有的思想以及理念都是真实的时，这个实相的核心，就是你可以活在其中的空间。

静默是觉醒生发的土壤

在任何真实的启示中都有一件共通的事情，即，它将震撼我们的头脑，因为在那个片刻，我们领悟到一些不在思想之内的东西。启示与洞见来自于别的什么地方、别的什么空间里。它们来自于一个不太被我们的文化所尊重的空间——一个叫做"静默"的地方。在我们的生命中有什么比静默更被忽视的吗？有什么东西比静默更让我们想要逃开？我们许多人宁愿执著于自己的想法、信念以及意见——它们正是让我们与真相、实相以及生命保持距离的东西——而不是去体验这份静默。我们花了很多的精力想要从静默中逃开，但静默恰恰是觉醒生发的土壤。它是我们从小我的意识状态、分离的信念中转换出来的土壤。毕竟，分离终究只是一个信念而已，它是我们的头脑所编造出来的一个故事。

我不是说我们要试着变得安静，或者我们必须要练习如何进入定静。如果你真的想要变得安静，就要允许自己去看到头脑中所有的思想都只不过是故事而已。它们与好故事还是坏故事无关，它们也与对错无关。我们的头脑就是一个故事的讲述者，而它使我们从那个一直都在场的静默中游离。往往，我们的头脑真的是一个好的故事讲述者，而另外一些时候，它也真是一个蛮烂的故事讲述者，但是，头脑终究只是在讲故事而已，但故事不是真的。

静默是一个解除我们的东西，这也是为什么我们经常从中游离的原因。社会让我们越来越容易被噪音所占据。上周，我在高速公路上开车，我看到一群学生从学校放学回家。他们都有手机，大约七八个人吧，而每一个人不是在打电话就是在发短信，没有人在与他们身边的人或是环境互动。我想："这真是疯狂！这是一群一起走路回家的人，可是他们却并没有实际的连结。"

我们被面前的静默和当下时刻吓到如此地步，以至于当我们在一起的时候都要让自己变得很忙才行。我们身体上在一起却并没有真正在一起！我们一起走路回家，但我们却在跟别处的人讲话。我们被双重占据着，就是为了确保没有真正的静默，没有真正的沟通。这并不是一件坏事，我不是说它不该发生。我所说的只是，如果我们看看周围的世界，我们看到的是，我们被约束却不能深入地倾听，而倾听不正是指静默吗？它是一个倾听，一个深入且无言的倾听。正如一位基督教的神秘主义者所言："不要再告诉神你想要什么，而是去听听神想要对你说些什么。"这是很智慧的话，而它来自于一个基本的洞见，那就是，我们的头脑不停地宣扬着自己，这终究只是另一种形式的挣扎罢了。

所以，有许多种不同的方式可以让我们同自己以及我们的体验抗争，试图去控制生活以及我们周围的一切。我们挣扎的方式将自己锁进小我的牢笼中。当我们开始看到头脑只不过是一个故事讲述者时，我们就会开始倾听——不是去听更多的想法或是更复杂的理解，而是去倾听静默。当你以这种方式去倾听时，你才会看到，只有你的头脑才有能力让你受苦，只有你的头脑有本事说服你去挣扎。只有你的头脑，此外无他。那完全是一件内在的事儿，它全都发生在你的内在。

未知是我们的入口

头脑以及那积习难改的分离感，持续不断地在我们的生命中制造着困惑与痛苦，为了看穿它，我们必须要冒一下险，离开我们已知的而进入那未知的神秘实相之中。未知是一个隐秘之处。当我们开放自己而进入内在未知的空间时，我们也许会感觉到有些什么被暴露无遗了，但是，事实上，未知是我们唯一的入口。我们通过知道我们不知道，而变得敏感、开放以及敞开。去承认我们不知道，并臣服于我们无法通过头脑去了解现实的本质这一事实，可以算得上是这个世界上最谦卑的事情。认识到这一点会帮助我们开启一条路，一条通过不知道而走向最伟大的了知的道路。

正如伟大的神秘主义者圣约翰所言："为了来到你所不具备的知识面前，你必须走过一条你知道你不知道的道路。"我热爱这句话，它是完全矛盾的。它就是我早先提起过的我的老师所说的"向后退的步子"：来到知识的面前不是通过知道，而是通过不知道。

一旦你到达头脑边界——那个最远的边界，你就会到达一个地方，在那里，你再也不可能多走一步了，在那里，你的下一个想法只会将你带回到头脑里，而非超越它。当大多数人到达这个点的时候，他们要么转身进入自己的头脑，要么就是开始在这个想象的边界周围移动，想象着自己好像可以超越头脑，这就是那个可以超越痛苦的入口处。

　　当你发现你自己处在头脑边缘时，当你到了那里，意识到你再也不可能在头脑里面走得更深的时候，你就开始停下来了。你开始放下，你开始去拥抱这个未知。拥抱未知让我们变得绝妙、美丽而谦卑——不是卑微，而是真正的谦卑。真正的谦卑是一种非常开放的状态，它是一个巨大的敞开的状态，当我们愿意去认识我们的所知是多么微乎其微时，我们的意识就开始转变了。它开始令头脑及小我向着自然的状态转变。当我说"自然"时，我意指那未经构想、未经加工或转换的东西，那是一种无需努力去维护的东西。为了能够终止挣扎，我们必须达到一种完全自然的意识状态，即：不再与我们内在或外在的环境抗争，那也就是我所说的"觉知的灵性"或"觉醒的灵性"，它是一个觉醒的空性。这听起来也许很抽象，但是，只要将它理解为一种鲜活开放的不知道感觉就好了。当你无法给自己下定义的时候，那你会是什么呢？当你不进入头脑去思索的时候，那么，过去、现在、未来又会变成什么呢？要感觉到这份开放与自在其实并不困难。但是，不要满足于这稍纵即逝的存在状态，它仅仅是一个入口而已，要完全地潜入这份开放之中，要允许自己与那份不知道的感觉亲密。

在出生之前你是谁

在《托马斯福音》里有一段耶稣说过的精彩引言:"备受祝福的他存在于出生之前。"在这里,耶稣指的是存在本体,他在坦言我们的真实本质,在头脑创造出我们这区别于全体生命的形象之前,我们是什么。实在地讲,我们确实无法想象我们在出生之前到底是什么。我们也许可以给自己编一个故事,或者说出一套理论,但这并不是耶稣所指的意思。在你是有形的之前,在你进入一个身躯之前,在你是你妈妈子宫里的一个胎儿之前,在你的父母亲在一起之前,你是什么?

慢慢的,我们的头脑中集合了各种各样的关于我们是谁、我们是什么的想法,以至于我们无法触碰到存在的真相。即便我们大多数人都对我们存在的部分有过一点感觉,但这仍然无济于事。我们有过一些模糊的感觉,知道我们不是自己假装成为的那一个。当我们在假装的时候,会有一种根深蒂固的缺失感,我们可以看出每一个自我形象的核心处都有缺陷。

我们极少对别人坦承这份不满足感,我们害怕自己是唯一一个有此感觉的人,所以我们在心中保守着这个秘密,我们以为其他人都相当清楚他们是谁。然而,如果你真的去问人们,如果他们愿意真心敞开,他们会告诉你说:"是的,我也感觉到这种不确定性。"他们会跟你分享他们也有这种感觉,认识到他们为自己创造的这个身份无法真正抓住这份感觉及其本质——关于他们到底是谁的感觉及本质;他们会承认他们也经常感觉到自己好像是在演戏。我们许多人都是这样过着自己的人生，我们在扮演着一个我们已经学会扮演的角色，但问题就在于我们不知道要如何"不扮演"它。我们认为自己需要的是另一个角色，或是一个更好的角色。但是，那是真的吗？如果有一个片刻我们停下来，不再扮演任何角色，而是允许我们自己成为那个未出生的我们，去触碰那个有形之前的我们，呈现出与之前不同的我们，那将会怎样呢？

如果你停留在这个不知道你是谁的地方，如果你抵抗得住那个想要使你的身份概念化的诱惑，你将开始触及你内心活生生的临在感。你会向着一个我称之为"鲜活且孕育着的空无"而敞开，这不是一片空白或是缺乏品质的"无物"，而是带着非凡的活力与丰足的潜能。在这里，我们可以进入一个神秘的向度，它无法通过正常的思考或理解的路径而到达；我们可以清楚地看到我们不是自己所认为的那样。我们所能认出的就只有我们所不是的，而我们在实相中正是那个鲜活的、觉醒的、有意识的，作为一种纯粹的潜能的存在。

通过这个纯粹的潜能以及鲜活的临在，我们来到了这个有形的世界，我们出生在这个世界里。当我们从浩瀚的虚空进入到这个物理的维度时，我们的形体在妈妈的子宫里发育，我们开始认同于这个形体，它只不过是一个物理的形式而已，它实际上是从这个纯粹的潜能里发展而来的一个巨大的东西。九个月之后，你从这个温暖舒适的子宫里出来了！这突然的降生是一个很大的惊恐，作为敞开而自由的灵性，这是一个巨大的惊恐，它会立即收缩并抓住身体，就像当你在电影院里看电影时受到的惊吓一样，你会立即抓住一个人。当你刚一出生的时候，意识也会这样做。环境有了如此大的改变，而灵性就会抓住身体，而这一刻也就是认同的开始。

我们也可能用一种全新的方式来看待这整个过程，看我们是如何经由出生而进入有形世界的。是的，我们出生的时候，有一种活生生的身心外相出现了，一种美丽的、奇妙的和难以想象的创造力被呈现出来。我们见证了灵性伪装成一个有形的身体而得以呈现的过程，其中包含了头脑、感觉以及情感。但是，当我们更近距离地去看时，我们会认识到，这具形体，这个肉身无论如何也不会与它的源头——灵性——相分离。

即便是经过这个而进入有形世界，并且作为一个人而成长发育，我们大多数人却仍然保持着"未出生"的状态。这个未出生的品质并不会随着你的年龄渐长而消失。当然，人们很容易进入头脑的催眠之中，你会相信你已经失去了自己原本的状态，失去了你与灵性的真实合一。但是，这只是一个想法而已，它只是头脑的一个诡计。就在这个时刻，我看到这个非凡的形体有血液在流、心脏在跳，肺在呼吸，这个形体具备思考、感觉及想象的能力。它可以去爱去恨、去质疑、去决断，同时还具有不可思议的能力可以去感觉悲苦、伤恸及损失，它也可以去体会喜悦、平和以及深深的幸福。它几乎毫无来由就是如此。所有这一切都来自于你的天性，是你灵性本质的一种表达。那个未显现的则通过这个有形的肉体、头脑以及一个非常独特的人格结构来呈现它自身。每一个出生在这个世界的物理的形体都被赋予了一种自我感，如此，灵性才可以通过它来运作。

第四章　放下挣扎

你是一切，同时又什么也不是

就在这个当下，我们能不能开始去感觉一下，我们的身体、头脑，甚至我们的人格都是我们的灵性本质用来与周围世界连结的方式呢？也就是说，这些身体与头脑实际上都是灵性的感觉器官。我们的物理形体只是灵性本质的载体，通过它，灵性得以体验到它自身神秘的创造物——为之迷倒、为之震惊，为之敬畏，甚至为之困惑。灵性是一个纯粹的潜能，它潜藏着一切可能的结果。从我们灵性本质的立足点来看，没有什么是要去避免的，没有什么体验是要被厌弃的。一切事物都以它们的方式成为一个礼物，哪怕是痛苦的事物。在实相中，生命中的一切——每一个片刻，每一种体验——都是灵性的一种表达。

有时候，我们觉得很清晰——从困惑及犹豫不决中解脱出来。当我们清楚自己是谁时，我们就会以一种清晰的方式去行动和回应我们的生活，它是基于爱、平和、慈悲以及理解的。当我们不清晰，当我们困惑的时候，当我们对某些事情信以为真而它却不是那样的时候，我们会如何反应？我们很可能会迷茫，我们会不友善，甚至会变得残忍。我们有谁从来都没有做过不友善的事情？当我们后来回头看的时候，我们会想，"哇！我做了些什么？我怎么会那样做呢？"你为什么会以这种方式反应？它的答案对我们每个人来说都是真实的：因为我们相信一些不真实的东西。

当灵性进入形体时，有一种潜在的可能性就是，它会令人们变得困惑。而当这样的情况出现时，我们就会体会到负面的情绪，我们就会对它起反应。我们必须要记住的是，我们真实的灵性本质不只是美好，不只是幸福，它是一切，又什么都不是。在我们的灵性本质之外并没有一种什么力量，正如神秘主义者所告诉我们的，除了神再也没有别的东西。你所看到的每一样东西，都是神。你所感觉到的一切，都是神的感觉。一切的一切都是。我们被告知、被制约，以为神只是指好的事物，而神、灵性等你以任何方式来称呼的都是"好人"，而所有那些痛苦的事物都来自于其他的源头，你叫它"魔鬼"或是"邪恶"或是"轮回"。但是，真的说起来，这只是将这个世界分裂成一小点一小点的方式，这是一种幼稚的理解神的方式。如果我们真的想要觉醒，如果我们想要让痛苦终结，我们必须开放我们关于神是谁、灵性是什么的观念。我们必须要认识到灵性是一个包容万有的无限潜能。而我们生命中的一切都在证明，灵性的本质就是包容万有——我们可以很清晰也可以困惑，我们可以很有爱心也可以很残忍。我们如何行动以及如何感觉则取决于我们有多觉醒、能够如何体验到内在的宁静与平和。

  我记得，很多年前我和我母亲有过一次谈话，那时候她五十多岁。她说："你知道吗，当我年轻的时候，我以为当我到了五十岁的时候，我就能知道一切了，我以为我会有某些不同。但是，即使我已经有了许多的生活经验，而且知道得更多了，可我实际上还是和从前一样。"在那个时刻，她触及到了一个非常深奥的真理：在我们每一个人身上，有一种一直以来都不曾改变的东西存在着。你可以就在此时感觉到它，因为它就是那个觉知，它就在此时。它就是那个正在倾听与感觉着的，它就是那个正在思考与想象着的，它就在这个当下。即使你无法给它一个概念，但它就在那里。它是一种你无法抓住，也不会失去的东西。那就是你：一种你绝无可能去想象，也从来不会看不见的东西。一切——你的身体、我的身体、每个人的身体，你所见到的一切，每一粒尘土，街边每一块被丢弃的垃圾——都只是那个被称作灵性的纯粹潜能的显化而已。

如果你回顾自己的人生，难道不是有一种永远保持不变的东西在那里吗？它是关乎你的当下的东西，也是关乎你的过去的东西，一直都不变地在那里。看看你是否可以感觉到它，不要试图去理解它。只是去感觉它。那个现在就在那里，并且一直都在那里的是什么？

伟大的回归

耶稣曾经说过，"天国即在地球，而人们视若无睹。"我们被给予了这样的想法，认为天国是一个有着伟大的平和、安详、幸福及合一的所在。我们被给予了这样的想法，以为我们会在未来到达这个平和安详之地，而它高高在上，在云彩与星星之间。似乎天堂是一个特别的所在，它只为极少数人而保留。但是在这段话里，耶稣像其他许许多多伟大的灵性大师一样提醒我们，这里就是天堂，你所见到的一切万物都是那个灵性的显化。万事万物都是神的示现。当你让自己对此敞开时，它将怎样地改变你，你将如何在你的人生中行动？当你看着你的邻居,如果你看到他或她只是一个像你一样的凡夫俗子,但同时,在深深的内在,他或她又是神的示现,你将如何对他讲话?你能够同时把握这两种实相吗:生命的所有面向都有平凡的品质,而同时,它们又都是神性完整的表达?如果你知道它们同时是这两者时,你能想象你将如何与它们互动吗?

允许我们的灵性本质进入,并不意味着我们要忽略自己的身体、头脑以及人格,但是,我们可以看到我们的身体、头脑以及人格都是灵性的一种表达。它不是非此即彼。我们可以同时既是肉体又是灵性,就像是一个硬币的正面与反面一样。你会发现,唯一让你接受你的人性并全然且不可思议地驾驭生命的,正是你内在的灵性本质。你的小我所追寻的爱只能在你的本质中找到。在外面,没有人也没有什么可以给予你足够的爱。

你内在灵性的临在绝对是如是实相的爱人,它爱着一切如是的实相。它有意识地显化于此,知道它将会完全地如其所是,知道我们这个头脑作为一个工具是何其危险地愚弄着它自己。除此之外,它还是决定要投胎现身,开始这个短暂的出生——活着——死亡的旅程,只为在这整个旅程中认识到它始终如一的本质。最后,它既无所得亦无所失,唯一可能的损失就是你对如是实相关闭你的双眼。

向内看,就在此时,就在此刻。当你向内看时,不要去搜寻任何东西。只是去看、去听、去感觉,并且允许你自己去体验那内在的临在、灵性的那份通透。你也将知道耶稣所知道的,知道你在成为一个人之前就存在,甚至知道即使你不再做

第四章 放下挣扎 089

人了，你这个本质仍然存在。出生只是意味着你是什么的同时又什么也不是。当然，我们都知道，当我们外表看起来是什么时，我们很容易忘记我们神圣的空性。但是，生命的礼物就在于，我们同时是这两者。这真是一次伟大的回归。它是对我们感觉的回归，对我们出生的回归，就在此时此地，记住我们是谁。只有那时候，我们才知道如何去做真实的自己，如何不迷失于我们的头脑之中。将你的身体及头脑视为对你本质的表达，视为一种与他人连结的方式，同时也是一种对他人的提醒，这是一种告诉他人真正的我们是谁的方式，就这样运用你的身体与头脑吧。

第五章 体验情绪的天然能量

> 你必须真正地沉入痛苦,甚至是放松地进入这个苦痛之中,以便你可以允许这个苦痛开口讲话。

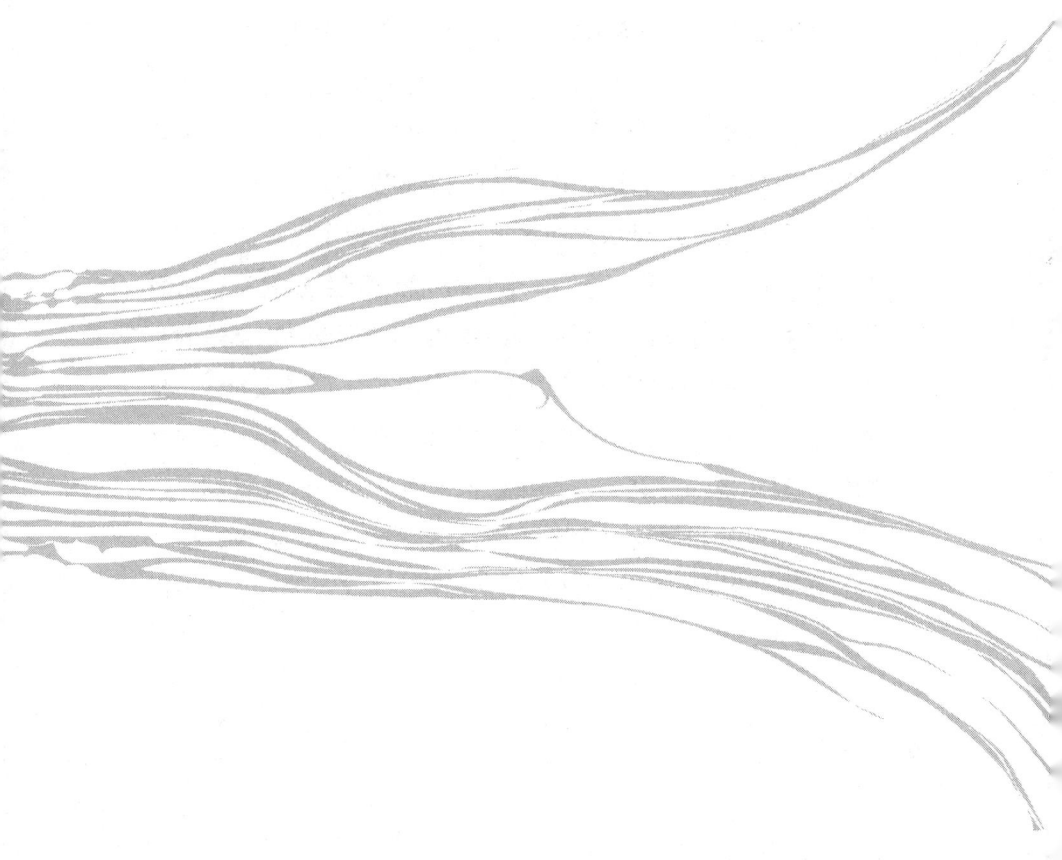

有一次，在我带领的一次闭关静修课程中，一个女人走到麦克风前说："我感觉到我内在有着巨大无比的愤怒！哪怕是我现在坐在这个教室中，没有人来打扰我，也没有谁来挑衅我，我还是感觉如此的愤怒！我看着人们，发现我自己毫无理由地在评判着他们，内心感觉到自己对他们的怨恨。在人生的很多时候，我处处都感觉到自己真的非常非常生气。"

我可以看到她的眼睛以及她的身体姿态，真是完全地让愤怒与生气的情绪占据了。我说："我不想跟你讲话，我想对你的愤怒讲话。"

最开始，她迷惑地看着我，她不明白我的意思，因此我又说了一遍。我说："我想对这个愤怒的情绪说说话。告诉我，它是如何看待人生的，它是如何看待别人的。它对你人生当中那些最重要的人们的评判是什么？"

她有些惊恐地看着我，说："噢，不！不是那样的！"

我说："是的，是的，是的。我想要跟它谈一谈。我想要你让愤怒发出一个声音。不要再让你自己与它分开，不要再试着去除掉它。就一小会儿，让你的头脑变成它的反映。"

庆幸的是，她有很大的勇气。因为她受了太多的苦，她愿意给自己一个机会，于是，她开始从愤怒情绪的角度来跟我讲话。她所倒出来的全是她有毒害的思想与理念，以及她的头脑对于她的人生及周围人所得出的一些结论，而许多的结论都来自于她成长过程中那些非常非常艰难的时刻。而我一直在鼓励她，对她说："是的！"并且告诉她："告诉我更多！还有！"她越来越愿意让愤怒的声音出来讲话了。当她这样做时，所有的评判、指责以及非难全都跑出来了。而后，在她这样说了一阵子之后,一个柔和的声音开始出现了,那是一种非常受伤与悲痛的声音,那是一种更多亲切却更少防卫的声音。她实际上发出了一种痛苦的类似于在受苦的声音。当她这样做时,我开始真真切切地看到她为什么会承受这么多的苦难了。

允许你的痛苦去说话

我们的苦难由两部分组成:其一是头脑的部分,其二是情绪的部分。我们通常认为这两方面是分开的,但事实上,当我们处在很深的痛苦之中时,我们通常会被情绪的体验完全占据,而忘记或者说忽略我们头脑中的故事,是这个故事在制造和维系着这份痛苦。所以,在对我们的苦难讲话时,最最重要的一步就是,首先要唤起那份想要真实地去体验的感觉、勇气与意愿,而不再试着去删改自己的感觉。为了真正允许我们停留在情绪的深处,无论有什么东西浮现出来,我们都必须停止对自己的评判。

我邀请你拿出一点时间——也许就半个小时——允许你自己去感觉:允许任何的感受、情感或是情绪浮现出来,而不再试着去逃避或是去"解决"它。只是让未来将在那里的东西浮现。感受去触碰它的感觉,无论这个情绪是什么样子,你都不再试着将它推开或是对它进行任何的解释。只是去体验那个情绪或感受的天然能量。你也许会留意到它是在你的心里、你的太阳神经丛里,或是在你的腹部。看看你是否可以认出,在你身体的哪些地方有紧绷——不只是情绪所在的位置,而是你身体的哪些部分感觉到僵硬。它可能是在你的颈部、肩膀或是你的后背。苦痛以情绪的方式显化——通常是很深的痛苦的情绪——它也会以周身紧张的方式而显化出来。苦痛也会以某种循环往复的思维方式而显化出来。一旦你触碰到某个特定的情绪，开始允许你自己去倾听那个苦痛的声音。要做到这一点，你就不能置身于痛苦之外，要试着去给它一个解释或是去解决它；你必须真正地沉入痛苦，甚至是放松地进入这个苦痛之中，以便于你可以允许这个苦痛讲话。

我们大多数人对此都相当犹豫，因为当苦痛讲话的时候，它常常会是一个令人恐怖的声音，它可能会是非常邪恶的。大多数人都不愿意相信他们的内在有这样的声音，但是，要想超越痛苦，允许自己全然地进入这个部分却是非常关键的。对我们而言，敞开情绪和思想，全然地去体验那里的一切是很重要的。

当你开始留意你内在受伤的情绪的声音时，允许你的头脑在你的脑袋里对你讲话，或许你还可以说出声来。我通常会建议人们写下来，写下他们的苦痛想要说的话。尽可能简短，这样，每一句话都自成一体。举例来说，苦痛之声可能会这样说："我痛恨这个世界！""这个世界绝不公平！""我从来得不到我想要的！"等等。往往，如果这些话一直都被憋在你的脑子里，脑子就会变得一团糟。所以，要释放这团糟乱的第一步就是去说出或写下这些苦痛的声音。

你现在要探询的是，你的苦痛、你所体验到的某种特定的情绪，它们是如何看待你的人生、看待过往以及看待当下的发生的。要做到这一点，你需要去触碰你的苦痛的故事。正是通过这些故事我们才得以维系我们的苦痛，所以，我们需要去说出或是写下来——哪怕这些故事听起来是骇人听闻的评判、指责与非难。如果我们允许这些故事只在地下、在我们的潜意识里存活的话，所有这些痛苦的情绪就会持续不断地再生。

所以，现在，花一点时间，允许你的苦痛的某个部分出来讲讲它的故事。首先，给这个情绪一个命名，然后让它讲话。这种情绪是如何看待你的？它又是如何看待别人、你的朋友、你的家人的？它最痛恨的是什么？它为什么每天都会出现？在这些情绪的下面有些什么？让你的苦痛讲出它的整个故事。

我们如何维系我们的苦痛

最近，有一位极度绝望的女人来找我。我问她："这份绝望和你在一起多久了？"

她说："几乎是打我能记事时就开始了。"

我问她："它从什么时候开始的？当这份绝望真的变成你的体验中很强有力的部分的时候，你几岁？"

她对我讲述，当她躺在床上哭喊着要妈妈的时候，她的妈妈从来都不来。她不停地哭啊哭，她的妈妈还是不来。她告诉我说，那会儿她大约六岁，当她躺在那里时，她开始感觉自己像是被抛弃了。对于小孩子来说，这样的事情是相当普遍的。当我们很小的时候，我们体验到焦虑、苦痛、悲伤或只是困惑，我们会自然而然地哭出来。通常，如果我们的情绪要求没有得到满足，我们就会给人生下一些特定的结论，我们甚至会在什么也不懂的情况下，就在我们的小脑袋瓜里创造出一些小小的故事，这个故事可能会是："我妈妈讨厌我，她不在乎我。我绝对得不到我真正想要的。"当然，就像所有的故事一样，在那个时候，它们可能看起来都像是真的。当我对着那个女人讲话的时候，她的故事就是，她被抛弃了，因为她从来都不可能在她妈妈那里得到她想要的。

所以，我鼓励她讲出这整个故事，并在她讲完的时候告诉她："好，你现在已经讲出了这个故事。现在，你已经接触到了你那个苦痛的声音了。我们将要运用你这个苦痛的声音来让你解脱。"于是，我让她回头去看，并且真的去质疑当初她的头脑对此事所作出的结论："当我最需要我妈妈的时候，我被抛弃了。"我叫她不停地给自己讲那个故事，我说："就在这时，给自己讲那个故事，看看你的感觉如何。"

她给自己讲那个故事："我最需要妈妈的时候被抛弃了。"

我说："你的内在发生了什么？当你给自己讲这个故事的时候，你感觉如何？"

"绝望而伤痛。"她说。

于是，我们又再次过了一遍那个故事。"现在一次一次地再给自己讲讲那个故事。"我说。我这样做是为了让她的身体与头脑开始去与这样一个事实连接，即：正是她头脑里的结论在维系着这个强有力的体验。

在她再讲了两三遍那个故事之后，我问了一个她意想不到的问题："那个故事是真实发生的吗？那个结论真的正确吗？"

她一开始说的是："是的！我被抛弃了，我需要妈妈，而我从来得不到我真正想要的！"

我又问她："当你给自己讲那个故事并且相信它的时候，会发生什么？"

她说："嗯，我再次感觉到绝望了。我又感觉自己被抛弃了，我感觉到非常巨大的悲伤。"

我说："嗯，好。记着那个事件。"因为我们不想否认已经发生的事情，也不想假装认为那些已经发生的事实际上没有发生。于是我说："我想要你做的是，看看你是否可以记住那个事件，但是，这会儿，不要给自己讲任何故事，不要对你的母亲、人生、抛弃，或是任何事情下任何的结论，只是无言地去体验它。"

我能看到，当她闭上她的眼睛时，她对所发生的事情有了一些记忆，她在脑子里过了一遍那个记忆，我可以看到这些发生，是因为我可以看到她的脸部以及身体的状态。然后，她睁开眼睛说："当我记起所发生的事情而不对自己讲故事，不下任何的结论，不去指责，也不去对自己说我得不到我想要的，我感觉好些了。但是，你知道，我的故事看起来很真！我没有得到我需要的！它给我带来了悲伤！我从此以后就开始感觉到这深深的痛苦！"

我再次对她说："再去体验同样的记忆，但是，收回你的故事，收回你头脑已经下过的结论。不要评判你自己做了这些，只是去看你是否可以不带着它们去体验。"她再一次闭上眼睛，并且想象那已经发生的事情，而后，她睁开眼睛。我说："在你给自己讲故事之前，你现在的体验是什么？"

她说："你知道吗，它现在就只是一个记忆而已。它只是发生过的一件事，但是它并没有在我的心里产生任何触动。"

就在那个时候,她开始意识到她的头脑与她的身体,她的情绪生命与她所以为的生活之间的关联。她开始看到她的思想与情感是如何一起创造出苦痛的,她看到了这整个受苦的现象是如何运作的。往往,那些伴随我们多年甚至一生的根深蒂固的疼痛与苦难,都是因为我们在某个时刻做出了一些无意识的结论。那些时刻可能是我们小时候,或是我们生病、失业,与所爱的人分手的时候,即任何让我们体验到深深的难过、悲伤或是愤怒的时刻。当你学会将这些时刻所发生的体验与头脑得出的结论分开时,你就开始真正品尝到了自由的味道。你就开始在你的内在打开了一个空间,在那里,你的情绪可以不再需要一次又一次地重复跑出来。

全然地去体验

在我们的身心系统里面,痛苦的情绪有一种可以每时每刻、日复一日、年复一年的自我再生能力,如果我们想要根除这个再生力,我们必须深入地了解和包容我所说的"全然的体验"。在面对难受的情绪时,我们常常要么就是压抑,要么就是很冲动地去做出反应且表现出厌弃。多年以来,我们学会了以这样的方式来处理那些飞入我们人生中的令人不悦的情绪或是思想。当我们厌离或是回避实相时,我们却为自己的将来制造出苦痛,而这些苦痛也常常如影随形。

这些我们头脑所升起的应对策略,是对发生在我们身上的事情的解释。当我们体验到痛苦的情绪或感觉时,我们的头脑立即就会疯了般地开始给自己创造一个脚本或讲一个故事，以此来说明为什么我们会有这样那样的感觉。当这个过程开始有进展时，我们就会变得越来越无意识。当我说"无意识"的时候，我是在说我们并没有以一种全然敞开的方式去体验所发生的事情。我们退缩并从体验中跳开，这也是相当正常的，没有人想要糟糕的感觉，所以，退缩以及跳开看起来是相当正常的。但是，当我们在任何时候从直接经验里退缩并且开始编一个故事时，我们就已经进入无意识了。一旦我们进入了无意识，那些当时所产生的情绪就会被锁进我们的身心系统之中。它会一直待在那里并且一遍一遍地重新出现，直到我们有办法去体会那个情绪而不以任何方式进入无意识为止。

当我让人们在那个情绪中对自己讲话时，这会帮助他们听到自己无意识中的故事。哪怕我们正在总结发生的事情而讲的故事听起来似乎非常公正，但重要的是，要记住那些故事是在将我们引入无意识，并且将苦痛锁进我们的身体。相反，我们需要做的是，找到办法去体察我们的感受，而无需为之制造出任何想法。当你开始去体验一种很难受的感觉时，你会看到，它常常伴随着一段记忆。当你在脑海中回放那段记忆时，如果你不带任何故事或结论，只是允许它存在的话，你就会感觉到那个情绪开始从你的系统中释放掉它自己了。这可能不是立即就完成的，事实上，一开始体验那个苦痛时，它甚至会变得更强烈。但是，这只是因为你正在以一种有意识的方式体验它，而非以一种麻木的或抽离的方式去体验。你现在正与这种一个片刻接着一个片刻的苦痛体验变得非常亲近。

我们的身体非常知道如何将苦痛清除出去。举例来说，当我们哭的时候，我们的身体就会试着通过冲刷掉痛苦和有毒的情绪来净化自己。但是，身体一方面在试着帮助我们放下苦痛，另一方面，头脑却正好相反，它不停地用它的故事或结论为我们反复地制造伤害。最具挑战性的事情是，无论我们对于生命中那些痛苦的时刻下了什么样的结论，这些结论都看起来非常公正，因为我们的头脑相当聪明，它会找出大量证据来证明我们头脑中关于所发生事情的看法是多么的客观公正。

下一次，当你开始感觉到某种非常强大的情绪时，看看你是否可以听到自己的头脑所创造出来的观点，不要带着任何评判、迟疑或否认地去听。你也许需要把它写下来。否则的话，它看起来也许相当混乱。一旦你触碰到那个故事、观点或是结论——经由它们强化了某种特定情绪——那么，你就可以邀请你自己不带任何故事地去体验那件同样的事情。不用担心，如果你想要回去的话，那个故事还会继续在那里。通过以这种方式去探询，你的身体会开始感觉到一种分别，那是介于自然的、纯粹的情绪与老旧的、根深蒂固的、通过故事维系的情绪之间的分别。

放下我们对实相的抗拒

几年前，我遇到一位男士，他给我讲了他所体验到的痛苦的情绪。我让他在那个情绪中跟我讲话，告诉我那个情绪带给他的感觉，以及给他带来的对这个世界以及他人的感觉。

他向内看，而后说："你知道吗，阿迪亚，我找不到任何故事。"

我说："准有一个！"

他说："我真的找不到它。"于是，我鼓励他在接下来的一两个星期里只是跟那个情绪在一起，回来的时候再跟我分享他的体验。几个星期以后，我们谈起他的痛苦。他告诉我说，他与他的情绪待在一起大约有一周，非常仔细地去寻找在那里有没有任何的故事。刚开始的时候，他没办法找到任何的东西，后来，他意识到："我不能找到那个让我痛苦的故事，也听不到让我的痛苦的观点的原因是，我将自己与它们分离了，我只是在观看它们而已。"

我说："是的！你必须放弃这种观看，并且全然地去体验它。"

他所能看到的就是，一旦他放弃观察，那个故事就开始出来，而他就只是让它自然地流出来。通过那个过程，他看到，锁在他的系统里的是一个感情与思想的结合体，而当他真的让这两者都出来的时候，情绪就自动地升华了。

另一次，我在夏威夷遇到一个男人，他在很小的时候得了小儿麻痹症。在他成年之后，小儿麻痹的某些症状再次出现了，他的脖子、肩膀以及后背都产生了剧痛。他实际上得在脖子周围带上一个笼子一样的东西来支撑他的脖子和肩膀，这样才能帮助他的头部定位，如果他的头不被支起来的话，他就没办法行动，每天他都需要靠大量的止痛药来度日。

他告诉我，有一天，他在一家书店读一本书，他看见里面的一句话："没有必要去抗拒痛苦。"他说，这句话深深地击中了他，实际上他甚至失手将书掉在了地上，而他也跪在了地板上。他无比震惊，就那样待在那里一动不动，大约有15分钟之久。他跟我分享了一个念头——没有必要去与他的痛苦抗争——这想法是如此不寻常又如此有力量，直接让他双膝跪地了。

就像其他大多数人一样，对他来说，去与他的痛苦抗争是完全符合逻辑的。我不是在谈论情绪的痛苦，而是肉体的痛苦——那个许多人每天都在体验的天生的疼痛。这也许可以让我们从苦难中解脱，但是，肉体的痛苦却是人类生活的很大一个部分。无论我们有多么自由，我们仍然会时不时地受到痛苦的影响——活生生的、肉体的疼痛。我们无法逃脱痛苦，但我们可以做的是去改变自己与它的关系。而这位男士告诉我的是，他被那短短的一句话击中之后，从地板上站起身来回了家，而接下来的几天里，他留意到他的疼痛大大地减轻了——与之前相比大约减轻了50%。他去他的医生那里，请他减少止痛药的量。医生告诉他这样做也许并不明智，于是，这位男士离开了。一个星期后，他又回来说："不，我已经准备好了要减少药量。我真的准备好了。"

医生再一次说："不行，不行。我想我们还是应该保持原来的样子。"

最后，他问医生："你为什么不想减少止痛药呢？我告诉你我现在体会到的疼痛程度已经不同了。"

于是，医生问他："你是想要自杀吗？"

这位男士说："天啊！不是！我的脑子里绝对没有这个想法！我只是认识到我不需要去和我的痛苦抗争了，而这份认知已经戏剧性地改变了我的体验。"

医生解释说："呃，有时候，体验到剧痛的人说他们要断掉止痛药时，是因为他们已经决定要结束生命了，而做完这个决定之后会有一种短暂的自由感。我担心这也会是你想要减少药物的一个原因。"

这位男士对这个医生解释说，他的情况完全不是那么回事。他说他意识到自己不再需要与疼痛去抗争了，以及因为这个认知，他大部分的疼痛又是如何消失的。以前，他的头脑一直与疼痛的感觉在抗争，并使得疼痛加剧。

我从前有过与此非常类似的体验。几年前，我由于胃痛而不得不去医院做几次治疗。其中一次，我因为加倍的剧痛而去了急诊室。我从来没有体验过那般疼痛的感觉。我的妻子请求护士给我一些止痛药，但她们坚持说，除非我看过医生，否则她们不会给我开任何药。就像这个国家所有的急诊室一样，屋子里挤满了人，而我大约等了三个小时，医生才来看我。在我候诊的时候，疼痛越来越剧烈，而我也不知不觉地在座位上像个婴儿似地蜷成一团，实际上我的身体像是受了惊一样地颤抖。疼痛如此之强烈以至于我的视线都收缩了，我觉得我快要失去知觉了。老实说，我身体中的一部分恨不得要死过去了，因为那实在是太疼了。

在那几个小时里，我有了一种从来没有过的领悟：我没有以任何方式来抗拒疼痛是很关键的。如果我但凡有哪怕一个对未来的想法，像是"疼痛将会持续多久"、"它到底是怎么回事"、"什么时候会结束"之类的想法，这个疼痛都会变得更加厉害。因为这个领悟，我直接和所发生的事情连

第五章 体验情绪的天然能量

接起来，而不是将意识转移到任何其他可能的想法中。我实际上是去融入那个疼痛。我不是要告诉你什么能使那个痛苦消失，或者是我有没有处在那个巨大的痛苦之中。不同的只是，其实，我知道我没有在受苦。

我处在巨大的、肉体的疼痛之中，但是，我并没有在受苦。对我来说，我非常清楚地知道受苦与疼痛实际上是两回事。受苦是从我们对实相的抗拒中来的，这也是造成我们心理上或情绪上的苦痛的原因。疼痛是生命中不可避免的一个结果。有时候，我们会经验到一些相当痛苦的事情。有些人整个一生都要经历慢性的疼痛。我已经跟一些经历过慢性疼痛并且深入内省的人们谈过，我发现，那些能够最好地处理疼痛的人不相信自己对疼痛的想法。他们不相信自己关于未来的那些想法，他们也不会沉溺于头脑想要合理化他们的疼痛的想法之中。他们告诉我的全都是，他们越是卷入到自己的头脑里面，就会变得越害怕，并且使那个疼痛加剧。

丢下我们对过去的意识

当我们直接去看头脑中那些维系着我们的苦痛感受的想法和结论时，我们很难将它们全都放下，因为在很多情况下，这些结论看起来相当有道理也相当公正。实际上，要是说它们不是真的，简直就是一种侮辱。我和一位女士谈话，她告诉我关于她童年的故事，她说："我妈妈应该对我更和善一点。"

我问她："这是真的吗？"

她看着我，就好像我疯了一样！她说："当然是真的了！父母都应该和善地对他们的孩子。每个人都知道这一点啊！"

我说："我知道那是我们的结论，但是，它是真实的吗？家长应该和善地对待他们的孩子是真实的吗？"我可以看到她脸上的表情像是在说，她无法想象我居然在问这样的问题，因为那对她而言是显而易见的。于是我说："我理解，要和善地对待孩子对你来说是正确的，它是你认为有价值的事情，但是，显然那不是你父母的实际情况，因为他们并没有那样做。"

当我们与过去所发生的实相争辩的时候，唯一受苦的人就是我们。它与我们在争辩些什么无关，它与我们的抵触行为有多么公正也无关。当我们开始深入地去观察自己头脑里所发生的事情时，我们会看到，让我们自己受苦的那些结论与正义感，才正是让我们的苦难继续的原因。

我花了好一阵子在这位女士身上，当她讲"父母应该善待自己的孩子"这个故事时，我邀请她真的去看，当她的身体变得更加的收缩和紧绷时，她是在心里感觉到很深的受伤害的情绪。我的下一步是请她去回忆她的父母，但是，不带任何的结论。我可以看到她在回想过去，当她有了某个令她痛苦的记忆出现时，我问："当你不告诉自己你父母应该如何的时候，那个感觉怎样？"

她说："呃，那似乎就可以容忍了。事实上，那感觉好多了。"但是，很快，她又说："但是，那是真的！父母不应该不善待他们的孩子！"

我说："你真的知道吗？你实际上真的以为那是真实的

吗？我们以为它是真的，我们相信它是真的。对你来说，它也许有着很神圣的价值，但是当我们把我们的价值观强加于过去时，我们就被绑定在苦难上了。事实是，过去你的父母没有善待你。那才是真的，那是过去所发生的，他们的行为给你带来了伤害，而那个伤害是真的，那个感受也是真的，那个情绪是真的。而你告诉自己关于所发生的事情，以及人们的应该与不应该，它永远不可能像实际发生的事情那样真实。"

对于很多人来说，这是一个很大的飞跃，因为我们被社会、学校、朋友以及我们的文化所教育，某些关于人生的特定故事及结论对他们而言，已经成为一个客观的实相了。但事实是，有时候，父母是不和善的，又有些时候，孩子是不和善的，有时候你的朋友对你也不和善，而我确信有些时候，你对你的朋友也是不和善的。你也许经历过一些真正的苦痛，但是，当我们把自己信以为真的"应该与不应该"加诸其上的时候，这个心理立场实际上就会将那个痛苦的情绪锁进我们的系统里。因为这与我们所想的正好相反，所以要让人们看到这一点是非常困难的。但是，如果我们真的想要结束苦痛，那么，看清楚这一点是绝对必要的。

我不是在说，你应该以各种方式去压抑那些过往的发生，或是假装它没有产生巨大的伤害。我不是让人们去给自己讲一个相反的故事："噢，如果父母不善待孩子，那是完全没有问题的。"我只是想请你与那个已经发生的以及当下的实相待在一起，就在当下。此刻，你感觉如何？看看，当你可以感觉一切都在那里，而你不需要告诉自己什么的时候，你的感觉如何。有时候，那个感觉可能会暂时变得更加活灵活现，它可能会激起更深的情绪,而你的系统也开始进行自我清理。当你变得越来越有意识的时候,在短时间内,你情绪上的苦痛会变得更加巨大。那就像是你在融化掉心理及情绪上的麻木。但是,这个融化的过程是非常关键的,因为,除非我们清理掉维系着这些苦痛的所有故事,否则我们是不可能从真相的视角去感受自由与平和的。

一旦我们开始感觉到我们的思想及故事是如何以很多方式让我们不断受苦的,你实际上已经触及了一个更加重要的东西,你可以运用它来拓宽你的视野。我们在头脑里对自己所架构出来的有关人生的任何方式,对过去、现在以及将来所发生的事情所下的任何结论,全都在减缩我们人生的体验,它们都是我们与如是实相所做的种种争辩。任何时候,当你与过去、现在以及未来争辩时,你就是在限制你体验真实自己的那份浩瀚。此外,再没有其他原因了。它与到底发生了什么、某人有多残忍、某事有多不公平都无关。那个痛苦可以非常深刻且真实,但是,当我们有一份心理的抗拒,当我们说某事应该或不应该发生时,我们就是在与已经发生的或正在发生的事情争辩。当我们与生活争辩时,我们每一次都会输,而苦痛总是会赢。

体验没有苦痛的时刻

请留意一下,当你的头脑与实相争辩时你的身体感觉如何,当你开始稍稍地打开你的心,并邀请一个全新的可能性进入——也许你对人生中某些事件的结论或判断并不如你所想的那么真实——就只是有这个可能性,看看你的情绪会发生怎样的转变。在你的心识里保留住这份可能性,你将会看到自己情绪的环境已经开始转变了。你将开始更多地进入当下时刻,而这就是完全从苦痛中解脱的时刻。

当你进入这个片刻时,你开始体验到那个从苦痛中解脱的时刻。如果你无言地、敞开心地允许你自己去感觉那里有些什么,你将发现你自己的口袋里正揣着能让你免于受苦的钥匙。如果你开始处在此时此地的当下,你会感觉到害怕。这并非不正常。"噢!我怎么能如此赤裸又如此开放地处在此时此地呢?会在我身上发生些什么事呢?如果我全然地处在此时此地,我会不会受伤害啊?"这一类的问题会冒出来,这一类的恐惧也会显现出来,而你需要有勇气。要感觉到此时此地有些什么,确实需要一些意志力。如果恐惧升起,就允许它升起,允许它从你的身体及心智中清理掉它自己。

在困境中,有意地去暂停思维,做几次呼吸,并且进入当下的状况,你也许会注意到有一种很舒服的临在感开始升起。通过允许你自己去感觉和体会这个当下的临在,你就能越来越开放你自己,并且允许当下的发生。尽管它令人害怕,但是,在它的底下总是有一种安详的感觉与你同在,哪怕你的感觉并不太好。我的老师过去总是这样说:"那个你其实没有困境,即便你正在面临困境。"

当我第一次听她说起这个总是处于临在的"我"时,我并不理解她的意思,但是,它却对我造成了很大的冲击。它一直跟着我,而我想:"那是什么?什么是那个'即便身处困境,却没有困境的我'?"因为,在当时,我认为不是我身处困境，就是我的头脑陷入了妄想，非此即彼。但是，当你正在经历恐惧时，如果你真的停止思维并且敞开，你将看到，恐惧出自一个无畏的空间，悲伤出自一个舒服的所在，而当我们有意愿真的去敞开自己，并且去体验我们那份对敞开的抗拒时，我们就会在所有的伤痛、所有的"不自在"[1]下面体验到一份自在与轻松的状态。

最终，它将打开存在的另一个场域——它确实是对另一种意识状态的预尝——它可以让我们超越苦痛。苦痛是小我意识状态的一部分，也是它的一个包装，我们在那个意识状态中将自己视为被分离的。在那个意识状态里，我们人生中每一个痛苦的时刻，都会被演绎成一个强化分离感与隔绝感的方式。这也是为什么许多人在他们年龄渐长的时候，会越来越感觉到隔绝与分离。在小我的意识状态里，我们生命中如此多的事情都被如此轻易地演绎成一种证明，证明我们实际是孤单的，证明我们没有办法了结并释放苦痛。当我们局限于小我的视角时，它就是如此。但是，通过放弃想要控制、解释的欲望，或是放下我们的头脑对过去所发生的以及当下所发生的实相的解释，我们将获得一种新的能力，使我们进入到一种新的意识状态之中。

首先，去体验一种定静的状态，一种对觉醒意识的预尝，在那里，临在就会显现。如果你允许自己放松地进入到这份定静、这份静默里，你就会目睹到临在的升起。起初的时候，它会看起来很像是非常精微的东西，但是，实际的情况

---

[1] disease，原意为"疾病"，文中作者暗示当我们不自在时，就生病了。——译者注。

第五章　体验情绪的天然能量

是，你开始进入一种全新的意识状态，一种极高的意识状态之中。通过留意、觉察这份内在的临在与定静，尽管身处外在的活动之中，你也可以让自己越来越有能力触及这份巨大的扩展，从那个有关分离体验的信念中醒过来。你意识到你自己就如一口觉知的深井一般——一种内在的开阔总在那里，你只需要去打开它。

不要试图去理解，那只会让它变得更难理解；不要去想，那只会把你带到九霄云外。只是停下来去感觉一下，停下来一会儿，呼吸，开始去留意那个没有困境的你，那个内在的临在与定静，那个觉知的空间。每一次，当你的头脑通过讲故事来告诉你为什么受苦是很公正的，而试图将你带跑的时候，你可以选择去看到那不是真的。你可以开始看到，真的没有一个公正的理由让我们与如是实相抗争，也没有办法让你能赢得这场战争。除非我们看到它完全只是想象，否则我们没有办法从其中脱身。也许已经发生了非常艰难的事情，并且仍然可能会有很多的难题出现。但是，当我们能够在一种开放的状态中与之相遇时，渐渐地，我们会意识到，我们拥有一种自己从来不知道的能力。我们开始了悟那个"即便身处困境却没有困境的你"，我们开始了悟，即便是身处无法想象的悲痛与失落之中，仍然会有一个伟大的安详存留其中。

第六章　内在的安定

为了达到安定，我们必须以一种新的方式去倾听。

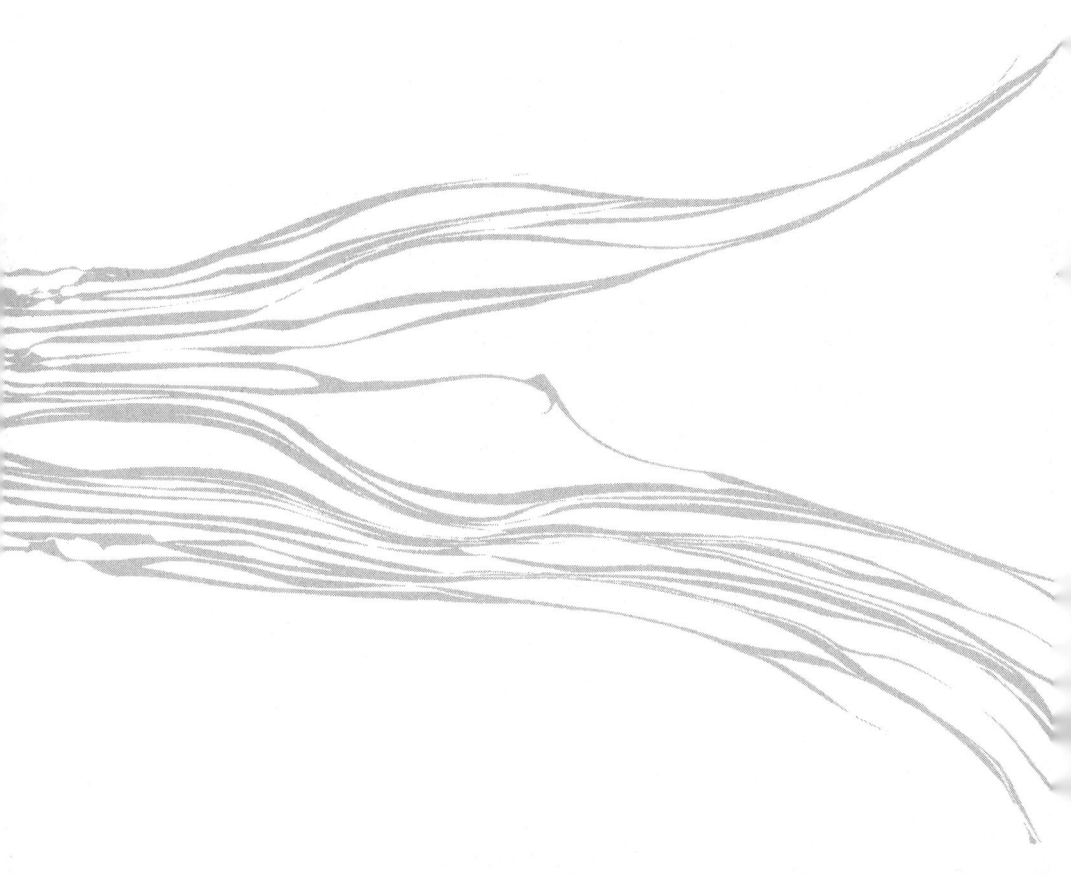

我们生命中很重要的一件事就是，要拥有能力找到一种"内在的安定感"，因为它是一份天性，允许我们以一种清晰而客观的方式去洞悉我们的人生经历。除非我们在生命中找到这份内在的安定，否则，我们就会被下一次经历、发生在我们身上的下一件事情，或是下一次遇到的给我们带来困难或挑战的人与事弄得团团转。但是，对我们大多数人来说，这份内在情绪上或心智上的安定，是很难达到的。

对于这份安定，有一个很形象的比喻就是，它就好比一条船上的压舱物一样。在每条船的底部都有压舱物，以防船只被风浪掀翻，它使得船只可以前行。对一个人来说，这种压舱物，或者内在的安定，来自我们对内在静默敞开的能力。通过这份内在的静默——这份内在的定静——我们找到某种安定，如此，我们才不至于被自己的头脑、自己承继或获得的种种制约推来搡去。

为了达到安定，我们必须以一种新的方式去倾听。它发生在我们都能够听到内在深深的静默之时。这份静默不单是指一个安静的头脑，不是说你的头脑安歇了，或者你不再能体验到情绪或是感觉，或者你听不到外面世界的声音，与外面的世界失去联系等。而是说，它更像是一个空间，我们所有的体验都发生在其中。这是一种与众不同的静默。通常，当我们一听说静默的时候，马上就以为那是一个静止的头脑，或者头脑里只想着正面积极的想法，或者压根儿就没有想法。但实际上，这只是一种相对的静止，而所有形式的相对静止都会溜走。你的头脑可能会在短时间内静止，然后，它又开始动了。你的情绪也可能在一种平和的状态里保持平衡、镇定安稳一小会儿，但它迟早又会开始改变。

每一种体验，无论是内在的还是外在的，都在变化。体验的本性就是变化和运动，这也是我们许多人发现自己会在某种程度上失衡的原因。看上去，整个世界都在不停地改变，而且这个改变发生得非常非常快。因此，如果我们寻求的是这种相对的静止，如果我们寻求的是让这一切变化与运动停止下来，那么，我们总会感到挫败，因为这种静止是非常捉摸不定又难以为继的，它可以在任何时刻溜走。

为了找到这份内在的安定，我们不要试图通过收缩或掩藏而控制我们的头脑或环境，相反，我们必须将自己的感官完全地打开：去听、去感觉、去看，变得非常开阔、浩大。我们欢迎所有的体验，包括那些发生在外在的，也包括那些发生在内在的。当你欢迎所有体验进入你的觉知范畴的时候，某种静止就开始有机会浮现出来了。我所指的这种静止，是直接向所有体验敞开的一种能力，不只是令人愉快和舒服的体验而已。即使你的头脑非常忙碌，如果你放下对忙碌的头脑的评判，哪怕就是在那个忙碌之中，这份静止也在。同样的，如果你放下对外在状况——你的世界——的评判，不再评判它是如何的嘈杂与混乱，哪怕只是一小会儿，这份真实的静止也在那里。而当我们到达这份内在的静止与安定时，我们充满情绪化的存在就开放了，也只有到那时，我们才会意识到，这么多的不安定都是由于我们不停地与正在发生的事情争辩而引起的。

然而，让事情如其所是却并不是我们的教育方式。在许多方面，我们被教育要处在一种持续不断的冲突状态之中，并与实相去抗争。我们被教育要找到幸福与平和的办法就是去不停地改变现实，要么改变你内在的体验，要么改变你周围的世界。当我们基于这种观点去运作时，它就会给我们带来一种未来感，仿佛真正的自由与真正的平和只可以在未来的某个时刻被找到，而不是现在。这导致我们有一个根深蒂固的信念，那就是，要找到平和与自由，我们需要改变自己内在与外在的环境。

告诉我们自己的生命不应该如它所是，这是心智失常的。这种失常使得我们失去了安定。这就像是我们在一堵砖墙面前，对它说它不应该在那里，而你还继续朝它走去一样。每一次头撞南墙，你都评判说墙不该在那里，而后，你又朝着它走过去，并让它再次撞到你的头。然后，你又说它不应该在那里，而你要到什么时候才不会为了头上的疼痛而责怪你自己呢？与实相不断地争辩、想着它应该有所不同，这本身就是一种心智失常，它也使得我们不停地在人生中"撞墙"。当我们与生命如此对撞时，我们总会感觉到内在的冲突，我们永远不会找到自己所渴望的内在安定。

敞开心

在我们可以真正开放我们的感觉，找到内在的安定之前，我们必须先去理解什么是真正敞开我们的心。"敞开心"这句话的意思到底是什么？我们都听说"敞开心"是一件好事儿，但是，我们却喜欢将这个敞开心的主意变成另一个我们需要达成的目标，仿佛它是某种自我提升的方案，它是我们需要去达成的另外的什么东西。

当我们开始看到自己与自己的体验争辩时，看到我们与那些不可更改的事实对抗的时候，心的敞开就自然而然地发生了。当然，接下来的时刻可能会与之前非常不同，而再接下去的一刻又会不同，但这一刻就如它所是，过去的一刻也如它所是。这是一个非常简单的概念，但是，它却难以理解，因为它与我们所学到的是如此不同。在我们约定俗成的世界观中包含着一种持续不断的算计与评判。当我们有能力去辩论或评判的时候，我们甚至会因此受到赞扬。我们不停地对自己说，应该不应该，我们喜欢什么我们不喜欢什么。

当我们打开房门发现天上下雨时，我们或许会说："噢，老天！不应该下雨！我讨厌下雨！"在那个时刻，我们就是在与实相作对。实相其实很简单，它在下雨，这就是实在的事情。如果我们与之争辩，如果我们去评判它，那我们就是在与生命争执。我们常常被潜意识告知，如果我们不与实相抗争的话，我们就算是没有做人该做的事儿。

但是，持续不断的评判和算计当下及过去的实相又有什么样的作用呢？它对我们作为个体以及集体产生了什么样的影响呢？它实际上有没有将我们引向平和？它有没有真的将我们引向正常的心智？而最最重要的是，它是不是真实的？这一刻与它所是的样子应该有所不同——这是不是真的？当我们开始打开我们的心时，我们会看到这种持续不断的算计状态实际上正在将我们带向苦难。只有当我们可以清楚地看到这一点时，我们才开始有能力放下。

当我们的心开始敞开时，我们就不会在一个不断算计与评判的状态中了。到那时，自然而然的，我们的感觉会打开，而我们也真的可以看见自己眼前有了些什么。我们的眼睛会以一种不同的方式睁开，我们的听觉会以一种不同的方式开放，我们的情感会打开，我们的心灵会向整个存在敞开。我们会看到，自己的评判与责难实际上是怎样封闭了我们的心灵，并让我们自己及他人的生命变得坚硬起来。打开心，让你可以去拥抱自己体验的本质。这并不意味着你要喜欢你所有的体验，毕竟，那里会有一些体验是很痛苦的，会有一些体验是令人不快的。打开心并不是说只对生命中好的部分敞开，而是要对一切敞开。而这就开始于当你发现一种内在静定的时候，在每一件事情的核心处都有着一份浩大且不变的开阔。

生命的神奇品质

与这份定静、这份内在的安定相遇，并非通过努力而达到，也不是通过所谓的静止而达到。相反，它只是自然地到来，当我们对生命中的任何时刻都保持敞开的时候，它自己就来了。它是一种包容万物的定静。我们不再把生命视为一个需要不停去谈判的沙场，而是开始看到，在所有存在中都有着某种神奇的本性。在万物中遍布着一种神秘的恩典，然而，它并不是魔术，因为，它会以一种特定的方式展现。当我说"神奇"时，我指的是一种令人惊叹的深深的满足感，因为生命本身是如此神秘，它不会以我们以为或者我们想要的方式去展现。如果我们放下自己认为它应该如何运作的想法，生命就会开始显露它神奇的品质。

从本质上讲，我们是活在恩典中的。我这样说的意思是，某种神秘的品质显露出来，它将我们拥入与整个存在的亲密之中。这也是许多人正在找寻的东西，哪怕他们并不知道那是什么。几乎每一个人都在找寻亲密——一种把他们自己的存在与神（或是任何关于更高实相的概念）连接起来的感觉。所有人的这份渴求实际上都来自于我们想要亲近、亲密以及真正合一的渴望。

当我们以这种方式去敞开自己的生命时，我们便开始找到一种内在的安定感，因为我们不再与自己的体验争执了。任何时候，当我们又陷入与我们的体验、我们的生命争辩时，我们可以去看看它是否在将我们引向平和，看看它是否有道理，或者说它实际上只是将我们引向纷争与冲突。然后，我们可以开始找到这份静默，找到静默的根基，而它恰恰是非常安稳的。那里会让我们有一种回到家的感觉，"啊！我终于与正在发生的事情调和了。"这就是那个魔力，这就是那个会给你带来进一步的内在平和、内在平衡与镇定感的东西。而它就在你所发现的静默与真实的安定之中。

持续的静心状态

当我们开始看到自己与生命的抗争是一种心智失常，看到小我意识如何使我们持续地受苦时，我们和我们看世界的方式之间就会开始出现裂痕。我们有关幸福的指望就不再来自外部世界，甚至也不是以某种特定的方式来自于我们内在的经验。当我们完全地敞开、接受事物本来的样子时，一种自在与幸福感就悄然产生了。

　　向事物本来的样子敞开，就意味着你真的变得定静、安宁，处在一种静心的状态之中了。当你不再抗拒实相的本来面目时，你可以说自己是处在一种持续的静心状态里。我们并不只是在谈论某个片刻的沉思或平和，而是在谈论一种正在改变中的我们与生命的关系，它不再是基于冲突、评判以及不停的算计之上的体验。由此，静心变成了渗透于我们生命每一个片刻的东西。

　　内在的安定是如此的重要，因为没有它，就真的没有清明。除非我们能够从一种安定的角度，以一种定静的感觉去看待我们的经验及生命，否则，我们无法看清楚它们的本质。如果我们的内在没有定静，生命就会变得充满困惑、充满威胁，甚至很无厘头。与其说这份困惑与生命有什么关系，不如说它与我们跟生命的冲突有关，而冲突并不是存在所固有的，存在只是如它所是的样子。冲突来自我们与生命的关系，内在的冲突则来自我们与自己的关系。

　　因此，与其说我们需要改变自己多少，毋宁说我们与我们的经验之间的关系需要转变，由此，我们那些冲突的观点将自然地消散。这也是唯一实实在在让我们朝向平和、实相敞开的东西，它让我们看得清清楚楚。最终，就自然会达成灵性的自由：简单如实地看见自己、看见生命。想要做到这一点，我们所需要做的就只是开始去看到，我们与存在争辩的不同方式，尽管有些时候它们看起来很有道理，但它们都只会导致受苦及冲突。

　　当我们能够全然地与实相在一起时会发生什么呢？我们

许多人会好奇，如果每一个人都放手，不再体验抗争，这个世界将会是一种什么状态呢？当我们看这个世界，发现人们常常会说："我的天，我们所创造的这个世界是多么的混乱。有饥荒，有冲突，全球到处都有人在绝望中受苦，而我们就是不能够接受它这个样子，我们无法敞开自己去拥抱它，因为如果我们这样做的话，就不可能会有什么改变发生了，事情就不可能变得更好了。"从一方面来看，这份关切，看起来完全正当，也很合理。但是，如果我们真的问问我们自己："与实相保持冲突真的有益吗？去抗拒事情本来的样子真的对那个情况有益吗？"如果我们不停地告诉自己："这个必须改变！我得改变那个！"这真的有益吗？当我们看到一些所谓不对的事情的时候，我们想要改变的想法看起来是合情合理的，但是，如果我们的心与脑是开放的，就会有一份了悟，知道从这种观点出发是不可能有真正的疗愈与改变的，而这份抗拒也不可能为我们带来真正的转化。

我不是在说要关闭我们的心或是否认我们人生中的苦痛。静心并不像很多人以为的那样是对生活或是我们周围的一切充耳不闻，但是，它确确实实牵涉到放弃，即放弃我们对生活的抗拒。这与简单的放弃是有区别的。在这种持续的静心状态中，我们停止抗拒，苦痛自然而然也就终结了，我们会发现全新的、有创造性的方法来面对人生中的挑战。

当我们说到要将整个生活都看做是一种静心时，我想要简短地说明一下这个话题，如何把静心作为一种修持，因为它关系到如何培养我所谈到的这份内在安定。静心最本质的一个方面就是，真正的静心是对于控制的放下。如果每天我们能够留出二三十分钟去静一会儿是非常有益的。你可以很正式地一个人坐在房里打坐,也可以是在树林里散步,不说话,脑子里也不想什么事情。这份留出来的时间是非常有力量的,对很多人来说也真的很重要。它让我们以非单一性的方式专注于我们的体验,它让我们可以瞥见,在我们放下头脑中升起的控制与评判的时候,那个真正的发生是什么。

静心,从这个角度来看,真的是一种发现的状态。保持安宁与定静地坐着,只是处在一种开放的状态。当你不再评判你的体验,当你不再评判你那颗忙碌的头脑,当你不再评判你自己的某种特定的感觉时,你可以给自己一个清明的机会去观看你的内在发生了什么。你不是在试着去除某种感觉,你也不是在试着去除你的头脑,你只是放下评判,放下对当下这个片刻的控制。就那么一会儿,臣服于实相。

在这些定静的时刻,无论是正式的静心还是其他,我们可以开始放下我们与实相的冲突。这才是真正的静心:放下我们与生活的冲突,丢掉我们与我们是谁(或什么)的抗争。通过以这样的方式来休息,我们进入了一种无抵抗的状态,在那个片刻没有评判、没有冲突,我们能够尝到一点点实相的滋味。以此作为基础,我们会越来越容易到达这些定静的片刻,而放下我们所以为的可以掌控生活的幻象。

尤其是在面临挑战的时候,我们所受的制约让我们很容易进入与生活发生冲突的关系之中,我们会习惯性地算计、评判,并试着去控制特定的生活状况。然而,如果我们已经尝过放下的滋味,已经意识到我们控制的企图是徒劳的,那我们就可以很自然地发展出一种更开阔的视野来面对我们的体验,甚至包括那些很艰难的体验。如此，生活本身就变成了静心，而我们与存在的那种全新的关系也将展现出来。

定静就是冲突的缺席

从小我的观点来看，放下并进入我所说的静心的、定静的状态是非常恐怖的，因为我们想象自己那样会带出某种混乱：我们一天到晚坐在那里什么也不做，无法充满活力地投身到生活之中。我们还害怕，从这份定静中可能会升起一种完全分离的冲突。这就是小我制造出来的假设。

如果把这个假设放在一边，真正开始考察，当我们放下对生活的抗拒时，或许会真的发生什么，那时，我们也许会对显现出来的东西感到惊讶。当我们对发生的事情不再关闭心门，而是相反，对身边的苦痛也保持敞开，那会发生什么呢？当我们不再告诉自己"这必须改变！"时，真的会发生什么呢？任何时候的真相都是一样，事情就是它们本来的样子。如果我们认为"事情应该不一样"的信念会给我们的生活带来深刻蜕变的话，那么，这些蜕变就无法发生。我们已经想尽了办法，但是，如果我们去看看正在发生的事情，我们会看到，对已经在那里的事情表示抗拒不可能永久性地改变或转化任何东西。与正在发生的事情作对，哪怕是与苦痛作对，也只会令苦痛持续。

对立，实际上正是苦痛的一种形式，它是对内在所拥有的定静的否认。所以，当我们放下评判、苦痛、冲突、憎恨、贪婪的时候，我们真的去看看发生了什么的时候，当我们停止评判的时候，我们内在会发生什么？我们会闭锁、切断或是远离生活吗？当我们如此拥抱生活的时候，会不会发生什么事情呢？我想是会发生一些不同的事情，一些不同于小我所料的事情的。真实的情况是，当我们停止评断，停止抗拒生命之流时，我们就会进入到一个和谐的状态，会与当下所发生的任何事情进入一种自然而然的清晰的关系之中。

在这份和谐之中，我们现有的观点也许与我们所预期的观点有所不同，但它不是小我那充满恐惧的所在。小我认为，当我们不抗拒的时候，我们就将变得对一切都漠不关心。但是，实际的发生却完全不同。与漠不关心不同的是，我们实际上会与所发生的事情进入一种更深切也更亲密的关系之中。我们会变得有非常深的连结。我们会发现，当某人处在真正的痛苦中，或是当我们自己正在受苦时，我们有能力不带任何抗拒，非常亲密、非常纯粹地与之连结。这会在我们内在打开一道门，让我们可以有完全不同的回应，一种不是基于对立情绪的回应。相反，这份亲密与定静会引导我们进入一种非常准确且有效率的行动之中，一种我们因与生命及他人深深的内在连结而产生的参与。这种回应不是基于冲突之上的，而是基于整体与合一。当我们不是出于冲突、分裂以及抗拒而回应时，所显化出来的就是纯粹的慈悲的行动、明智的行动，它们来自亲密、定静以及真正的连结。

在定静中，一个人灵性中的不同面向开始打开并聚拢在一起，因为在这个定静又无冲突的状态中，我们开始更深地打开。这是一个自然定静的空间，说它自然，是因为我们无需试图变得定静。我们只是意识到，在我们与实相抗争的时候，在我们评判并指责当下、过去或者未来的实相的时候，那个唯一阻碍我们进入定静的东西就产生了。这也是我们制造混乱的唯一方式。内在的定静不是别的什么，它就是冲突的缺席。

我们每时每刻对自己体验的解释及算计的上瘾，就是最大的冲突（无论是内在的还是外在的）制造者。当我们不停地评判及算计时，我们就与正在发生的事情分离了。我们感觉到自己与切身体验产生了一定的距离，因为，现在的我们变成了这个片刻的算计者，而我们不再与存在以及生命之流保持统一。于是，我们就会发现自己像是一个体育评论员一样在评论着自己的生活，不停地评论却没有实际地参与比赛。当我们评判时，我们就转移到我们自己的边界上了。

我们不停地渴望去评论，就像是站在真实体验的旁边，这样的现象也可以在许多有线电视新闻上得到验证，它们实际上只提供非常少的"新闻"，却像是一个论坛一样不停地解释、评估和判断。这就像是，如果我们能使两边的人互相对着干，让他们争吵、辩论各自的观点，那我们就可以达到一个更大或者更完整意义上的真实性。但是，它往往不是这样的。相反，分析只会让一切变得更加矛盾、更少清明，并且使其信念系统更加固化，而被追寻的"真相"实际上只是变成了另一套受限制的思想、信念及意见。

这样的状况甚至发生在最随意的谈话中。你仔细去观察自己与别人的对话吧，在你身边的那些对话中，你可以看到我们以许许多多的方式去评估及解释发生在我们生活中的人与事。这样，我们就像是电视中的论述一样，越来越远离定静，越来越接近冲突，其显而易见的结果就是会让人有更多的紧张及更少的实相。

存在的另一个维度

当我们开始与生活的本来面目相遇，而不是如我们所愿地要求它应该如何时，当我们放下控制的需求，并且停止解释体验的时候，我们就开始以一种全新的方式向生活敞开，我们开始深深扎根于静默之中。这份静默的本性就是，与生活没有冲突。当我们越是朝向这份无冲突状态、这份内在的定静敞开时，我们就开始沉入另一个维度的恩典之中，这个维度扎根于亲密之中，它是我们与我们的生命以及与存在本身的亲密。

正如我前面所提到的，进入这个存在的新维度，其中的一部分往往包括以下的情况，即：我们看待生活的惯常方式中会出现某种裂缝。当明亮的光线通过这些裂缝照进我们的体验中时，我们就可以觉知到它们的存在。当我们旧有的受限地看待现实的方式分崩离析之后，一些全新的不同的东西就进来了，奇迹就将显现出来。仿佛这种全新的看事物的方式一直都在那里，只是以前我们没有能力去接近它而已。这种新发现、新观点就是恩典，从中我们可以用超乎寻常的方式去接收并丰富自己的经验。

通过这个恩典，我们越来越深地被拖入这个新的维度之中，并进入新的视野。从小我的观点来看，在这些非常具有转化力及充满光明的体验中，我们会感觉到迟疑甚至害怕，因为这个我们故步自封的世界开始坍塌了。这种惯有的看世界的方式尽管有局限且相当令人挫败，但是，它却是我们所熟悉的，甚至让我们觉得像回家般熟悉。我们凭直觉知道，我们已经开始了一个过程，它让我们超越旧有的看待事物的方式。它就像是一场梦一般。突然间，我们醒过来了，看到这样一个事实：我们看待自己生命的方式就像整个被蒙了一层薄纱一样，那个巨大的实相变得模糊不清起来。

存在这个别样的维度是非同一般的丰富且饱含深意的——它不是我们可以用头脑来形容与理解的，但我们却可以感觉到它的伟大、浩瀚与价值，以及它深远的意义及无与伦比的重要性。这些新维度的体验时刻就是恩典时刻，而这些时刻将我们更深更深地拖入实相本身，直至进入一个新视角，在那里，我们从心底里知道，就本质而言，一切皆一，知道那个真正将我们连结在一起的只是一个整体。

从我们概念化的世界观来看，合一只是一个理念，但是，一旦我们开始被拖入到存在的新方式里，合一就不再只是一个建立在思想上的概念，而是一个活生生的体验，它是关于我们与生活的每一个面向之间的巨大的亲密。哪怕是生活中最最平庸最最平凡的事物——人、事、环境——都变得透明且彼此相连。真正发生的事情是，我们开始在生活的每一个片刻里看到神的面貌。

那么，什么是这个存在的新维度呢？我们可不可以就在这个当下去窥视并体验一下它真实的样子呢？我们可不可以现在、此刻就去体验这个恩典？允许你自己脱下分离的旧壳去体验你的生命，看看最平凡的事情，任何你要做的事情。它看起来如何？它让你感觉如何？如果你不给它命名，你不去说它是美的还是丑的，对的或是错的，你的感觉怎样？如果在观察任何东西的时候你都能超越了分离的面纱，你真实的体验是什么？如果在非常非常安静时候，你一下子打开你的感受，你将会被带入充满恩典的时刻，并且进入一种生活从来不曾与你分离的感觉之中。在那里，生活就在你的内在，生活实际上就是某种不可定义的、神秘的、巨大的东西的实际表达。

第七章　亲密与敞开

当你习惯于越来越放松地进入到自己不知道的空间时,你会注意到有一种你与自己的亲密感会悄然生长,甚至有时你都不知道你在与谁亲密。

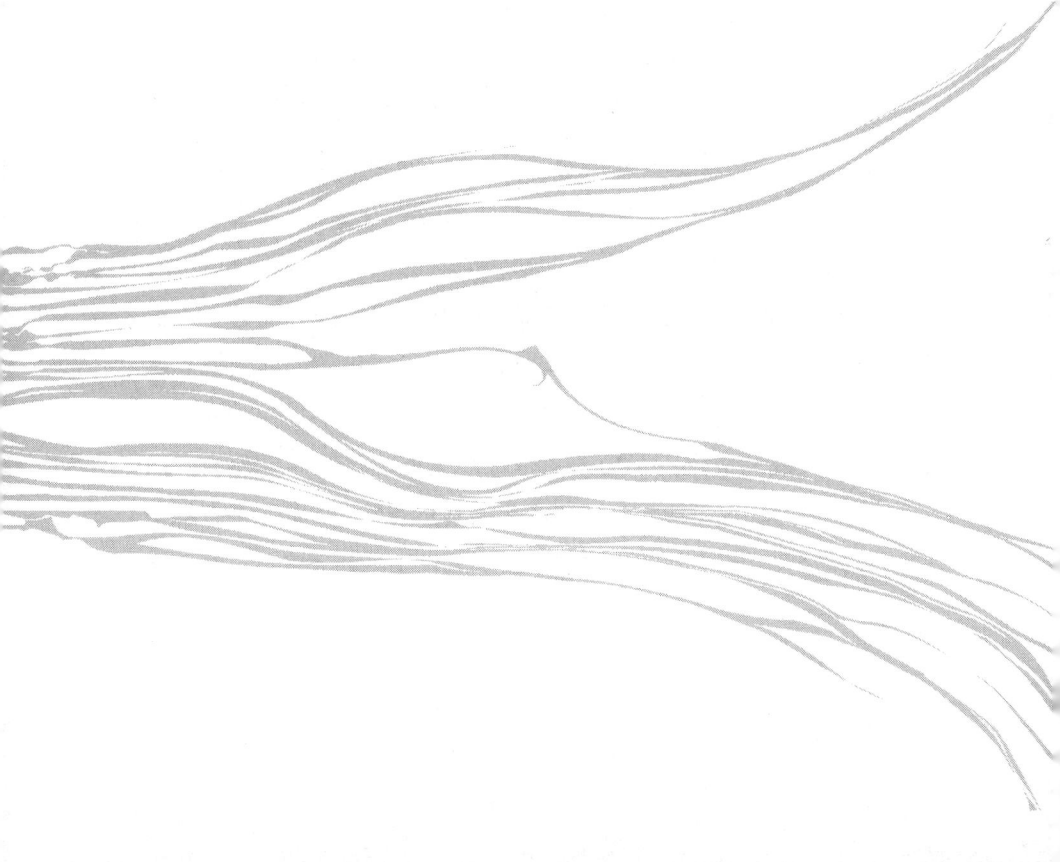

在我们的文化中,"不知道"是被贬低的。我们大多数人都曾受到这样的约束,认为不知道是一种很没有价值的体现。比如,当你在学校考试的时候,你不知道答案,你会感觉焦虑,就像是自己做错了事一样,你会很紧张地去回想并试着知道答案。但是,在灵性的情境里,我们实际上是要放下想要知道的企图,我们要放下概念上的确定性。

就在此时此刻,你可以允许自己去体验一种非常简单的"不知道"的感觉——不知道你是谁、你是什么,不知道这个片刻有什么,不知道任何的东西。如果你将这个不知道的礼物送给你自己,并且去跟随它,你的内在就会有一个广大与神秘的空间渐渐地敞开。放松于不知道之中几乎就像是陷入一张巨大而舒服的椅子里,跌入一片充满可能的领域。

在你一开始遇见这个不知道的领域时,你也许会感觉到脆弱;这片不确定的领域会让你失去安全感,仿佛你无力保护自己一样。你可以直接发问:这个感觉到脆弱的你是什么?它真正是什么?你的头脑会告诉你,这个感觉到脆弱的你是真的,它是一个真实存在的东西。但是,如果你看着它,你会开始看到它只是一个想法:"我是脆弱的。"它是基于记忆的一个想法。我们每一个人,在长大成人的过程中都有过这样的时刻,那就是,当我们感觉非常敞开和坦诚的时候,有人来欺负我们、攻击我们,或是对我们说我们错了,我们就了解了——完全地敞开也许不是什么好主意。

大部分成年人对孩子的敞开与天真都是很不敏感的。而作为孩子,如果我们天生的脆弱感被亵渎的话,就会有一种受伤的记忆,会有一个印记留下来,其结果就是退缩。这种记忆常常会留下来，让我们得出一个结论："如果我让自己过于敞开过于脆弱的话，我就很可能会受伤。我真的不应该那样做。"然而，脆弱总是在那里，无论我们是否有意识地对它敞开。这并不意味着我们越是给自己创造一个自我形象或一些理念告诉自己我们是谁谁谁，或者让自己戴上盔甲，就越能保护我们自己。在实相里，给自己戴上盔甲的努力实际上是无用的。

当我们给自己戴上盔甲，当我们在天生的敞开与脆弱中封闭起自己时，我们正在保护的到底是什么呢？我们是正在保护一个确实在这里的东西，还是我们只是在保护一个有关我们记忆中存留的想法而已？如果这份敞开与脆弱的感觉在当下时刻触动了我们的一些记忆，就去允许这些记忆带着与之相关的情绪一同升起。但是，要去看、去感觉：在当下的时刻，在现在这个空间里，随着这个记忆重新出现的到底是什么。如果你悟到，它只是在这个敞开的空间里被触发的一个记忆而已，那么，你就会意识到，它并不是现在发生的事情，而只是从过去升起的事。这样，它也就不再那么吓人又那么具有威胁了。如果旧有的记忆升起，那也是可以的，这没有什么问题，其中也不会出现什么问题。

纯粹的亲密及广阔的存在

当你习惯于越来越放松地进入到自己不知道的空间时，你会注意到有一种你与自己的亲密感会悄然生长，甚至有时你都不知道你在与谁亲密。说起亲密，我们通常会想到的是

"与某某亲密"。这样的观点是假定了在"我"以及"与之亲密的客体"之间有一个分离。这并不是从那个不知道的空间里升起的亲密。在这份敞开中升起的是纯粹的亲密。它并不是与某物或某人的亲近，它是一种与自己经验的每一部分以及生命本身的绝对的结合感。

有一位日本禅师叫永平道元，他生活在几百年前，他对开悟的其中一个定义就是"自己与万法无二无别"。当然，在他的教导中，"万物"指的就是一切。所以，当我们对这个未知的空间敞开时，我们开始与自己经验中的每一部分产生一种实实在在的亲密感。距离感开始退去了，在未知的领域里所升起的是临在感。它是非常精细的东西。我们开始触碰到一种没有界限、没有围墙、没有定义、没有疆界的东西，我们正在触碰的是某种浩瀚无垠的东西。

这个未知空间的首要品质就是觉知，有一种完全自然的觉知或意识涌入整个体验之中。觉知的意思就是，无论你正经验什么，都有一份纯粹的观照在那里。未知本身就是觉知，就是意识。藏传佛教中称之为"自性光明"。关于我们是谁，最深刻的实相是：我们就是这个自性光明、自我了悟的敞开空间。换言之，真实的我们知道自己是谁、是什么。它知道自己是一个未知的空间、一种敞开的广阔的存在。它不是一个无意识的存在，而是一种可了知的广阔空间。

随着你在内心与这种开放又广阔的空间建立起连结，你可能会看见这个未知的敞开空间，这个纯粹的觉知的领域，它实际上是最本质的你。它是一直存在、永远不变的那部分的你。一切都发生于这个觉知的领域以及纯粹的存在本体之中。如果你允许自己去感觉、去感受，你就会看到这个未知领域的深处，它一直与你在一起，无时无刻不与你同在。

未知的鲜活领域

虽然这种不知道的内在状态难以把握，但是，重要的是，它并不是死气沉沉或迟钝的。有时候，当我描述它的时候，人们会把我所说的意思合理化地解释为：我们的目标就是不要去知道任何事。我并不是在说："什么也不知道。"那是很荒唐的。在我们的生命中，有很多东西是知道了才会有好处的：我们需要知道我们自己的名字，我们需要知道我们把车钥匙放哪儿了，我们需要知道各种各样的信息以便能够继续过我们的日子、完成我们的任务。并不是这一类实用性的"知道"有问题，或者说需要被遗忘；这一类的知道不会与那个伟大的未知的领域相对立，无论你需要知道什么、无论你什么时候需要知道，它实际上就是从这个未知之中升起的。

这类实用性的知道并不会因为你对未知这口深井的敞开而减少，然而，从我们存在的核心处所升起的，却是一种全然不同的了知，它不是我们头脑创造出来的那类知道，我们也无法将它转变成一种信念、理念、意见及观点的不断延续的河流般的知道。这种新知就是当我们阐释"洞见"或是直觉式的理解时所表达的意思。那时候，这种清晰的看见会允许我们以一种新的方式去连结并运用我们的心智，我称之为"灵感式思维"。

灵感式思维从内在的觉知中升起。从这个静寂的广阔空间里,你将获得一种全新的思想。灵感式思维其实就是对你预知到的事情的一种表达,你无法控制它,你无法有意地想要它做这个或那个。我们大多数人都极少体验这种灵感式的思维,它并不是我们每天都可以体验的东西。但是,我们有可能以越来越高的频率去体验这种思维,直到它变成我们生活中习以为常的方式。

生活要求有回应

我们谁也不知道下一个片刻将会发生什么,我们无法知道每时每刻的时光将会对我们有些什么要求,我们真的是除了当下片刻之外,什么也不知道。但是,有一件事情我们是可以相当确定的,即下一个片刻和这一个片刻会有所不同。生命起起伏伏不可预测,就像是海洋一般,有时候是风平浪静,而有时候又会波澜壮阔。

因为生命的本性就是变化不定的,它不会屈从于我们的需求及控制,我们无法想象自己如何在这个深层的觉知空间中生活,我们的头脑无法想象我们如何用如此敞开而没底的方式去生活。往往,当我们开始触碰到这个存在的更深处时,就会有些事情冒出来,而我们又从中被拽了出来:孩子在哭;我们得去上班了;有人因为有急事打电话来;你发现你的同事很烦人,而你又卷进一场争论之中……如果我们在这些情境中失去了觉知,如果我们变得无意识,那么,我们就会从这个存在的深处被拽出来。我们倾向于立即转向我们的头脑,我们开始从思考的出发点来与这个世界建立连结。生命可以是非常具有挑战性的，因此它对我们每一个人都有所要求，它要求得到回应。

我想要介绍一位禅师所说的一句话，我真的非常喜欢这句话。他将这个不知道的空间称之为"无为"。在这个空间里，"没有发生任何作为"，这意指，我们没有跳回到我们的头脑里开始作为——创造出信念、理念及意见。为了更加明确这句话的意思，他强调"为"这个字，而并非"无"，特意来说明，在这个存在的领域，有一种方式是可以通过行为，通过作为而显化出来的。"无为"不是说要一整天坐在山洞里或是沙发上逃避生活中的一切，而是指一种对我们的生活非常新鲜的、有创意的回应方式，它是直接从那个不知道的实相中所升起的自发的行动。

因此，如何开始在这种未知的状态中回应生活？我们如何去回应而不再回到头脑的迷阵之中？我们如何去回应而不再被旧有的习性及反应所抓住？这是一个非常深刻的问题：我们如何去"执行"这个"无为"？我们如何以有深度的本体而存在？

明智的行动及其与思想的自然关系

人类最大的挑战，对于我们大多数人来说是发生在关系的领域。当我谈起这个话题时，我指的是所有的关系，是指关系的整体。而最首要的关系是我们与当下的关系。作为这个我们尚不了知的觉知深井，我们与当下自然而然的关系是什么？就是允许它简单地如其所是地存在，在这个空间里，允许所有在这个当下所升起的东西如其所是地存在。事实上，这也是为什么一切事情都如其本样发生，因为存在的深处允许它如此发生，而不是因为我们的选择而让它去发生，因为实际上并没有别的选择。

原因非常简单：我们这个纯粹的觉知并没有与任何已发生的事情分离。我们所能想象的一切事情——包括我们头脑里的想象、我们的思想、我们的体验，以及人类能够以各种各样的方式创造的苦痛——都是从这个未知的觉知深井中升起的。事实上，万物都是它的一个表达。换句话说，在存在之根与升起于其中的无限表达之间，没有分离。从存在之根的角度来看，它与当下的关系是：它是如此不可改变、不能转换，也不能被操控的如是实相。

如果不做任何事情就可以如是地接受当下，那会是很了不起也很美妙的事，故事也会就此结束，但是，每个人都知道，这并不容易。我们也需要对每一个当下作出回应，要行动，这也是关系的一部分。我们发现自己不得不对周围的人、事、环境作出回应。这实际上也是脚踏实地的事情，由此我们可以更清楚地看见，我们对这块土地的真实体验有多深刻。我们回归定静有多么彻底？我们将看到的是，没有什么东西像我们日常生活中的关系一样，可以告诉我们到底在哪里，或者可以直接地告诉我们，我们真正的认识水平如何。

因此，在我们看到我们与这个当下所拥有的最根本性的关系之后，我们开始要找到一条出路。正如我们所见，有些时候，进行思考、清楚地思考是很有助益的。但真相是，我们对于自己所思考的事情并没有太多的控制。无论我们要还是不要，思想都会产生，显然，我们不得不去思考。有许许多多的时刻，我们不得不去运用我们的头脑，尤其是当我们与他人在一起的时候。问题变成了：我们与思想之间的关系，什么样才是正确的或是最自然的？

从存在的根部向外看，我们已经看见，我们不能指望思想告诉我们终极的真相。在这份更深的觉知里，我们运用思想与语言的方式变得更加流畅，因为我们不需要去保护我们的思想。我们不再需要以一种强制的方式去坚守我们的信念——它们也只是一些思想而已。换句话说，我们头脑中的思考方式、我们用以沟通的方式都来自一个更光明的所在，因为我们知道，实相是从超越思想的地方升起的，如此，思考就变成了我们表达自己的一种方式，而非要求现实如我们所愿的一种方式。

思想、语言以及沟通，这些都是美丽的方式，用来表达我们自己、我们深层的本性、我们的创造力、我们的聪明以及我们的智慧的方式。当我们真的有能力了悟到，我们所想所说的都不是最终极的真理时，那么，我们的沟通就会变得更像是一个舞蹈、一种游戏，因为我们在沟通中不一定要赢，也不一定要以我们的正确而告终。当我们认识到我们的所思所讲都不是终极真理时，我们的所思所讲就可以在每个当下进行自我调整。而事实上，这就是"智慧的行动"：活动、讲话以及关系都是从智慧中升起，并且与当下保持和谐。它是在每一个当下都会发生改变的行动。每一个当下都要求你的回应与上一个片刻的回应有所不同。每一次谈话都要求你说出一些与你上一次的谈论有所不同的东西。

智慧的行动实际上正是我在这里要练习的。我在运用概念、理念以及思想去表达一些超越它们的东西，给那些超越它们的东西以说话的机会。只要我意识到，我试图沟通的东西实际上是超越这些话语的，它们是那个给予这些话语以灵感的空间，那么，我的思想及话语就会给它们带来一份光明。如此，我的沟通方式会更加透明，它的意思是说，针对我在这里的话语及理念，那些正在阅读它的人将产生什么样的回应，而不论是怎样的回应，我都可以接纳。最终，当我们在沟通中去践行充满智慧的行动时，我们将会越来越容易被那些与我们有关系的人清晰地理解。

以这种透明的方式去建立连结与沟通，也许听起来很简单。但从很多方面来讲，它听起来都更加不容易被我们的想法所抓住，也不会被限制在用于防卫、争辩，或是去说服某人某事上面。然而，我们大多数人的体会却是，至少在探索之初，它压根就不容易。真相是，我们大多数人都不习惯以这种光明和开放的方式去沟通。我们实际上更认同于我们的思想、信念以及意见，而不是更加光明与自在。而如果因情境所迫，我们是否愿意，又是否有能力去改变呢？

为了在我们与他人建立连结的时候获得这份光明与自在，我们必须深入地检查并且静心地去观照思想的真实本性，以及我们与它的关系如何。我们必须清楚地看到，我们在思考的过程中是如何被欺骗的，以及我们是如何使他人对我们的信念及意见信以为真的同时，运用我们的思想来欺骗他人的。

保持初学者的心

我们如何从一个自在的地方、未设防的地方，以一种我们愿意随着自己看法的改变而改变的方式去沟通？从理论上来讲，它可以很有道理，但是在现实生活中它是否有可能呢？我们真的愿意认错吗？我们如何在这个当下对实相所呈现出来的样子保持开放与纯真？

我的老师过去常说："保持初学者的心，绝不要离开初学者的心"，因为在初学者的心里，可能性是无限的。他们是敞开的，任何事情都可能发生。你对任何你需要学习的东西都是开放的。如果你在某事方面的观点需要改变，你也对这个改变保持开放。无论你多么深入地看待一件事，无论你认为你有多么了解某事，保持初学者的心智。不要变得僵化。无论你曾经得到过多么伟大的启示，无论你曾经在你存在的深处与核心有过多么了不起的敞开，如果你能够留在这份纯真中，留在心里的那份光明之中，绝不把自己的想法当成真理，那么，你的思想以及你与他人的沟通就会有一份大得多的潜力，会自然而然地充满灵感。

我们都有过这样的经历——有人像刀子一样对我们说话。最早是在我们的童年，我们的父母有时候会生气、烦躁或是很沮丧，他们会说些很伤人的话。很多人都会因为别人对他们说话的方式而产生很深的情绪上的受伤记忆。所以，以一种不伤人的方式去说话很重要，而且，学会如何从存在的深井之中、从觉知与未知的扩展空间中，以初学者的心去倾听，也同样的重要。

一会儿，你可能会发问：我们有没有真的倾听呢？这是另外的一个看似很简单的问题，但是，它实际上非常深刻：我们真的在听吗？我们是经常相互倾听吗？如果我们去观察一下，我们通常会看到当两个人或是更多的人在一起交流时，往往是一个人等着见缝插针地在谈话中再次强调自己的想法。但是，如果我们打算从一个充满灵感的地方、一个充满内在平和的地方以一个初学者的心境去交流的话，我们就不会把我们的话语当刀子使了。即便是别人用那样的方式跟我们讲话，我们也不会被拽到他们的话语之中并被催眠。当我们开始看到话语并不代表真相，而人们对我们所说的关于我们的话，并不是关于我们的，而是关于他们的，我们就不会那么担心人们对我们说些什么了。当你对某人说了一些有关那人的话时，你实际上也可以看到，大多数情况下，你更多的是在透露你自己，而不是别人，它透露着你的投射以及你的想法。

真正的人间亲密

为了与他人产生深深的连结，我们找出一种方式让自己完全地敞开。我这里所说的"敞开"，是指一种对真实的亲密的开放。大多数人会说他们喜欢亲密、喜欢亲近，但是，要发现一个真正想要亲密的人却是罕见的。我不是在说身体上的亲密，而是指心理上的亲密，一种灵性的亲密，一种情感上的亲密。因为，没有敞开就不会有亲密。当我们与另一个人——爱人、朋友或是一个与我们交谈的陌生人——变得亲密时，我们实际上是在以一种不设防的方式对另一个人打开我们自己，我们在做的是人类极少去做的事情。

我们倾向于自我保护，常会因为恐惧的高墙而退缩，而往往，我们所恐惧的事情正是我们所渴求的：亲近、亲密以及结合。我们为什么会渴求这些东西呢？因为，在实相中，我们实际上就是一，我们与一切都亲密地连结着。因此，我们大家都会自然地被拽入到这份结合与亲密之中，哪怕我们同时也为之害怕。我们在童年时代都有过痛苦的经历，那时候，我们让自己如此开放而脆弱，其结果就是受苦，我们因此而携带了很深刻的记忆或是很多复杂的故事，这令我们害怕。就某种程度而言，我们必须再一次找到我们在真实的关系中敢于打开自己的意愿及勇气，这样我们才能再一次对真实的亲密开放。而这份关系无论是与另一个人，还是与环境或者只是与你自己，其中的邀请就是让我们进入真实的亲密、深入与他人连结的感觉。

极少有人能真正与自己保持亲密，正如大部分人没有真正看到过他们自己是谁或是什么真相一样。因此，当他们独自体验他们自己时——坐在一间屋子里或是等公共汽车——会有一份紧张与焦虑的感觉升起。如果我们对自己所知的全部就只是一些思考、记忆以及认同的聚合物，那么，我们确实会有一种烦躁。这也是为什么大部分人都很难与自己相处的原因：因为当他们一个人待着的时候，他们就得与他们的思想、想象与想法在一起，对大多数人而言，这是相当折磨人的。

因此，还是那句话，我们必须开始有一种进入自己的意愿，一个人待一阵子，进入我们真实的自己。唯有那时，我们才有能力对彼此开放——变得敞开、亲密并容易建立连结。我们必须要愿意去面对我们体验中可能升起的任何恐惧。

作为一个灵性老师，我一再看见人们收获了非常深入而充满力量的灵性启示，甚至是真正针对他们本性的觉醒的启示，但同时，他们对于进入真正的亲密却充满了深深的迟疑甚至恐惧。

与实相亲密是另一回事。实际上，一旦你掌握了窍门，与实相亲密就会相对容易。一旦你掌握了与自己在一起、与未知的自己在一起的窍门，你会发现它压根就不难。它是一个放松的过程，而不是一个挣扎的过程。但是，要对另一个人保持非常开放与亲密的态度，却不太容易，至少在开始的时候是如此。要做到这一点，需要有深刻的洞见以及一个深深的对恐惧保持开放的意愿——愿意去看到你不想要开放的部分。更进一步，我们必须要面对面地进入到整个情绪的世界里——情绪上的保护以及情绪上的敞开。通过关系，我们能够看到，我们如何经常性地进入自我保护、退缩或是不同程度的恐惧的状态之中。而这些抗拒大部分都是由思想引起的，而亲密与敞开都发生于情绪的深层。要心智开放，要无念，是一回事，而要做到真正的情绪上的开放却是另一件更深入的事，它以一种更深入的方式触碰我们的心灵深处。它要求的是初学者的心智，更重要的是一个初学者的心灵。

与恐惧保持亲密

我很想给你们讲一些可以保证让情绪开放与敞开的二三步之类的话，无论你什么时候想要都可以拿来用，但是，真实的它往往不是这样运作的。我知道，尽管我们很想要非常简单地达成这份开放，但是，以我们的经验来看，这样的情况却是罕见的。当我们触及情绪的开放及脆弱的问题时，最重要的事情是我们面对恐惧的意愿，因为我们大多数的恐惧，尽管是由头脑及记忆所创造的，但是，它仍然深深地居住在我们情绪的伪装之中的。我们不可能像拿着扫帚去大马路上清除灰尘一样将它扫净。我们必须要有再次感受恐惧的意愿，去感受那份迟疑、感受那份想要退缩的倾向（如果有的话），也要有一份想要进入它的意愿，去实实在在地与恐惧本身保持亲密。当我们想起亲密以及关系时，与恐惧合一并非我们所愿，但是，当你愿意与你的抗拒亲密，甚至比你想象得更近时，那时，你将会看到恐惧并非你的敌人，而是你的盟友。

大多数人在他们的生命里都经历过恐惧，而我经常听到人们说："嗯，我知道我与恐惧是亲密的，因为我发现它如此深刻。"有些人，当他们开始与另一个人亲密时，他们就会产生深深的恐惧。在这种情况下，某人也许会说："哦，我很害怕！我当然要与它保持亲密！"但是，你甚至可以在完全没有对某些情绪带来的痛苦、折磨和恐惧保持敞开与亲密的情况下，很深入地去体验。那时候，与恐惧、焦虑以及阻碍一个人体验合一的情绪在一起，与它们亲密，到底是什么意思呢？与当下的恐惧保持亲密是什么意思呢？

有时候，与一个问题同在好过让你去搜寻一个答案。与恐惧亲密是什么样的？它就像是与落日的景象保持亲密，或者说与一棵树的落叶、一个孩子的微笑保持亲密一样。当然，这是不同的情感满足，它可能会更令人惶恐，但是，与恐惧亲密就像是与其他任何东西亲密一模一样：不是从中跑开，或试着去解决它、把它变成你的问题，而是相反，你实际上可以与它非常地靠近。"靠近"不是说你要依偎着它，"靠近"只是意味着你别跑开就好。于是，你会感觉到一种亲密。你也许还会感觉到一份抗拒，但是，你可以选择就只是待在那里。

当然，你不喜欢，当然，你会退缩。那是你所受过的教育。那是我们整个社会教给你做的。你大脑的每一部分都充满了这些，当你经历恐惧的时候，你会感觉到自己被迫要逃离那里。如果你是在森林里，有动物要来攻击你，而你感到害怕，你感觉到一个强烈的想要迅速逃跑的欲望，这是非常明智的。你不是带着一个想要与你的害怕亲近的意愿坐在那里，这是很好的，因为你可能会被抓住并被杀掉。但是，真相是，我们不在森林里，而对开放和亲密的恐惧和你在森林里所经验到的恐惧并不相同。有意思的是，它们在感觉上是一样的，但是，所激起的回应却是完全不同的。当你提醒你自己，你正在处理的是你头脑中的恐惧时，你会看到它是完全不同的一种恐惧。它是一种你自身的存在本体所创造出来的恐惧，而且你无法逃开你自己。你不可能快速地逃开你自己，你甚至无法逃离到一寸以外的地方。你不可能躲避你自己，你想要有办法躲避你自己，但这是毫无希望的。

我们都知道，当我们一个人待着或是当我们的环境非常具有支持性的时候，感觉到开放、自由以及平和是再好不过的事情了。这些事情很美好，可以让我们看见自由的可能性，但是，在一个更深的层次，在一个关系中，我们都被召唤去表达这份自由、开放以及亲密。

最终，我们将朝着整个世界和在其中已经发生的一切打开我们的心，我们也将朝着即将有可能发生的一切打开我们的心。为什么？因为我们与任何事、任何人都不曾分离。你以为任何与你分离的事情都会令你惶恐。但是，如果你有一个意愿去打开你的心灵，去与那些哪怕是你不喜欢的东西亲密，去与那些令你害怕的人与事亲密，去与这个也许会令人惶恐的世界亲密，那么，你将在你的内心找到一条用来表达自己的坦途。你可以在外在的世界里非常深刻地表达及展现出你自己，如此，就不再有内与外的分别，也不再有你和我的界限了。

是什么想要得到表达？

我想要跟你们分享一个我过去的故事，它可以帮你们去描绘一下我所说的关系中的深层亲密。当我还在九岁或十岁的时候，有一天我惹了一些麻烦，妈妈把我送进我自己的房间对我说："等你爸爸回家。"大约一个小时以后，我爸爸下班回家了。很明显的是，我所做的事情非常愚蠢，我爸爸进入我的房间里，就像是那个年代的一些父母一样，他给了我小小的一巴掌。他从来没有很重地打过我，只是为了让我知道我真的是做错了事。而后，他离开了房间，让我一个人待在那里。

大约五分钟之后，他又回来，坐在我旁边，对我说："你知道吗？我真的很讨厌这样。我真的很讨厌回到家里来打你。我再也不会这样做了，我真是很讨厌那样做。"他还说："我也很讨厌下班回来的第一件事就是要来约束你。对我来说，这真是很难的一件事。我们以后再也不这样做了，好吗？"

我看着他，我们给了彼此一个很大的拥抱。那一刻深深地打动了我。我做了错事，他应该进来给我一巴掌，而他那样做了。但是，在他离开之后，他能够亲近他心底真正的感受。当然，他下班回到家，他想要做的是拥抱我、告诉我他很高兴见到我。相反，他不得不打我，而这也使得他要与他的失望以及围绕着此事的苦痛深深相连。当他走进我的房间，如此坦诚、如此亲密、如此心甘情愿地分享他自己的心事时，我们的关系完全转变了。

我和我的爸爸，都不愿意再有那样的感觉了，所以，我们以我们的方式承诺以后再也不会那样互动了。以这样的方式去连结，将我俩带到一个非常亲近且亲密的地方。在那一刻，他不再只是父母，而在某种程度上，我也不再是一个小孩。在那一个刻，我长大了，大得足以听到他所说的，可以从他的角度去看问题了。我意识到，要以这样的方式来约束我也使他受到了伤害，而他再也不想那样做了。这是一个非常简单的交换，但是，对我来说，那是一个非常深刻的时刻，让我可以真的与我的爸爸亲密。在那个时刻，他也可以对我开放，而就在这份开放中，我们的整个关系发生了转变。

我还想跟你们分享另一个故事，这一回我是那个向着某种亲密敞开并表达它的人。不久以前，我在办公室里跟一位女士讲话，她为我工作了很长一段时间，她一直帮助我处理一些我们出品的资料。她正在处理一些简讯，而我正在检查。在我检查完并且说可以之后，我们自然而然地开始随意讨论。她开始告诉我她的体验，说起她感觉到她的工作似乎没有得到欣赏。我让她跟我谈谈，分享她的体验。

在她讲完之后，我安静地坐在那里一会儿，而我意识到我有点困惑，因为我在想："哇，我记得我为她所做的工作已经给出了很多的肯定和表扬啊。"所以，对于她没有感觉到自己被肯定这件事，我觉得很迷惘。于是，我开始想要解释我的感受，以及我所观察到的事情。但是，就在我的第一句话即将脱口而出的瞬间，我停下来了。我意识到，尽管她说她想要，但她并不是需要我告诉她我欣赏她所做的事情，我实际上可能已经说过几百次了，我意识到那不是她真正需要的。在她所说的话底下，有她需要的一些更深入的东西。于是，我发现从我嘴里说出来的是："我真正想说的是，我不是欣赏你，而是我真的爱你。我真的爱着真实的你，爱着你是谁或是什么，而不只是你做了些什么。"

我一说出那些话，眼泪就开始从她的眼睛里冒出来，而我意识到，那正是她真正需要听到的。当我在即将开始自我解释的瞬间停下来的时候，我们之间立即就有了一份真正的亲密与真正的敞开在内在相遇。当我停下来的时候，我意识到她真正需要听到的是什么，她真正想要听到的是什么，以及她想要知道的是什么。我也一样意识到这是真的：我真的很爱她。我爱那个办公室里的每一个人，我不只是喜欢和欣赏他们，而是真的与他们有一份很深的爱与连结。她一听到那句话，有些东西就转变了。那句话让她发生了转变，也让我发生了转变。

这些都是一些小小的例子，而我们很容易会走一条不同的路。我的爸爸本可以不回到我的房间告诉我他的感受。我也可以很轻易地说，"哇！我记得我至少赞赏过你一百次了。"我可以那样说，而其中也有一些真相，但是，它却并不是那个当下的真相，它不是需要或者想要被表达的真相。在这两个例子当中，都有着一份意愿——前者是我爸爸这一边的，后者是我这一边的——去感受自己真正想要表达的是什么。当我们以这种方式停下来时，我们就来到一个与自身的体验深入亲密的地方，那让我们变得与自己真正想要去沟通的东西非常亲密。我们所连结的不只是那些需要去沟通的东西，而是那个真正想要被表达的东西，它来自于一个无需设防又最深刻的层面。

第八章　苦难的终结

你必须在你的肉身死亡之前"死"去,如此,你才能真正地活着。

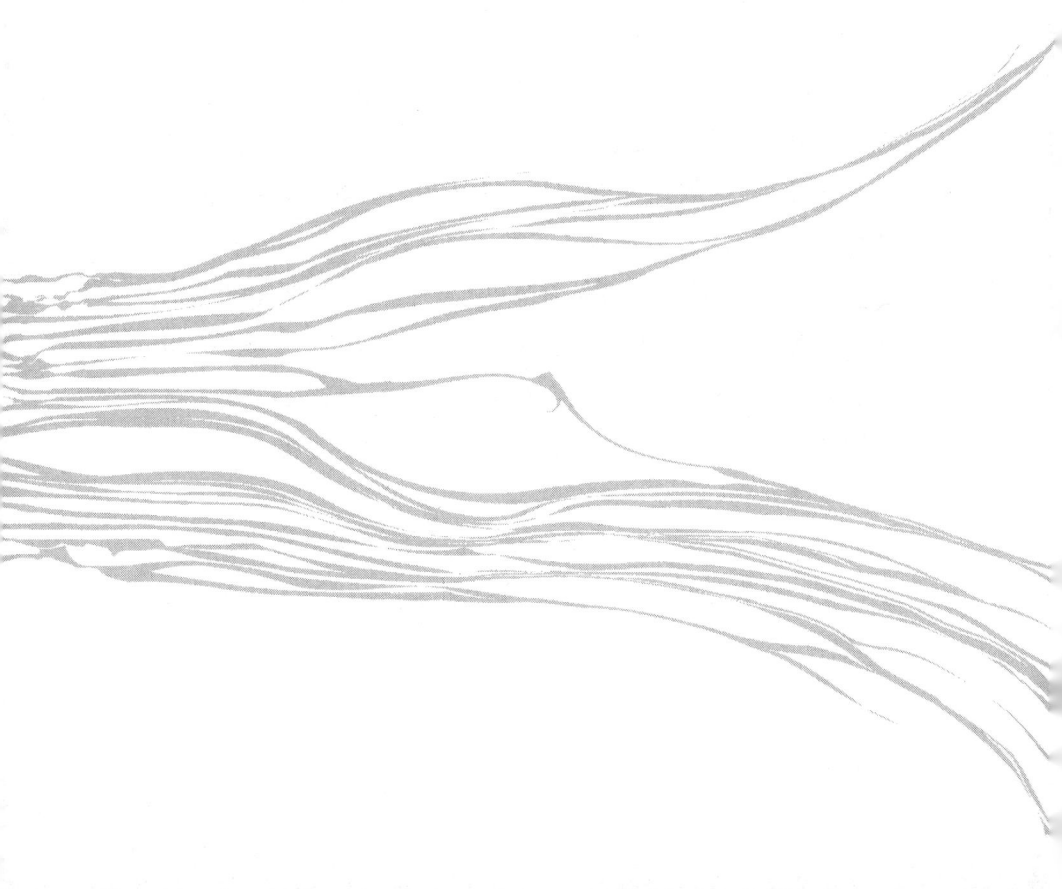

有一件事情我想要彻底地说明：如果我们真的想要终止苦痛，我们就已经醒过来了。"醒过来"意味着觉醒于我们存在的真相之中，也意味着从整个幻象中醒过来。

真相是，醒过来可能会是一个很烦人的过程。有谁愿意发现他们信以为真的一切什么也不是，而只是一袋子的梦幻呢？有谁想要发现他们紧抓的、执著的一切正是他们受苦的原因呢？有谁真的愿意去发现，我们都为之上瘾的那些品质，如赞许、认可、控制、权力等，没有一样可以实实在在带来苦难的终结？事实上，它们正是受苦的原因！因此，真相是，我们大多数人并不真的想要醒过来，我们并不真的想要终止苦痛。我们真正想做的就只是去"管理"我们的苦痛，让它少一点点，因此我们可以继续如常地去生活。不做任何改变地按我们喜欢的样子去过日子，这样也许会让我们感觉好一点。

但是，这里有一个烦人的真相，这烦人的真相就是，受苦的终结压根就不是个人的事情。说到苦难的终结，它完全与实相及真相有关，它是真实与非真实的对立，它是实际与假想之间的较量。从梦幻中觉醒的整个过程是非常深刻的，对于大多数人来说，它真的相当困难，甚至还带着一种烦人的特质，因为它意味着我们要看着镜子里的自己。我不是说像我们通常所做的那样去照见镜子里的自己——带着后悔、评判及指责，我是指以另一种不同的方式去照镜子，在那里，我们最终愿意去看到，我们就是那个造成自己的苦痛的人，而我们是那个能够找到出路的唯一人选。

所以，醒过来的体验有点像是一个酗酒者或是一个吸毒者从他们的瘾症中出来一样。大部分的瘾君子只有在真正看到他们绝不可能因做一个瘾君子而开心时，才真的愿意放下瘾头。在此之前，大部分的瘾君子都处在一种与生命持续不断的谈判过程之中。他们想："我可以有时候做个瘾君子"，或者"我可以做个小点的瘾君子，而不是很大一个瘾君子"，或者"我可以在任何我真心想要戒的时候戒掉"。他们想要中和掉自己的渴求，但是，所有人都仍然被他们的渴求所操纵并被拖入苦痛之中。所以，一个瘾君子什么时候会停下来？他们往往是在衰弱到不行的时候才会戒除，当他们已经看到这个智慧：绝对无处可逃，没有什么是有用的，除非他们面对真实的自己及真实的情况。

我们可以看到大多数正在挣扎的人说："嗯，至少我不是个瘾君子，我不是一个酒鬼，我也不嗑药。"但是，几乎所有人也都确确实实地是个瘾君子，我们选择的药物就是受苦。我们最不想失去的东西，也是我们最上瘾的东西，那就是受苦。很多人不会承认这一点，甚至很多人都不想知道他们对受苦上瘾。但是，当你认真地去看一看，你会看到我们许多人都不知道该如何不受苦地去活着。我们不知道假如我们不受苦的话，我们该如何去处理和打发我们的时间与精力。

终结受苦的过程中最重要的一步，是去看看在我们很深的内在实际上有一个想要受苦的东西在，我们实际上是沉溺于受苦。正如我已经提到过的，我们有一部分想要受苦，因为通过受苦我们可以让自己周围保有分离之墙。正是通过受苦，我们可以继续紧抓住我们认为是真实的一切。戴着这个受苦的面纱，我们就不需要真正地去看我们自己并且说："我是那个做梦的人，我是那个活在幻象中的人，我是那个紧抓着我所拥有的一切东西的人。"看到别人被幻象所抓获比这要容易得多，那很容易。"在那儿的某某某，他们完全迷失在幻象中，他们不知道真相。"而如果说："不，不，不！我是那个被幻象抓住的人。我不知道什么是真的，我不知道什么是真实的，我的一部分实际上想要受苦，因为，那样的话我就可以保持分离与不同。"那完全是另一回事。

确切地说，在意识的层面上，没有人想要受苦，但我们还是要继续抓住我们的理念、思想以及信念，仿佛我们要靠它们而活似的。就某种程度而言，我们确实是在靠它们活着——不是活出我们真实的生命，而是小我的生命、我们自以为是的自己的生命。那个部分的我们想要看到它们自己是分离的，它不想真的融入本源，而宁愿为此付出代价，站在一个分离的立场，无论代价如何，都要在面对这个世界时坚守住自己的观点。

苦痛完全是有选择的

我在这里所说的不是那种通常的自我考验。灵性世界的人们通常忙着冥想、唱颂着神的名字，做着各种各样的灵修活动及祈祷，想方设法地试图给自己带来幸福或是获取神的恩宠。灵性人士通常会去听取那些伟大的觉醒者的教诲，并试图去运用他们所教导的方法，但是，他们也常常错过了关键的因素，那就是：我们对做我们自己上瘾；我们对我们自己的自我中心上瘾；我们对受苦这件事上瘾；我们对我们的信念及世界观上瘾。我们真的认为这个世界少了我们，宇宙就会崩溃。由此，我们实际上就是想要继续受苦。

说起为什么上瘾，大部分瘾君子会有完全不同的原因，而其中的一些理由可能非常合理，并且也不乏真相。但是，最终，我们对某事或任何事上瘾，都是因为我们选择如此。我们也许会指责我们生命中的其他人其他事或某种环境，当然，受苦与我们生命中一些痛苦的时刻有关，导致某些事情变成了我们的瘾头。但是，如果我们在这个当下回到此时此地的话，真相是我们不再处于过去。真相是无论发生过什么，都已发生过了，它是一个过去时。而我们的内在却有一些东西倾向于要抓住它，紧紧地抓着，这些情况基本上都是因为我们害怕放下那些让我们受苦的东西，因为，如果我们放下过往，我们就搞不清楚我们是谁了。如果不给自己穿上过去的外衣，我们就不可能为自己感到难过，也就能不带任何评判、羞愧以及内疚地面对我们自己了。

我在很年轻的时候就投入到灵性修行之中了，那时我大约二十岁吧。出于某些原因，我就是必须搞明白什么是真相，什么是真的。我无法告诉你们我当时必须搞明白的所有原因，我自己甚至都不理解自己为何非要如此。实际上，某个早晨，当我醒来的时候，我就是不得不搞清楚什么是终极的真实，什么是真相。我知道我的生命已经彻底改变了，而我以前所以为的生命的定位也已经变得不再重要了。我的生命中，有一些全新的东西醒过来了，而我知道它与我原本计划的完全不同。于是，那时候的我开始了所谓的"灵性的追寻"，正如大多数求道者一样，我最终找到了一位老师，开始学习冥想打坐。

我的老师是一个禅师。作为禅宗的传统，人们做得最多的无外乎坐在垫子上打坐,盯着墙看,一天冥想好几个小时,而我也那样去做。我坐在垫子上,我试着去冥想,不停地一试再试。无论我多么努力,也从来没有真正地、坚持地做好过。我从来没搞清楚要如何停止我的头脑,我坐在垫子上最常做的事情就是在受苦,倒不一定是因为过去,而是因为我似乎完全无力突破我所紧抓不放的生命观。

就某种程度而言,我凭直觉感受到自己对生命的看法并不真实。我有一个直觉,感觉到有一些不同的东西存在,它是不同的视野,它比我当时看到的东西有着更大的真实性。我尝试了我所知道的一切办法想要突破:我不停地打坐冥想,我记笔记,我读书,我跟许多人谈话。而后我又在自己的脑袋里思考,而后又更多地打坐,就这样不停地继续。

我从小就是一个运动员,我知道为了成功要怎样努力奋斗,长时间努力奋斗的信念对我而言是相当熟悉的,所以,哪怕一直很疼,我还是可以一直打坐很长时间。我不断地努力再努力,像很多人所做的那样,直到四年后,我终于撞上了南墙。那时候,我只是意识到我不能够做我想要做的,我意识到我一无所知。我花了四年的时间才看清楚这一点,我可以告诉自己说:我一点也不知道我在做什么。我真的不知道什么是真的什么不是真的,对此我有一些理论,我记了一大摞的笔记,但是,到头来,经过四年激烈的灵性挣扎之后,我没有比开始的时候知道得多一丁点。

那是粉碎性的一击,我不知道该怎么办了。因为,到头来我连第一件事——要通过突破进入一个更大的生命观——是什么都不确定了。我连开头就得停止受苦都搞不清楚,我不知道怎样才能不受苦。我撞上了南墙。

撞墙的那天，我正在后院自建的禅室里，像每天早上一样在那里打坐。我焚香，坐下来面壁。就在我开始试着去冥想时，我试着让自己的头脑静下来，突然间——从我的腹部，不是从我的头部，而是从我内在很深很深的地方——有一个声音在大声呼喊："我再也不能这样做了！我做不了！我不知道要怎样突破！我不知道怎样才能不挣扎，我不知道要怎样停止奋斗。我做不了这个！"就是那个时刻，一切都开始改变了。但那时我并不知道，在那一刻之前，我人生当中所做的一切都是为此作准备的，它让我认识到我是无能为力的，因为我陷入到某种观点之中了。我尝试着不要受苦、不要挣扎，这些实际上都来自我的观点，而我什么也做不了。最后，我面对着我最不想面对的事情——我想那也是所有人都不想面对的——极度的粉身碎骨般的挫败。这与感觉绝望与悲观还不同。当我们感觉到绝望与悲观的时候，我们还没有完全地被击败，这句话的意思是说，我们还没有完全地停止，我们里面还有一些东西在与实相对抗。

但是，在那一刻，当我确实认识到我什么也做不了时，一切都改变了。突然间，我对一切事物的看法都转变了。就像是翻一张牌或是一枚硬币那样，我曾经想过或感觉过的一切，我曾经记得的一切，在那个瞬间都消失了。我终于孤身一人了。而就在那个孤单中，我不知道我是谁，我在哪里，以及发生了什么。我所知道的就只是，我撞到了某条想象中的道路的尽头。我来到了一堵墙跟前，突然间发现自己到了墙的另一边，而墙实际上不见了。于是，一个伟大的启示出现了，我意识到，我什么也不是，同时又是一切。

当我意识到这一点时，我开始大笑起来。我想："我的天！我这么多年都在寻找这个，花了几千个小时打坐，记下了一大摞的笔记——所有这些追寻和挣扎，天哪！"也许，四年听起来是一段很短的时间，但是，对于一个二十几岁的人来说，四年就像是永远那么长。所以，在那个时刻，我大笑，因为我认识到，我追寻的一直就在这里，我所追求的开悟实际上就在我所存在的空间里。同样，我从来没有离开过那个苦难的终点，从一开始就有一道打开的门，从我喘第一口气开始它就在那里。

我的苦痛和所有的苦痛一样，完全是一种选择，但是，我以前从来不知道。认识到自己什么也做不了，就把我带到那一点，也就是说我什么也搞不懂。那就是停止的意思，或者更确切地说，那就是被停止的意思，完完全全地停下来。这就是灵性上的最低点，就像是一个毒瘾患者可能体验到的一样。突然间，我意识到我实际上是对我自己上瘾——我，那个在挣扎的人；我，那个为了开悟而奋斗的人；我，那个困惑的人。我是我自己的瘾君子。即便我试着超越我自己，想要突破而进入一种新的观点时，我也不能够做到，因为我实际上对我自己上了瘾。而没有一个秘密可以告诉我如何才能不上瘾。我必须到达那个最低点，在那里我可以停下来，我可以认识到我什么也不知道。

当然，我以前就听到过这样的教导。我听过关于"不要知道，放下你以为你知道的想法"之类的教导，但是，我把这些教导很方便地抱进了我自己的世界观里。而我曾经以为我可以理解那些伟大的灵性导师在说什么。但是，在那个时刻，我真正看到的是我从来也没有理解过任何东西，我什么东西也不理解，而这是相当令人震惊的。

觉醒于实相并不是一个过程

要来到受苦的终点，体验到终结的开始，你必须经过一种死亡。许多灵性传统都有过这样的教导：你必须在你的肉身死亡之前"死"去，如此，你才能真正地活着。如果你曾经与一个濒临死亡且完全放下的人有过接触，你就会知道，那会是如何自由的一种状态。那是如此不可思议的矛盾的时刻，因为人们知道他们会死，而且他们一直都知道。他们一生都知道他们会死，但是，直到得了绝症，他们才会真正地知道，比如，医生说："你只有六个月可活了。"对于另一些人来说，他们知道死亡是确定的：我不可能从这里活着出去。然而，对于大多数人来说，无论他们是否接纳死亡这件事，当死亡来临的时候，他们的意识都会有一个转折。那个看起来如此恐怖的事情——肉体的死亡——现在看起来如此的轻若鸿毛。对于那些面对着无可动摇的死亡障碍的人来说，死亡实际上变成了他们灵性觉醒以及苦难终结的坦途。

我的姑姑，直到她几年前去世之前，多年来都是我的学生，她曾在一家养老院工作。有一次，她负责照顾一位将死的晚期癌症病患，这位女士几乎昏迷过去，她不再能够与人交流了。大部分时间里她几乎都没有知觉。有一天，医生说她只有几天可活了。而第二天，当她的孩子早上醒来时，看见她居然跑到起居室里，拿着吸尘器吸尘——这个人几天前还躺在病床上等死，一句话也说不出来。孩子说："妈妈！你在干吗？你怎么下床了？"

她非常镇定地说："我在吸尘。"

孩子说："你怎么可以吸尘呢？你本来应该是快要死了呀！"

而她说："我还不能死，因为我不知道谁是那个快要死的人！"

这个故事显示出我们所有人的内在深处都有着强大的力量，我们的意识之中一直有着一种深深的走向圆满、走向真实的自我实现与进化的力量，而它本身就是那个唯一的自由。有一种相对的自由，也有一种相对的苦难的终结，然而，还有一种绝对的自由，有一种绝对的苦难的终结。这两者是非常不同的东西。我们可以学会不同的方法，来调整我们自己以便少受点苦，以便我们可以把自己头脑的牢笼变得更舒服一点。但是，让你的牢笼变得舒服一点和从牢笼中挣脱却是两回事。这就是发生在那个女人身上的事：她内在有一些很深的东西醒过来了；她内在有些深深的愿望如此鲜活，以至于她不可能去死。她首先必须要搞清楚她是谁。

那时，我的姑姑对那位女士说："我知道你应该跟谁谈谈了。"我当时只教了一两年的课，还在我父亲的一家机器店里工作。我姑姑给我打电话，告诉我那个女人的故事，我说："嗯，我必须跟她谈谈，把她带过来吧。"于是，我姑姑把这个女人装进她的车里并把她带到我工作的商店里。我在商店中间拖出两把椅子，我们谈了一会儿。

她说："我需要跟你谈谈。"

我说：“行。你需要跟我谈什么？”

她说：“我就要死了。我不知道是什么时候，我感觉有可能是任何一天，但是我还不能够死，因为我还不知道我是谁。我已经活了很长的时间了，但我还是不知道我是谁。”

我说：“嗯，你找对人了。”我说，"那我们最好是找出答案，你并没有太多时间了，不是吗？”

她说：“好。”

我问她："你可不可以一下子把你的整个过去都丢掉？你可不可以让自己看见，过去的一切、你所能想象的一切，都不在这里了？你能不能全然地、确实地进入这个当下？”

而她也给出了一个非常诚实的回应，她说："我不知道。"

我说："嗯，你最好能快点。"谈话就是这个样子。我通常不会对人们这么直接，我不会像这样马上就置人于死地。但是，我俩都知道，她就要死了，她没有多少时间了，所以，真的没有时间再走一个过程了。对她来说，这也是很有好处的，因为最终，觉醒于实相并终结苦难并不真的需要一个过程。对于人们来说，要认识到这一点并接受它是很困难的。这是关于醒过来的。并没有一个晚上睡觉而早上醒过来的过程，你要么就是睡着要么就是醒了。灵性的觉醒同样如此，我们要么就是在我们头脑世界的幻梦里睡着了，要么就是在这个真实世界里醒过来了。

在接下来的一个半星期里，我见了这个女人几次。有天我听说她再次感觉到病了，于是，我去看她。真的，她躺在床上没有什么力气，但是，在她的眼睛里却有一种绝对如火的快乐的光芒。我甚至都不需要问她如何，我只是说："你找到了，对吗？"

她说："是的，我找到了。"她微笑着。

她的丈夫进来了，他说："你知道吗？在过去的一个星期，她一直在安慰我们所有的家人和邻居！邻居们来看她是准备对她说'再见'的，但是，她一直在安慰他们，她一直告诉他们一切都很好。"他说，"现在真是很不一样了。从前，我们都试着去安慰她，但现在是她试着安慰我们。是不是很奇怪？她身上发生了什么呢？"

一个半星期前，这是一个躺在床上等死的女人，而就在短短的几天之内，她来到了一个圆满的终点。为什么？因为她没有太多的时间，她没有时间走一个过程，她没有时间搞清楚一切，她没有时间去准备妥当。觉醒的时间就在当下，当下就是她放下整个一生苦难的时候，而她这样做了。实质上，这位超级棒的女士所做到的，差不多是我花了五年才做到的，她最终可以放下了。

事情的真相是，觉醒本身并不是一个过程。当我们谈起如何觉醒的时候，确实是有一个过程，但是，真正的觉醒并且达到个体受苦的终结，却并不是一件要花时间的事情。对于人们来说，要理解这个事实是非常困难的。他们会说："但是，阿迪亚，它确实要花时间。它真的是要花时间。"在我遇到全世界成千上万的人之后，我所发现的是，对于那些还在受苦的人来说，它确实要花时间。但是，对于那些觉醒的人来说，那显然不需要花时间。

因此，这里有着一些冲突，因为我们的小我，我们的头脑，我们这个小小的自我保护——只有这些才存在于时间之中。事实上，它们依赖时间而存在。我们关于我们自己的想法，我们关于我们是谁或是什么的想法，只能在时间里延续。我们通常会对我们自己说："也许明天，事情就会更好的。"这就像是一个瘾君子在说："也许我明天就能停止喝酒了，也许我明天就会停止嗑药了。"但是，真正发生的是，明天不会到来。日复一日、周复一周、月复一月、年复一年地过去，明天只是今天的重复而已。然而，当一个人知道并不存在明天时，要再继续上瘾就不可能了，它不再是一个选择了，于是，就会有一个停止。正是在那个时候，我们从时间里走了出来。

时间是觉醒最大的障碍

花一点时间去想象一下没有时间，花一点时间去放下明天。如果在明天放下苦难是不可能的，那将怎样？如果只有今天，甚至只有当下才是你的所有，你除了今天以外什么也没有，又将怎样？突然间，你会从一个完全不同的视角去看待你的整个存在。去看看你是否可以感觉一下仅仅存在于当下会是怎样？看看，完全把明天以及昨天拿开将会怎样？

有些人害怕这会把他们带入到人生的绝望与悲观之中。他们会又踢又喊地反对这个主意："我不行！那会很可怕！"但是，你如果因这个想法而感觉到悲观绝望，那是因为你还没有去除掉明天，因为那个悲观恰恰来自于"明天会跟今天一样"的想法。所以，你可不可以只在那么一小会儿把所有关于明天的想法拿掉呢？你有没有可能停下来，承认你自己不知道如何停止呢？没有人知道或曾经知道如何停止。告诉你自己这个真相：你不知道怎么办。没有人知道如何停止，没有人知道怎样不受苦，没有人知道如何觉醒。

这些都是可以自我证明的真相。只要去看，每个人都知道这些真相，但是有谁想要知道这些呢？有谁想要知道，他们不知道该如何才不受苦呢？有谁想要知道，他们不知道该如何醒过来呢？但是，如果你允许，真的允许它的话，就像一个瘾君子允许自己不知道要如何才能停止一样，又会发生些什么？看看你是否可以尝试一次真正的停止，哪怕只有一小会儿。当你停下来时，你还在受苦吗？或者说在那个停止的片刻，苦难有没有消失？

你的头脑也许会说："嗯，它这会儿是停下来了，可是，明天怎么办呢？"那意味着，你还没有完全停止，因为在一个完全的停止之中有一个死亡存在。某些东西会在你死去之前死了。真实的你不会死，但是关于你的想法是注定要死的。在它们死之前，是绝对的空无代替了那个真正的停止与死亡。我不是在谈论肉身的死亡，而是一个你所以为的你的死亡，你的过去与未来的死亡。所有这些都只存在于你的想象之中。就在此刻，一直都有也唯有自由与平和。问题是：你真的想要这些吗？

第九章　真实的自主性

想着我们可以拽着某位灵性导师的衣角而开悟是一个巨大的幻觉。

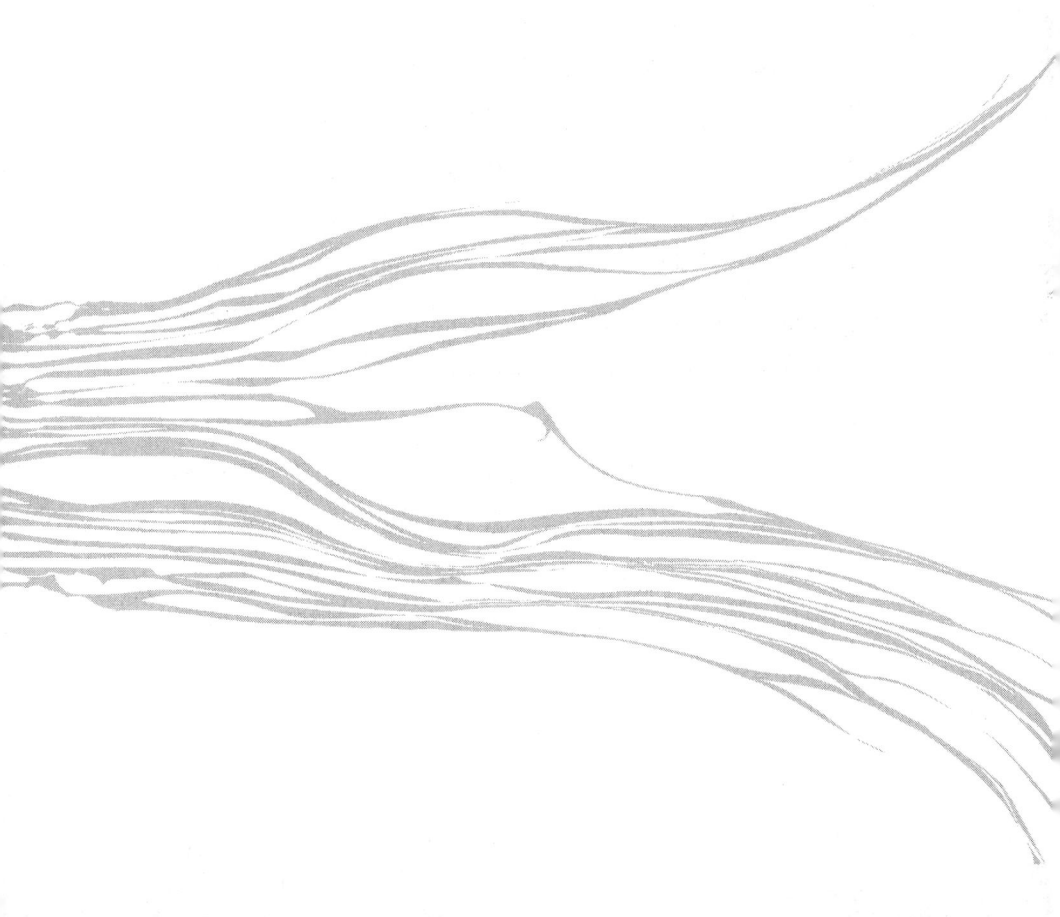

当我在二十岁开始灵性的探寻之时，我有一个想法，我曾认为当我最终找到实相，当我找到了我想要的开悟之后，一切都将是我头脑中的那个样子。我想象着开悟就是一个目标，是万事的终结。我读过的大部分灵性的作品以及我听过的灵性教导，都在加强我这样的想法，即，一旦你开悟了，基本上就完事大吉了。你可以让灵性的生活把你带到要多远有多远的地方。然而，我所发现的却是一些相当不同的东西。

一旦我开始觉醒，一旦我开始感觉到那种灵性的教导所称之为"开悟"的感觉，我的体验是"一"，在其中我感觉到非常的自由与开放。生命不再是"与自己的本体分离的惶恐"的感觉。有一阵子，那个感觉是完全的圆满。就像我说过的，我过去关于灵性的想法就是，我会达到一个开悟或说自由的点，而那将是我的目标。那种自由我体验过一段时间。然而，一两年之后，我开始感觉到有些其他的东西在浮动，而它带着一种"有些什么不完整"的感觉。尽管我在体验到的一切当中都感觉完整，也不再分裂，因此有这种感觉——觉得有些事情还没有完成或还不完整——是很奇怪的。往往，当我们有了那样的感觉，我们的头脑就会将它解释成好像我们还得去找到更多东西，有些什么东西我必须要去追寻，有些东西没有完全地被理解。但是，这种非常细微的不完整感却压根不是你以为的那个样子。它更像是一种直觉，并一直提示我们还有更多的东西要出来，不必是更多的自由、更多的开悟或是特别多的什么，而是有着另外一层我所不理解的东西要展现。

而后，一点一点地，它开始自我显露。我开始意识到，我们灵性的展现并不真的有一个目标叫做"觉醒"或是"开悟"。其实，并没有一个终点存在。灵性的觉醒或者说变得开悟，实际上是指允许另一种运动发生，而后又是另外一种。灵性的觉醒是根基，整个灵性运动可以由此开始发生，而那个新的运动是从我们的自由感中出来的，我称之为"觉醒于我们真实的自主性之中"。

我认为，在有关觉醒的教导中，这也许听起来有点奇怪，因为我们通常会认为自主性是分离的某种形式，但这并不是我所认识到的。我所认识到的是，我们真实的自主性是从统一、合一之中升起的。即便是认识到一切都是一，即便如此，还是有一种人为的因素在那里，仍然有一种诞生于时间和空间里的存在。我意识到，一个人出生于时空之中，其终极目的并不只是要实现这个开悟，而是为了一个很不相同的目的。实际上，开悟将使意识的另一种运动成为可能。意识的另一种运动，不是从我们的人性中醒过来，不是从时间与空间中醒过来，也不是从个体的身份中醒过来。它几乎正相反，它是灵魂进入到形体之中发现这个真实的自主性。

个体生命的独特绽放

要说清楚我所说的真实的自主性的意思，就需要运用我们历史上的两个灵性伟人的例子：耶稣与佛陀。我们通常会认为耶稣与佛陀都是了悟到如何与存在本体合一的人。对于耶稣，我们会想到他与神的合一；对于佛陀，我们会想到他的开悟以及他与万物的合一。但是，这并不是这些觉醒的人的伟大之处。为什么我们要把他们放上神坛，为什么这么多人要去崇拜他们并且跟随他们的教导，是另有原因的。我想要在这里提出来的是，他们不只是认识到他们与神的合一、与存在的合一，并且，他们两个都以各自独特的方式发现了自己真实的自主性。

对此，耶稣是一个伟大的例子。他是那个真的"站在他自己的两只鞋里"的人，正如我的老师说的那样，他主宰着自己的生命。他以如此的方式展现出他的人性，而绝不给自己带来任何的分离；或者进一步说，他以一种非常觉醒的方式允许灵性去主宰他的生命。随之而来的是一些自主性：它仿佛就像是允许生命以一种全然独特的方式去绽放，一种前所未有的方式。因此，像耶稣这样一个人，不是一个由他的祖先线性传承的结果；也不是某一类人的自然延续。应该说，他体现的是对过去的一个激进的突破，他带来的是一种全新的启示——非同寻常且非常活跃。

按照约定俗成的说法，耶稣展现了他"人生的使命"。我们的小我往往会认为所谓"使命"就是"我们注定要做的事情"或是"我们应该做的事情"，从更大的角度来看，它只是头脑所创造的一个想法而已。真实的自主性不是小我或头脑所发现的那样。它的存在实际上是以一种全新且非常具有创造力的方式在绽放。那正是耶稣的意愿，他想要活出合一且独特的表达，以肉体的形式活出神的独一无二的表达，而那是如此具有蜕变力的。

从他所生活的那个时代开始，我们把耶稣投射成我们所希望的一个觉醒的，或是实现神性的人所应该成为的样子。因此，我们把他所做的事完全圣人化了。当我们阅读耶稣的生平时，看他做过的事情，他是如何行动的，以及他是如何在时空的世界中穿行的，我们却看到这个人与我们所认为的觉醒的人不相吻合。况且，耶稣有着极度灵活的个性，他有过人的精力以及真正的无畏，可以允许灵性如它所愿地去展现它自己，那才是真实的自主性。生命试图通过某种方式经由我们每个人来表达它自己，但是，当我们认同于小我的意识状态时，就很难找到清晰的表达方式。那个能量就被扭曲了，而它会被一种非常熟悉的旧有且不断重复的模式所限制。耶稣醒过来了，找到自己天生的自由，而正是这个自由允许生命或者说灵性去以一种全新的方式绽放或表达它自己。而人们也以一种直觉的方式、一种无意识的方式与它相连。这也是为什么在这么多年里，人们要将耶稣放上神坛为之奉献的原因。

同样的事情也发生在佛陀身上。佛陀在菩提树下有了伟大的开悟，当然，这是故事中所说的，但是，佛陀并没有在一种伟大的沉静与极乐之中休息并度过余生。他实际上活出了非常活跃的一生，他教导人们，并且提出了一些非常新鲜的观点。它是灵性在时间与空间里的全新展现。那真的是一种要做真实的自己的意愿，不仅是在他的本质层面，也在他作为一个人的表达层面——那才是这么多世纪以来真正激励和说服我们的东西。

重要的是要去看到，这些人物并不是像我们所假想的那样生活的。我看过一些电影和灵性的史诗，说到耶稣的生平，人们经常将他投射成一个非常神圣的人物，在水上走、表演奇迹，他们把他描绘成一个超现实的人物。但是，当我

第九章　真实的自主性　165

阅读耶稣真实的故事时，故事中却描绘出了一个完全不同的画面。耶稣的一生都与他那个时代的灵性标准有着极大的反差。他在渔夫和商人中找到他的学生；他并不在贵族中挑选；他与那些并不是多么有灵性或多么虔诚的灵魂在一起，他的核心门徒是一些工人阶级。

当我们再仔细看看他的生活时，我们看到他与一些普通人吃喝来往，花时间和妓女、那些犯法的人，还有欺骗自己丈夫或妻子的人在一起；他也组织聚会，人们会一起庆祝，有时候还会喝酒；他有时候也会变得极度愤怒。关于耶稣愤怒的一个最著名的例子就是，他把金钱交易者的桌子踢出了殿堂。我常常会想，要是今天有一个人在教堂里以耶稣不赞同的方式赚钱，我好奇会发生什么。如果有人走进教堂真的踢翻了桌子会怎样？那个人会是我们尊崇的人吗？我们会认为那个人是神圣的，被神所启发的吗？但是，故事却告诉我们耶稣确实做过一些类似的事情。我们所看到的耶稣是一个人，他甚至也会发脾气。

在几乎所有宗教伟人的故事中，那些充满灵性的天才们，他们大部分的人性实际上都在故事中被漂洗掉了。如此，在对佛陀一生的描绘中，我们真的找不到佛陀也有真正艰难的时刻，比如说他也会很情绪化，或是很绝望之类的。所有宗教的一个非常普遍的基调就是，把神圣的人物变得几乎超现实。但是，耶稣的故事里很有力量的部分就是，他有着非常人性化也非常强烈的情绪。有一次，当他在客西马尼花园里得到一个预言说他的命运就是要被钉上十字架。当他听到预言的时候，他确实是在祈求上帝是否可以让他脱身，看看是否可以改变他的命运，而这当然不会是你所期待的圣人会做的事。耶稣知道他有他的天命，他知道他必须要穿越某些事情，他知道，因为灵性已经显化成了一个人，而他既是人性的也是神性的。

主宰人生的意愿

要做一个人，我们同样也要打开我们自己，让自己去体验那千千世间。像耶稣这样的力量与性格之所以受到崇敬，不是因为他从未感觉到烦恼或挫败；他被崇敬是因为，即便是他，也有时候会感觉到挑战，有时候会感觉到绝望，但他还是跟随着他的天命。他仍然是一个自主自立的人。他并没有试着逃开他的生命，逃离存在。他没有试着跑到内在去体验一种冥想的状态，并以此来保证他再也不用去感觉人间生活的起起伏伏了。他有能力通过他的人间经验去显化一些非常超凡的事情，一种非常超凡的人生，一种非常独特而灵活的教导。

生而为人，进入这个特定的身形，就是要迎接挑战。即使对觉醒的人来说，人生也并非总是平顺的。就像我喜欢提醒人们说，哪怕是开悟了，哪怕是你以天生的自由存在，也不代表你拿到了生活的通行证，也并不是意味着你就永远不会再遇到任何难题。恰恰相反，我们越是觉醒，往往就越有能力去接手生命交给我们的越来越大的状况，让我们有能力去接受和展现我们灵性本质的成长。之后，生命便能够也确实会回应那份成长，它会以许多不同的方式对我们提出更多的要求。

很多人一想到灵性的自由,他们的头脑里可不会想到这个。通常,大多数人看起来都跟我一样,将灵性的自由定义为我们可以免于某种东西。换言之,我们可以如此超越以至于我们可以免于生活了。但是,有时候,我们会认为自由是从某些东西中获得免除,这是一个相对不成熟的想法。随着我们内在的发展与成长,我们就会在灵性上变得更加成熟,我们就不是免于某些东西,而是在某些东西面前变得更加自由。我们可以这样来看:我们是否足够自由开放地去迎接生活?是否有足够的自由去过生活,去真正"站在自己的两只鞋里",去实际且脚踏实地站着?即便我们不是分离的,即便整个宇宙都充满我们,仍然还是有一个人性的成分、一个个体在那里,它携带着这种能力,允许灵性流经我们而进入这个世界。我们可以要么对此敞开,要么因害羞而逃开。

在灵性旅途中,往往在我们还不知道的时候,我们就会发现自己真实的自主性。当人们来看我,我告诉他们,他们开始步入自主性时,这是非常基本的一个阶段,它并不是灵性过程的最后,也不是发生在一个所谓的"灵性觉醒"或"开悟"的事件之后,而是一开始就会有。

我们都会做的一件事就是,一旦我们敞开地接受灵性的教导,尤其是那些我们不理解的教导时,我们就会放弃自己的权威性。当我在跟人们讲话时,我一直看到这一点。许多来听我讲话的人都试着放弃自己的权威性,他们都试着将它交给我,而我常常会对他们说:"别,你不能那样做。"你不能那样做,即使在最开始也不行。因为,想着我们可以拽着某位灵性导师的衣角而开悟是一个巨大的幻觉。不可能是那样发生的。要醒过来，要找到什么是开悟，要触及到苦难的终点，我们要有一份意愿，那就是去主宰这个生命，去主宰我们的投生，但不带着对它的执着与认同。我们必须找到一个办法去站直了，却不会很排他地说："这是我！"或"我的！"驾驭我们真实的自主性不是发生在灵性追寻的终点，而是必须发生在它的起点。

评估一个灵性教导是否真实的其中一个办法就是，看看它是否能帮助你倾听你内在的智慧。它会告诉你在这条路上，你是否有点失衡，是否有点偏左或偏右了。一个真正的灵性教导绝不会把任何一个人的自主性拿走；它不会要求我们放弃自己良好的感觉。是的，不要抓住你的评判和想法，不要卡在你有限的意见上，但同时也不要放弃你自己的自主性，因为在每个人的内在，即便是在追求自由的一开始，都有一份符合真相的立场，对真或假都有着一份直觉力。最开始的时候，我们也许很难发现，但是一个好的灵性教导会帮助你在自己的真相中越磨越光——你会变得安静，可以足够敞开又足够深入地倾听，而后你将实实在在地感觉到生命给你发讯息的方式。那就是你内在的智慧。那就是你内在的老师，那就是你开始立足于自己的自主性的开始。

灵性生活中没有喜好

在觉醒并且具备自主性的过程中，很容易失衡。有时候，在我们能够处理好这份自主性之前，我们可能过于执着了。有一次，我的老师把我送到另一位老师那里去参加我的第一次禅修闭关，因为我说过我想参加一个传统的禅修。于是，我打好包，开车到了加州索诺马的一个禅寺。它位于山顶，能够去那里我非常兴奋！我预计自己能够在那里待上一两年，而我马上就要在这个非常传统的禅寺里准备开始我的第一个禅七。我知道这个禅七以极其艰苦严格而著称，日程安排要求我们每天至少要冥想九次，而最后一天要一直冥想到晚上。根据我所听到的关于禅修的所有故事，我几乎是以一种神秘的眼光来看待这个禅七的。

我绝对忘不了自己在与老师第一次的私人面谈中所发生的事情。他问我是如何冥想的，于是我告诉他，我说我基本都在静坐，或多或少地跟随我内在的指引，感觉那好像是做得挺对的一件事。当我在解释这些的时候，他非常严肃地看着我，说："你来这儿不是为了来做你想做的。你来这里是为了让我来帮忙指导你。这是你想要的吗？"

我记得自己当时被吓了一跳。在我和这位老师第一次见面的时候，他就在我们之间画了一条线，而他基本上是在说："你的小我在这里没有位置。"我被震住了，因为我已经听过他的讲话，而那时的他是非常友善而温暖的。现在，他在我们的第一次面谈时就给我提了要求。我想了几秒钟，而我意识到："嗯，他是对的。我一路跑到这里来不是为了做我认为应该做的事情，否则我可以在家做，我可以待在我以前的地方做我想做的就是了。"于是，我说："我想我是来这里听话的，我会尽量按照你的建议去做。"

这位老师告诉我一个冥想的技巧，听起来非常的乏味，一点意思也没有。他要我做的就是，每一次吐气的时候，就数"一"，而后，下一次吐气的时候就数"二"，再下一次吐气就数"三"，直到"十"，然后再回过来数"一"。他教我以一种特殊的方式坐着，后背挺直，肩膀后撤，下巴内收，而双手要做一个叫"手印"的手势。它们看起来都很有技巧性，但因为我已经决定来这里看看这位要教我些什么，于是我按他说的做了。

三四天之后，我再一次去见他，他再次问我的冥想进展如何。他让我坐在一个垫子上，因为他要看看我的身体姿势，并看看我的手印做得怎样。他看着我，做了一些纠正。而后我们聊了一会儿，他又问我关于数息的体会如何，我说："呃，真的很乏味，我发现我经常还没数到十就忘了。"

他说："那很自然。不用担心。当你忘了的时候，你就再从'一'开始。不用担心，放松就好。"而我说我会这样做的。

禅七结束两天后，我回到家里，决定继续用他教给我的方法打坐。几个月后，我给他写了一封信，我写道："我已经像您所要求的那样一直在打坐，如果您认为我还应该继续，我也会很高兴地继续做下去，但我有一个直觉，也许我应该不再数息了。我不知道这样是对还是不对，但我的直觉是也许静坐要比数息对我来说更有好处。"在信的最后，我写道："但是，如果您认为那样做不对的话，请告诉我。"之后我就发出了这封信。

一周后，我收到了回信。这位老师只是在我写的信旁边很快地做了些批注，他说："我听着挺好的。可以，就以那

第九章 真实的自主性

种方式做吧。"那是我第一次体验到与一位灵性老师的真实关系应该是什么样的。他在我们第一次面谈中所做的事情，比他教给我的特定技巧更加重要。实际上，它比发生的具体事情要重要得多。从本质上来说，他虽然没有直接对我讲，但是，他真正告诉我的是，在灵性的生活中，我的小我，我的喜好是没有一席之地的，他不会跟随我内在那个小我的愿望与欲求，我们的关系也不会基于此，他为此划清了界线。但是，当我可以放下一点我的小我，并且开始听他说话时，我就可以收到我内在老师的直觉与指引。而那时候，他开始将我的权威性还给我。这是非常有技巧也是非常智慧的。一个真正的老师将总是要在你有能力接收的时候将你的权威性还给你，而且不会使你再次变得以自我为中心。

　　当人们第一次来见我的时候，我总是告诉他们，他们将开始在他们自己的内在找到真实的自主性与权威性。我会很高兴自己能帮助他们去寻找，因为在这个过程里很容易迷路。但是，在灵性中很重要的是，你必须放下一切让你放弃自身权威的东西，放下一切让你放弃自身责任而将它交给你的灵性老师或任何其他人的事情。真正要紧的是，我们有能力变得敞开，可以去听到我们不惯于听到的东西，可以用一种新的方式去看。灵性的教导实际上应该挑战我们、挑战我们的观点、挑战我们思考问题的方式。如果它只是简单地符合我们的观点或我们的思维方式，那它真的对我们并不好，因为它会强化我们那些分离及高人一等的幻象。

允许真实的自主性绽放

如何找出我们真实的自主性？重要的是要记住，自主性并不等同于分离。事实上，它与分离一点关系都没有。真实的自主与作为一个小我的"我"一点关系也没有，它是关于生命本身的。它是体现于形体之中的灵性，是栖息于人的生命之中，并立足于这个形体之中的灵性。矛盾就在于，我们往往首先会从形体中觉醒，我们会开始意识到我们并不能被我们的身体、头脑、小我以及个性所定义。这也是为什么"醒来"这个词如此有益：我们的的确确是从我们的身份、我们自以为自己是谁里面醒过来的。我们同样也是从文化加诸于我们身上的想法，以及所有让我们变得为之上瘾的情绪中醒过来的。

我们要从中觉醒的许多东西都在我们之内，但是，这并不是灵性旅程的终点。实际上，我们醒过来的过程，似乎就像是一个向上向外的过程。的确，我们内在的能量是向上并且向外走的。但最终要发生的事情是，同样的能量，同样的意识，会向下向内走，它会开始以不同的方式移动。它会再下来，回归于形体，回归我们的人性之中。灵性会回来，如它以前一样，回归身体、回归头脑，并回归到我们的人间生活之中。如此，我们开始意识并觉醒于这种自主性之中，有一种相当独立的存在感，但不是分离的感觉。

重要的是我们不要再为此编造出很多理念，我们不要再创造出一整套理论或者宗教观点来说明灵性应该如何显化，以及我们应该如何发现它的自主性。因为，一旦我们这样做，我们就会回到头脑里，我们就已经失去了我们的自由以及光明的创造性。当然，我们还是可以运用我们的头脑。头脑是一个美丽的工具。但如果我们被它所用的话，很快我们就会发现我们又回到小我意识的旋转之网中了。我们无法拥有一个生命应该如何如何的想法，以及灵性应该如何在我们的人生中显化的想法，因为所有这些想法——我们所学到的、想象的或是欲求的某些东西——都只是过去的产物。还需要说的是，我们发现自己回到了未知之中——不是关于未知的想法里面，而是真实地活在它的实相之中。这就是头脑变得谦卑、弯下膝盖、赤着脚的状态，并且它也从那个已知中跳脱出来了。

去你的内在找到真相

当我第一次去见我的老师时，那是一次非常奇怪的体验。我是在一本书的背后发现了她的名字，而我无法相信在离我家15分钟路程的地方居然有一位禅学老师。在街角就能遇到一位禅师，这是多么大的运气啊！而我还记得在我去见她的那一天，我怀着多么大的期待啊！那是一个星期天的早上，因为她总是在星期天早上见学生，而我沿着洛斯加托斯的山脚开车前往。我沿着她告诉我的方向前进，但是很奇怪，我沿着土路和简易路一路往下走，我也不知道为什么，也许是我太紧张了，我不停地迷路。

最后，我找到路了，看起来那完全是凑巧。首先让我吃惊的是，这位禅师居然是在她家里教学！我期待会看到一个寺庙、穿着传统僧袍的和尚，等等，可是这儿只是山脚下一个普普通通的住家。我把车停在路边,沿着车道往上走。那是很奇怪的一个车道,我找不到这一家的前门在哪。大多数住家都有一个明显的入口,一个明显的前门,但是她家的前门却没有正对着路。它实际上是朝里的,背对着车道。我花了一阵子才找到哪个是正门,因为它有好几个门。直到我抓到一个门把手,我才知道那可能是正门,而我后来才发现门把手上挂着一个指示牌,上面写着"坐禅",有一个小箭头指向一个大门。于是,我穿过后院向大门走去,上了几级台阶,走到一个台子上,然后我看见她家后院有一个滑动的玻璃门。

只有两个人在那里:一个女人和一个中年男人。我走到门边,敲了敲门,她来开门。她看着我说:"欢迎。"她指了指鞋子,告诉我可以把鞋放在那里。我把我的鞋踢在门旁边,她说:"不,不,请把你鞋放好摆正。"于是,我把鞋摆正,走进房门。那会儿我还不知道的是,我正在接受我平生所受的第一次禅宗教导。通过指出我随意踢掉的鞋子,她要求我摆正这件事,她实际上是在告诉我如何去生活,要照顾好我自己的生命,要觉知,要意识到我在做的事情。她虽然没有说出来,但她真正在说的是:"觉察你的鞋,保持意识,保持醒觉。不要在面对任何事情时都沉睡着。"

我接着走进厨房,而她指了指客厅。在客厅里,大部分家具都被搬走了,只有一些为打坐准备的垫子。那个空间非常非常的美丽,在房间远处的另一头有一尊佛像。在家里,我会坐在一个毛皮毯子上,面前挂着一张狮子的照片。我带着那个折好的毯子进来,当我走到这个客厅的角落,看到所有美丽的垫子以及几个安坐在房间里的人时,我往下看着自己的毯子，突然间感觉自己像是一个小孩带着他的小毛毯进入了这个巨大的静心中心一样。我非常地害羞，我走到墙边上，把毯子放在我的身后，试着不让任何人注意到它，悄悄把它放在我的脚下。这是另一个教导：关于谦卑的教导。当然，在那个时候，我不知道这些都是教导，只是在回忆往事的时候，我觉察到了。

我坐下来，铃响了，我们开始冥想。那时候我还不知道，这是我和我的老师十三年师生关系的一个开始。在这十三年里，她教给我的是，如何一步一步地找到自己真实的自主性。任何时候我问她问题，她都会指向我的内在，她会说："你怎么想的？"

我会来到她面前，带着困惑说："我不知道我的打坐是不是可以。你能帮帮我吗？"

她会说："呃，你是怎样做的呢？"我会说，我这样或那样，她会说："嗯，你认为你应该做些什么？"有时候她也会给一点点建议，她会说："哦，也许有点儿像是这样吧。也许有点儿像是那样吧。"她只是提供给我一个建议而已。

她和我两年以后在一个闭关中心所遇到的禅师有不同的教学方式，但是，基本上，她让我更轻松地进入到我自己的自主性和权威性之中。很多年里，我发现我从来都没有从她那里得到过一个真正直接的答案，至少我是这样认为的，这让我很受挫。当我单独和她见面，问她一些关于灵性生活的问题时，当我想要一个美好、清晰、简明扼要的灵性答案以便我能很确定地放到我头脑里的时候，她总是帮助我，让我回到自己身上。在我们待在一起的十三年之中，她从来没有给过我一次那样的答案。我花了很长的时间才意识到这正是她给我的伟大礼物。她坚持让我在我自己的内在找到真相。她拒绝给我一个我的头脑会紧抓不放的教导。她只是将我导向更深的内在，由此，我发现，我发展出了一种倾听内在的能力，并且可以去跟随它，去找出真伪、辨别智慧还是非智慧。

倾听是第一步

还是一样，直到很多年以后，我才理解我的老师在做什么——她从一开始就在帮助我发现我自己天生的自主性，因为她拒绝从我这里夺走我的权威。她把我一步一步更深地推向我自己的真相，因此让我可以找到自己的路。这是最清醒的实相之一，它是关于如何醒过来、如何将我们的小我意识状态转向我们真实的本质。没有人可以确切地告诉你该怎么做，它也不像是按照一个菜谱做菜那样，你只要听一个老师告诉你该怎么做，别的什么也不用做，不要想你自己的那一套，那你就会开悟。但它并不是这样来运作的。我们必须自己去发现一些东西，凭直觉去做，发现一些我们的头脑无法紧抓的东西。从一开始，我们就得在黑暗中跟随我们内在真实智慧的指引，摸索出我们自己的方法。

我的老师过去经常会说："它就像是你在黑夜中迷迷糊糊地要找枕头一样。你只要在你的脑袋后面去找，你的手就会正好落在它上面，而你就这样找到它了。"我很理解这一点，因为我好几次在睡觉的时候都弄丢了枕头。通常我最后会醒过来，哪怕很黑，什么也看不见，可是我的手一伸出去就可以够着枕头。所以，运用这种通俗易懂的表达，我被教会去信任我自己，而我们每一个人都有办法找到自己的路。我真正要做的事情就是不要再去听信我们的头脑，而是相反，要去倾听我们寂静的内在，听到那个超越我们以为我们知道的地方。

甚至，当我们处在非常强烈的受苦的状态的时候，当我们非常纠结的时候，当我们在受折磨，处在深度的难过、悲伤或是抑郁中时，也一样需要如此。奇怪的是，我们越是挣扎着想从这些状态中出来，我们就会在其中陷得越深；我们越是想要搞明白怎么回事，我们就越是迷惑，而我们真正需要做的就是去倾听。倾听，就是去发现我们的自主性的第一步。而这份自主性就是，如果我们一路都带着自己对幸福与自由的追求，总有一天，我们会以自己无法想象的方式全然地绽放。但是，一开始，我们要一小步一小步地开始，而第一步就是要开始真正深入地倾听，发展出一种直觉，看看你需要注意的是什么，你需要去质疑的是什么，以及什么样的假设是你需要花一秒钟去看一看的。这只是开始去发掘某种自主性的开始。你有可能会犯错，也可能走错路，但这就是我们如何找到自主性的方法。

它有点儿像是学骑自行车的时候要找到平衡一样。没有人可以教你如何在自行车上找到平衡，他们可以给你一些建议，但是最终，他们还是得撒手让你自己去练。有时候，你会失去平衡而且要摔倒了，但是别人可以抓着你让你不至于伤着自己。要找出我们真正的自主，或者说我们内在的平衡，我们必须真正倾听——在一个更深、更深的层面去倾听。那个静默想要告诉我们什么，我们也许还没有听到的是什么？

另一种探索我们的自主性的方式就是通过询问这个问题：关于你也许不想知道的东西，你了解多少？因为，我们都要比我们假装的样子更有智慧，大多数时候，我们的智慧就藏在那些让我们觉得不太舒服的地方，或者是让我们不太方便的地方。如果我们能够倾听这些地方，就会把我们从隐藏中拽出来，逼着我们去处理一些状况、一些我们内在的情绪状态。最终，真正的自主是，完全允许灵性栖身于你的身上，并且毫无畏惧地让这份自由发生。

有一份爱的自由、投入的自由，甚至是被打扰的自由，最终允许生命在我们的内在开花的自由，允许灵性以一种完全未知的方式流经我们的自由。这份自由是如此的不可知，以至于你真的无法知道你人生的目的，因为你一直就是它！如果有人来问我，"阿迪亚，什么时候你能够说你已经找到了你人生的目的、你人生要做的事情，找到了你的灵性真的要通过你来完成的事情？"我通常会说："这个片刻就是，这个片刻就是，而在下一个片刻，还是。再下一片刻，还是。"

爱，恰如对生命紧紧的拥抱

我们的自主是在每一个片刻被发现的。它要求我们要对我们的生命以及我们的存在给予紧紧的拥抱，因为对我们灵性本质的真实表达就是爱，而爱不是我们以为的那样。爱是紧紧地拥抱生命的同义词。爱是看见你自己就是万物，就是每一个人，而那份看见并不是你头脑中的看见，它不是对你的小我而言的。你不可能带着你的小我看到一切皆一，你只能通过你的本质看见它。

拿耶稣来说吧，他的生命就是爱的表达——既在它的高低起伏之中，也在它的奇迹与非常具有挑战性的时刻里。所有这一切都是爱在生命中的表达，人类在两千多年的时间里都一直从中获益。耶稣的生命是一个礼物，而你的生命也同样是一个礼物。这并不意味着说你将要成为一位伟大的老师，或是你将会很出名。它与成为一个名人能名垂青史毫无关系。也许你会如此，也许不会，但只要你还在关心自己是否能被铭记或是能否显赫，那么你还没有完全地放下。假如你发现灵性就是想通过你来显化为一个平凡普通的人，但如果你已经是一个带着巨大的爱、巨大的慈悲以及有伟大智慧的人，你会怎样呢？也许没有人会认出你来，没有人会从你身上认出这些品质，而你只是做真实的你自己。如果这就是生命想通过你来显化的样子，那会怎样？你觉得可以吗？你会允许它这样发生吗？

只有我们的小我和我们的头脑会以一种小我的方式去想象自主这个概念。显然，像耶稣和佛陀是不会在乎人们怎么看他们的。他们不在乎自己是否能被铭记。他们不想做任何与此有关的事情。他们是在这个时空世界里的爱的动力以及开悟的灵性之光。他们臣服于我们每个人内在都有的真理，而他们的生命就是爱的奉献、爱的表达和爱的体现。记住，耶稣并不是被每一个人爱的，他的教导使得他被谋杀了！他并没有四处行走让很多的人拜倒在他的脚下，事实与之相去甚远！所以，任何关于觉醒后的生活应该如何的想法都只是一个想法而已，它们只是一种想象，而只要我们还试图使我们的生活改变模样，而不是如它们本来的样子的话，我们就迷失了，我们就只是在脑子里转动我们的想象力而已。

我们任何人真正的生命重点都近在咫尺，它就在你的每一口气里。它来自于你内在定静的显化，它是那个不生不灭的本体，一个片刻接着一个片刻。没有什么"怎么做"，也没有所谓的它应该像什么样子。我不能教任何一个人怎么做，我能告诉你的就是，那是不可能的。你可以感觉到它，你已经在你的生命之中感觉到了它。你一直知道，你内在有些东西在那里等着被发现，它是鲜活真实的。你知道，在你的内在有些东西，远远超出你的想象，它等着破壳而出。每个人都在内在感觉到这些。但要允许生命以那样的方式去表达它自己，要丢掉那么多的东西，却需要对未知的一切真正臣服。我们必须放下，甚至是放下我们所拥有的最伟大的思想或是觉悟。哪怕是最伟大的智慧朝你而来，最伟大的"啊哈"也只是针对那个当下的，也仅止于那个当下。

对我们每个人的邀请就是，要保持初学者的心，并且总是和那个不生不灭不变的本质相接触，因为正是从那个潜能中，可以让我们内在的一些东西觉醒，让我们不再受苦，而我们每一个人都一直在等待着去表达出那个潜能。我们人类历史上所有伟大的圣者都告诉过我们，他们所认识的也适用于我们大家，那并不只对他们而言的。那并不是他们所专有的东西，他们所认识到的一切都是存在于万事万物之中的，因为，真的不是你或我醒过来，而是生命醒过来。你的生命成为了那个不可言传、不可解释，也不可定义的东西。

你有可能会犯错,也可能走错路,但这就是我们找到自主性的方法。

第十章　超越对立的世界

记住,我们的目标不是要变得有灵性而没有人性,而是既有灵性又有人性;我们的目标不是变成一个非人的神,而是要成为一个有神性的人。

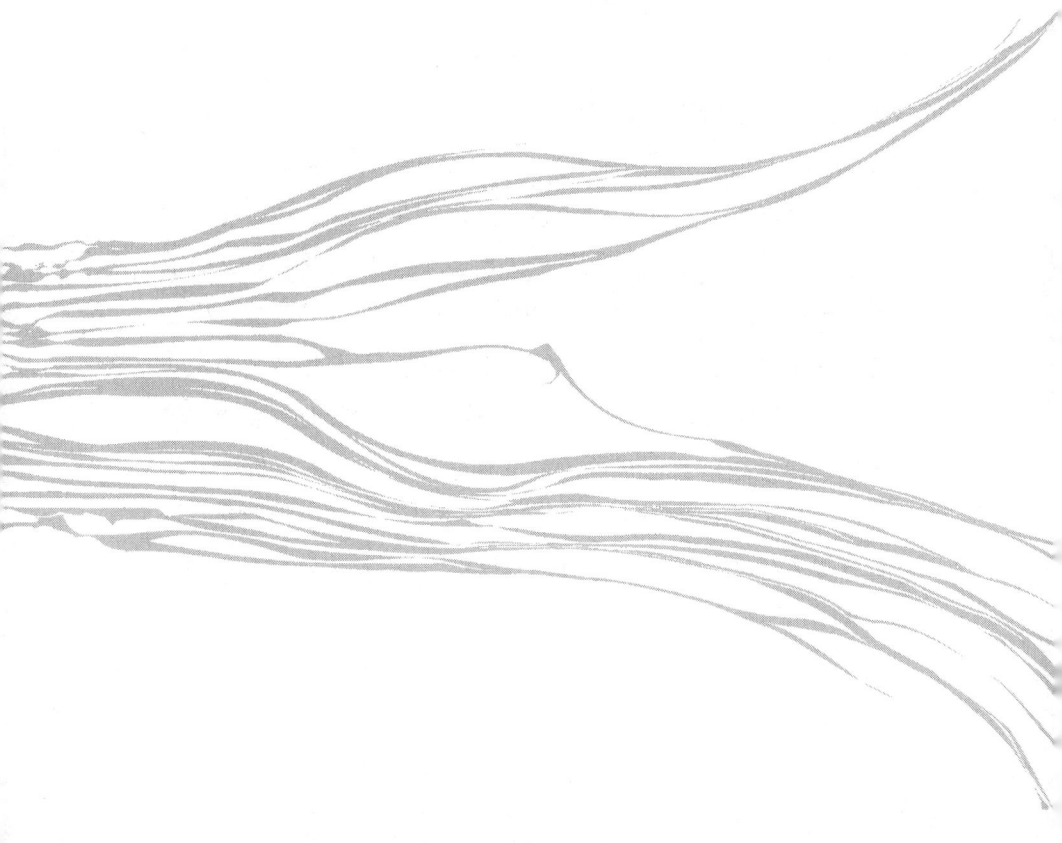

在近期的印度，有一位圣人叫马哈拉吉。我读了一段他与一位女士的讨论，她告诉他，她是如何看待这个世界的，关于苦难挣扎、暴力、愤怒和贪婪，以及她自己所遭受的内在世界的折磨。她问他是如何与这个世界互动，而他说了一些很令我惊讶的话语。他说："那是你的世界，我没有生存于你的世界里。我甚至压根都不知道你的世界，在我的世界里，那一切都不存在。"

当我读到这个的时候，它让我吓了一跳，我想："他不生存于那个世界的意思是什么，他的世界是一个不同的世界吗？"它也使我想起了另外一个非常著名的说法，耶稣说："我虽活在这个世界，却并不属于它。"这是非常类似的一种说法。这些教导都揭示出了一个很深的真理。那么，马哈拉吉说的那个他不在其中的世界，以及耶稣所指的"我活在其中却不属于它"的世界到底是什么呢？

当然，他们所说的我们这个世界，这个当我们一睁开眼就生存于此的世界，我们在其中生活，并且与其互动。这就是耶稣所说的"我在其中却不属于它"的世界。大多数人所生活的这个世界是一个相对的世界，有光明与黑暗、好与坏、爱与恨。这也是一个我们大多数人出生于斯的世界：对立的世界。实际上，我们周围所显化出来的世界无外乎这对立两极的互动：黑夜变成白昼，而白昼再变成黑夜；爱与恨的转换，呼与吸、好与坏、应该与不应该的转换。在这个显化的世界中的一切都是通过对立两极的流动变换来运作的。就某种程度来说，这种区分是必需的。生命本身无法不通过对立而存在，没有黑夜与白昼，没有吸气与吐气，这个世界将无法存在。如果你看得更仔细一点，你会发现，在大多数人身上，我们也可以找到同样的对立：好与坏，对与错，我应该做的与不应该做的，我想象应该会发生的以及不应该发生的。这个对立的世界形成了我们头脑的功能，它为我们的头脑提供了得以运作的框架。那么，这些圣人们为什么说这个世界对他们而言是不真实的，这不是他们本来所在的世界吗？他们也许是在这个世界里运作着，他们也许看起来是存在其中，但是，他们意识的真正所在，他们真正的家，却是另外一个世界。

我们要理解这两个世界，这是至关重要的。这个世俗的世界是我们想象的世界，是一个二元对立、对与错的世界。这也是我们最常身处其中与之互动的世界。当我们的头脑在这个相对的世界里运作时，我们唯一的选择就是以对立的方式去与生活产生连接。小我的意识状态就是由二元对立来确定的：好与坏、对与错、有形与无形、精神与物质。这就是当我们认同于小我时，我们的意识状态。这种意识状态总是非此即彼，它不是彼此共存。我要么就是对的要么就是错的，你要么是错的要么就是对的。

还有一种完全不同的意识状态，一种非二元性的意识状态。耶稣称这种意识状态为"天国"。天国是指超越二元对立的意识状态，它不是活在二元对立的限制之中的。作为一个人，耶稣明显的是生活在这个二元对立的世界里，但是，他的意识状态却在别的地方，他的意识状态在"天国"，即佛陀所说的"涅槃"。涅槃指的是从"轮回之苦"之中彻底解脱，不再活在对与错、好与坏、光与暗的想法里。当我们从小我的意识状态中醒过来时，我们就释放掉了被限定在相对观点

第十章 超越对立的世界

中的人生观。

有趣的是，这样的想法对于我们的头脑来说是危险的。超越对与错、好与坏，是什么意思？它会不会导致混乱呢？那人们活着的准则会是什么呢？防止我们不友善及伤害他人的办法是什么呢？那些问题当然都是来自小我意识的限制，它是一种相对性的表达。哪怕只是想象一下另外的状态是什么，小我的意识也无法做到。它所能做的一切就只是，将它自己的理解投射到另外一种状态中去，但是，它永远无法真正到达。灵性的觉醒不是为了小我，它是为了我们更深的内在的本性，也是为了我们真实的本源与实质。

居无定所

许多年前，我待在一个佛教的寺庙里，而那里的住持——她是一位非常出色且有智慧的女性——有一个非常有意思的观察。她说："人人都知道不要让自己被地狱抓住，但是少有人知道也不要让自己被天堂抓住。"

那个时候我听到这个，并不真正理解它的意思。我先是想："嗯，是的，我们的本能是不要被地狱抓住，但是，很多人却会被抓住。"而后，我又想："为什么会有人不想被天堂抓住呢？为什么会有人不想被开悟抓住呢？"

她说的话听起来好像非常奇怪："不要被天堂抓住。"我花了很多年才认识到她这句话的含义。因为，如果我们被天堂抓住的话，也会像是被地狱抓住一样地受限。它就会像是说："深深地吐一口气，'啊……'吐气感觉好极了，所以，我们的目标就是要去吐气。"但是，如果我们一直在吐气的话，我们很快就得死了。为了要吐气，我们必须要吸气才行。它们是并行的，就像是左手与右手，就像是跷跷板的两头。当我们在小我的意识状态里时，我们总是想要从我们认为的坏的部分逃开，而跑向我们想象中好的部分。但是，我们想象的好的部分又总是与看起来很坏的部分紧密相连。

无论我们的灵性走得有多远多深，很重要的一点就是，要知道不要让自己被天堂或地狱抓住——实际上，不要让自己被任何地方所抓住。正如一位智慧的老禅师所言："居无定所。"耶稣在谈到这种超越对立性的状态时说："狐狸在地上有洞穴，鸟儿在树上有巢，可是人类却无处可让他们的脑袋安歇。"他是以这样的方式提醒人们，他所处的地方——天国——并非在天上，那是超越天堂与地狱，超越对立的两极的。我们将耶稣所说的天堂变成了地狱的对立面，但是，很显然，对于耶稣来说，天国并不是可以用对立的两极来限定甚至定义的。对他而言，天国是完全不同的东西，它是一种完全不被二元对立的观点所抓住的意识状态。

二元的观点是非常狡猾也非常微妙的。许多经典的灵性教导都指出，要远离头脑与身体——远离任何对有形的执着。古老的教导会说："你不是这个，你不是那个，你不是你的身体，你不是你的头脑，你不是你所思所想的。"这个是指否定之路。否定之路不同于印度教、佛教以及基督教。这些教导让我们远离对所有形式的执著，无论是粗钝的还是精细的形式，以此，我们可以认识并觉醒于本源，我们是灵性、临在，以及觉知开放的空间，而根本不是一件"东西"。它更像是一个伟大的、醒着的、活生生的空无。但是，如果我们想要抓住这个的话，我们又会再一次让自己进入幻象。也许与执著于小我的意识状态相较，它是一个更高层次的幻象，但是，它终究只是一个幻象，因为它是不完整的。它只是小我状态的对立面。意识的无形状态只是意识的有形状态的一个对立面而已。

最终，既不要认同于有形，也不认同于无形。它不像是从有人到无人一样。你无法对真理下一个定义，它既不是有，也不是无。你最终无法说它到底是精神还是物质。你无法定义它是小我还是非小我。我们最终的本性是无法用二元对立的语言来形容的。对我们的头脑来说，它只能永远保持神秘，因为，我们的思考过程只能通过二元的方式来进行。因此，我们的头脑永远无法直接了知实相。哪怕是在感觉的层面也一样，我们会感觉到好或糟，我们感觉到敞开或是封闭，我们感觉开心或是感觉难过。哪怕是我们的情绪，至少大部分的情绪，都是二元的表达。

在许多灵性的形式中，你们常常会有一个印象——它们仿佛总有对生活的谴责，并且感觉无形界才是灵性真正的意义。但是，如果我们执著于无形，执著于内在的空间以及那个纯粹的意识——哪怕它是更加自由、开放以及宽阔的——如果我们被那里抓住了，我们就只是停留在另一个更高层次的幻象中了。因此，耶稣所说的真理"活在其中，却不属于它"到底是什么意思？他所说的故事：狐狸在地上有洞、鸟儿在树上有巢，而人类却无处安歇他的脑袋，想要表达的是什么？这个教导所关注的是相对性：高或低、有与无、精神与物质。耶稣在这里所说的是，他超越这个——不只是超越它，同时也包含它。

有一天，当佛陀在路上走着的时候，有人问他："你是什么？你是一个人吗？"

佛陀说："不，我不是一个人。"

于是，那人又问："你是一只动物吗？"

佛陀说："不，我不是一只动物。"

"嗯，那你是一个神吗？"

"不，我不是一个神。"

那人非常沮丧，问："呃，那你是什么呢？"

他只是说："我是醒来的。"

那就是佛陀用来超越所有的定义、超越所有形容的方法。这种意识的状态是最难形容的，因为它实在是不可言说的。最高的实相既是这个又是那个，同时两者又都不是。既是灵性又是一个人，既是敞开又广阔的觉知领域，又是特定的一个人形的投胎化现。这是需要用我们最精细、最深刻的意愿去超越的东西，超越所有的概念，所有的好与坏、对与错。

一个道教的大师曾说过："大道既失，善恶由始。"[2] "大道"指的是终极真理、终极实相。当你我变得对超越所有二元性的大道无意识的时候，那么，我们就会创造出

2　此处原文的意思为：当失去真理的时候，善与恶就被创造出来了。——译者注。

世俗的好与坏。在一个相对的世界里，这是合情合理的。好比坏要强，这也是有道理的，但是在实相的终极状态里，既没有好也没有坏，它是超越这些的。

处女生子：超越对立两极

在许多宗教中，比如基督教、佛教或是那些比现代的宗教故事还要久远的传统，你可以发现一些共通的主题。其中一个看起来跨文化的原型就是处女生子。我们都知道耶稣是由一个处女所生。

我们通常会被教育着去专注于这些方面的史实性：到底发生了什么，此人到底是不是处女。但是，我们都错过了重点。如果我们只是从史实的角度去看宗教，并且试图分别对错，我们就错失了这个教导的要点。处女生子的故事指出，这是对立的两极合在一起的出生。我们人类的出生是对立两极的出生，它是男性与女性结合在一起产生出一个人。我们的人性是对立性的一个显化，我们的心跳、开与合，我们的肺部吸气而后吐气，再吸入与吐出。因此，肉体的出生总是一个对立两极的出生，当然，它本身也是非常美好的。我们周围的整个世界都是对立两极的显化，无论它想表达的是什么。但是，在处女生子的概念里强调的却是"第二次"出生，我们出生之后的重生。它是在我们意识里的出生，不是基于二元性的景象。这些故事认出我们实际上是所有对立两极的源头，是男性与女性，彼与此的源头。这便是这个时间与空间的世界达成统一后的景象。

耶稣由处女所生的故事要告诉我们的是，这个人，耶稣、基督，真的是那个超越所有二元对立的显化，而这个人同样也是你。确实，他有一个人类的肉身及心智，就像你一样，事实上，他将自己称作"人子"。后来，人们开始叫他为"上帝之子"。耶稣知道他有着人身与人心，但是，他的意识却并不在这个对立的世界之中。他被处女所生的故事告诉我们，从小我中醒过来的那个时刻，确实就像是再一次出生，仿佛是一种全新的未曾预料的东西出现在我们的意识之中。它的确是一次处女的生产：不是生于二元对立，而是非二元对立的诞生，一种远远超越所有二元性的诞生。

　　我们并不需要走很长的路去寻找这种处女之子的诞生，我们可以就在此时此地去探查我们的体验。就像其他所有真理一样，它已经在这里了。如果你去看看这个当下，如果你变得安静与敏感，你就可以凭直觉感到有些与你有关的东西，就在此时此地，它不能由男或女、此或彼来定义。与你有关的某种东西是完全不可定义的。在你里面，已经有一种感觉，而它是不可言说的。那是意识本身让自己在这个当下出生，并且被你认出。它可能是由一个瞥见、一种尝试或是一种感觉而开始，但如果你能够给予它足够的关注，你就会在此时此刻的体验中认出它来。

　　我们真实的天性从根本上是没有二元性的，这也正是为什么我们一来到这个物质世界就会被异性所吸引的原因。当然，并不是所有的男人都会被女人吸引，也不是所有的女人都会被男人吸引。但是，如果你真正去看人间深入的亲密或浪漫关系时，你会看到，你内在的某些东西常常会被与你相反的东西所吸引，被那些你感觉你没有的东西所吸引。那是我们对统

一、在一起、忆起我们统一的天性的一份深深的渴望。而那里总有着一些东西是既非男性也非女性的，但是，也有两者皆是，以及超越两者之外的东西存在。你所需要做的就只是，在这个当下，转向你自身体验的深处去看。放下你的头脑，放下想要给一切下定义的企图，你将看到，真实的你是超越所有定义的。

有一位非常著名的禅师叫黄檗，他说过一段很精彩的话来说明我们灵性的统一，他说我们最真实的本性，既非此亦非彼，而是两者。它同样很优雅地形容在一切实相中所发现的本然的尊贵。要开始体验到黄檗禅师在这里所说的，你就必须要理解他所说的"心"的含义。他所说的"心"，并不是指思考的过程，而是指一切有形，包括思想本身所处的情境。他说："心即佛，而佛是活着的众生。它不因显化为凡夫而渺小，也不因显化为佛陀而伟大。"这就是黄檗用以表达万物皆一的方式，无论平凡或非凡，都是灵性平等的表达。它都拥有终极的价值、终极的良善以及终极的尊贵。无论已知或未知，无论它是贵与贱、高或低。当我们睁大眼睛去看时，我们会看到，一切万物原来都是神圣实相的表达，都充满着终极的价值。

超越二元对立的轮回

我总是非常欣赏关于耶稣的故事的原因就是，他是人类历史上少数几个同时兼具人性与神性的人物之一。他应该作为上帝之子而存在，但同时，上帝之子又有着非常人性的方面。他也有过十分难过的时候，但是，即便处在难过之中，他仍然对他所经历的事情保持敞开。耶稣不是那种试图超越人间经历或是会从中逃开的人。他的所见浩大深广。他看到在人与神之间并没有绝对的分别。正如他所言："天国遍布地球，人们却视而不见。"

在灵性的许多形式中，要去往天国、自由，或涅槃，都是要从这个二元对立世界中逃离。它被视为从人间的起起伏伏与痛苦折磨中出逃。但是，我所发现的耶稣故事的美却在于，他没有任何的分别。对他而言，这个世界本身就是天国，而超越这个世界的也是天国。对耶稣来说，一切都是神性的表达。

耶稣的一生就是活出这种愿景的内在典范。他非常投入地生活着，而他知道，投入地生活，正如莎士比亚所言，就是对"命运暴虐的毒箭"保持敞开，对真实的生活保持敞开，无论起起落落。对我们来说，将我们的意识扎根在超越这个世界之外的某处是不可能的，除非去体验，否则，以我们的头脑永远也无法理解这浩瀚的奥秘。它真的就只是与放下这种相对性的观点、放下我们的评判、想法以及信念有关。并不是说我们需要放下这些，而只是要看到，它们实际上是相对的，它们并不能够掌握终极的实相。看到这些，我们才能够有办法接受全新的、另一个维度的意识——一种定静与平和的维度，纯粹而浩瀚的灵性的维度。

认识到我们真实存在的那个维度、那个更深层次的自己，那是一种非凡的解脱与不可想象的自由。但是，那还不是我们灵性觉醒的终点。我们甚至还必须放下那个——不是把它推到一边，就像我们试着要推开任何其他生活体验那样。有形与无形的两个世界，空无或是在二元的轮回之中，但是，有什么位于其上呢？我们有没有勇气同时放下天堂与地狱，放下我们对人间的生活以及对身体的执著，同时也放下我们对灵性的执著呢？我们是不是真的可以放下那些灵性上的美好，放下伟大的平和与空无的自由感，放下作为纯粹精神的那份伟大的定静呢？我们可不可以也找到一种方式不去抓住这些呢？

因为，如果我们紧抓住这些灵性的实相，我们将会遇见许多灵性求道者所遭遇的两难境地。如果他们尝到了天堂、无形维度的滋味，他们的头脑就会去紧抓不放。许多人发现他们想要待在那个无形的维度，但他们还是不停地被他们的工作、家庭、孩子以及各种各样的活动拽回到此岸，回到地球，于是，他们就寻求一些能够让他们在此岸又不真正在此岸的办法。我遇见许多人，当他们听到耶稣所说的"我活在世间却不属于它"时，他们说："噢，这就是我想要的！我想要活在这个世界，但是又不属于它！"但是，他们真正的意思是说："我不太想在这个世界，我真正想要的是消失在那个纯粹意识的无形维度之中。"这会带来很大的问题。对一个人来说，这实际上也是不可能的。在这个二元的世界里，总是来来去去，总是有生有灭，总是有这个片刻和那个片刻，因此，我们实在不能在最后抓住任何的东西。

我经常提醒那些来听我讲话的人："哪怕我说了很多，哪怕有许多的东西要让你看到，但最终，整个灵性是关于臣服的，是关于放下的，其过程就是，哪怕你已经得到过最伟大的灵性启示，最终你还是一样要放下。"我并不是说要把它扔掉，像扔一块垃圾一样，我是说，你要放下你对它的执著。甚至在我遇见的一些灵性的团体当中，我还是发现鲜有人知道如何放下对天堂的执著。

伟大的圣者拉玛拉·马哈希尊者说过一段非常著名的话："世界是个幻象，唯有神是真实的，世界即神。"第一句说的是："世界是个幻象"，这是我们觉醒的第一步。我们必须看到，我们所思所想，我们所信以为真的，以及我们想象中的自己的样子，等等，这些都是一个幻象。我们头脑里的这整个创造不是别的，只是一种编造，是相当梦幻的，它压根就不真实。这让我们认识到神、神性，它是唯一的真实，这个无形的意识状态、纯粹的存在，这未出生的才是实相。整个世界正是从这个地方开始生发出来的。它也是这个有形的世界所扎根的地方。但是，我们很容易就会卡在那里。最后一句是非常必要的，它把我们带回到真正的超越性的景象之中："世界即神。"这个世界本身就是神圣的。马哈希指引我们看到不二的真理、有形与无形的根本合一的真理。

终极的实相是包容万有的

我们在这里所探讨的，对我们所有二元对立的观点来说都是一个颠覆。这是将整个灵性景象进行了一次整合，是一次真正的统一。记住，我们的目标不是要变得有灵性而没有人性，而是既有灵性又有人性；不是变成一个非人的神，而是要成为一个有神性的人。要认识到在真相中，你既是一个神圣的非人或非物，同时也是有着一个确定的人生的某人或某物。要给这个超越两极对立的东西命名，要给既非此亦非彼、既非高亦非低、既非有亦非无的东西命名，是非常困难的。

实际上，我们无法对此命名。有些基督教的神秘主义者称其为"神祖"，而他们这样说的意思是指，神是从一个源头而来。无论我们用什么样的话语去描述那个超越所有二元对立的东西，对我们而言，要认识到在我们的本体以及我们自身意识之中，那个终极的实相是包容万有的，这是很重要的。它包含了所有的话语、所有的观点，它是那个无形的临在，并且它也超越于此。

我读过一个苏菲的神秘主义者用"令人目眩的黑暗"来形容这个临在，而我真的喜欢这种感受，喜欢这份感觉。这份炫目的黑暗是无法用语言来形容的。谁又能够说它是什么呢？谁有可能说清楚那个超越光明与黑暗、精神与物质的东西呢？这真是一种成熟的灵性视角，不是一个让我们从这个世界中逃脱的视角，而是让我们足以解脱并且投身于世界的视角，让我们可以用一颗热烈且开放的心生存于每一天，让我们带着充分的意愿去与每一个片刻的经验相遇。当我们的意识扎根于这终极的奥秘之中，扎根于这炫目的黑暗、这终极的神之源时，我们就不再被限定在天堂或地狱。我们就不再被限制在精神或是物质里。事实上，我们最终会看到两者之间并无区别。

当我们真的用眼睛去看的时候，我们周围的一切都是神圣的。我们过去追求离苦得乐，追求平和、自由、神、开悟，而当我们最后来到实相最深处时，我们会认识到我们绝对不需要去任何地方，神性永远都在。当我们看向窗外时，那里有一棵树、一个垃圾箱，也有草、有花、有人，所有这一切实际上都是神的面貌。当我们看着镜子，那就是神今天的样子。看窗外，那就是你真实的自己，那就是你真实的本性在这个当下的显化。

极少有人真正理解什么是不分离，但是，任何一个当下都存在一个对我们的邀请：真实的你既是一切又什么也不是，并且远胜于两者。我们所寻找的天堂就在此时此刻，它正是我们从中开始去寻找的那个出发地。当然，头脑会说："不可能。那些痛苦、悲伤与磨难怎么算呢？"二元性的头脑深深地想要，也深深地相信，终极的实相是与此不同的，但是，如果它们都是一，那它们当然就是一，而它包罗一切。我们没有必要继续经历苦痛、绝望以及冲突。这些事情只是困惑状态的产物而已，是我们认同于自己头脑中极其狭隘的部分的结果。

所以，人生并不一定就要包含苦难、挣扎及悲痛，但是，人生也不一定就是完美或是绝对的像天堂那样，因为这两者都不是真相。真实是超越这两者的。而当你开始感觉到我在这里所说的东西的时候，你也许开始对这个片刻的人生有了完全不同的看法。你不需要从任何事情中逃跑，因为，你无处可逃。此处是唯一存在的地方。在这里，我们的意识打开了，我们关于自己的想法扩展了。在这里，我们对我们那不生不灭的本性有了一个更宽广的视野，我们可以看到我们作为纯粹的灵性而存在的本质及源头。在这里，它甚至更加开放，超越我们所能够体验到的最伟大的天堂，它向着那炫目的黑暗敞开，进入存在最伟大的奥秘之中，在那里，我们的头脑总是会感觉到迷惑。

伟大的心碎

对于有些人来说，这听起来也许太远了，它是一个不可到达的地方，一个只为极少数人敞开的地方，但是，我要向你保证的是，如果你像拥有第一手经验般地去了解它，它就压根不会要求你改变或者变得不同，它只要求你有一个想要停止的意愿。我们越是能够停下来，就越是可以放下，我们的意识就越是能够自然而然地开放。我们越是能够去质疑我们的结论，那道门就越是能够为我们敞开，让我们看得更宽更广。我们越能深入地看到事情的实相，我们的心就会更加敞开去包容一切，因为如果我们真的感觉到我们真正的实相与真相时，我们的心就不会想要从此时此地逃开，我们的心就会准备好拥抱一切，我们就可以允许我们的心大到足以承受破碎。

我的老师称这个世界为"伟大的心碎"。当我们真的开始觉醒于我们真实的本性时，我们会变得对自己周围的苦难越来越有觉知，我们可以更深入而不是更肤浅地感觉到我们生命中的人与事。我们会变得更加深入此时此地。我们会看到的是，哪怕是我们的视线已经扩展，哪怕我们已经如实地觉醒于实相，我们还是不能控制任何人。任何人或任何事都有着他们各自的生命要去活，而我们不可能将他们的苦难一扫而光，因为我们的心是敞开的。尽管我们很乐意看到每一个人都醒过来并且过得幸福，但是，心碎的其中一部分就是去如实地接受这个时刻、这个世界。

我的另一位老师说过："所有的真爱都令人泪流，那是甜蜜的痛楚。"我越来越发现它是真的。我越是深爱，我就越是在那个甜蜜之中尝到苦楚。那不是一个负面的苦楚，那个苦楚使得甜蜜加倍。生命之美不只在于美丽的山顶、清新的高山湖泊、原始的环境，生命之美同样存在于每一个片刻，甚至是当人类受苦的时候，那也同样有着一份尊贵与美。我们的心不要人们受苦，我们想要去拯救他人，但是，这份心碎就在于，我们无法那样做。如此，我们那爱的品质，我们心灵的敞开还是能够在这个世界及他人身上产生深刻的作用。我们的心只是无法控制，而它们也不想控制。

但是，不要以为你的临在——你生理的、物质的、个体的临在——不会对你身边的其他人产生巨大的影响。事实是，你确实会产生一个巨大的影响。这也是我们所拥有的一个礼物，要给予彼此：这是合一、统一的礼物，一份当我们的头脑打开时，我们真实敞开的心。是的，那会是令人心碎的，而当我们心碎的时候，它会要求我们更多地敞开，如此地敞开以至于没有东西也没有人可以抓住这份心碎。但是，这份心碎同样也会在意识的透明中被穿越。如果我们愿意如此宽阔地敞开，不止是愿意去超越这个世界，也愿意栖息于此，那么，我们就会成为那个我们一直在寻找的答案。那时，我们就成为所有人都在寻找的平和。

有时候，当我们意识到我们一直都在抓着满袋子的梦幻时，这是很烦人的，但是，最终它会让人解脱。我们可以让我们的心破碎，因为它们如此实在。幻象不可能带来平和，不可能带来幸福。当我们受够了被自己的幻象所烦扰之后，我们就会开始变得惊讶，惊讶于我们并不仅是幻象，而是如此浩瀚、如此不可言说的东西。我们不只是存在于天堂或伟大的奥秘之中的东西，我们实际上是这伟大的奥秘本身。一位伟大的禅师说过："整个宇宙就是我真实的个性。"这是一种非常精彩的说法："整个宇宙都是我真实的个性。"如果你想要看看真实的你是什么，那么，打开窗户，而你所见的一切事实都是你内在实相的表达。你能够拥抱这一切吗？

第十一章　活在恩典中

如果我们有心去看的话，恩典一直都包围着我们。美好的时刻是恩典，艰难的时刻是恩典，令人困惑的时刻也是恩典。

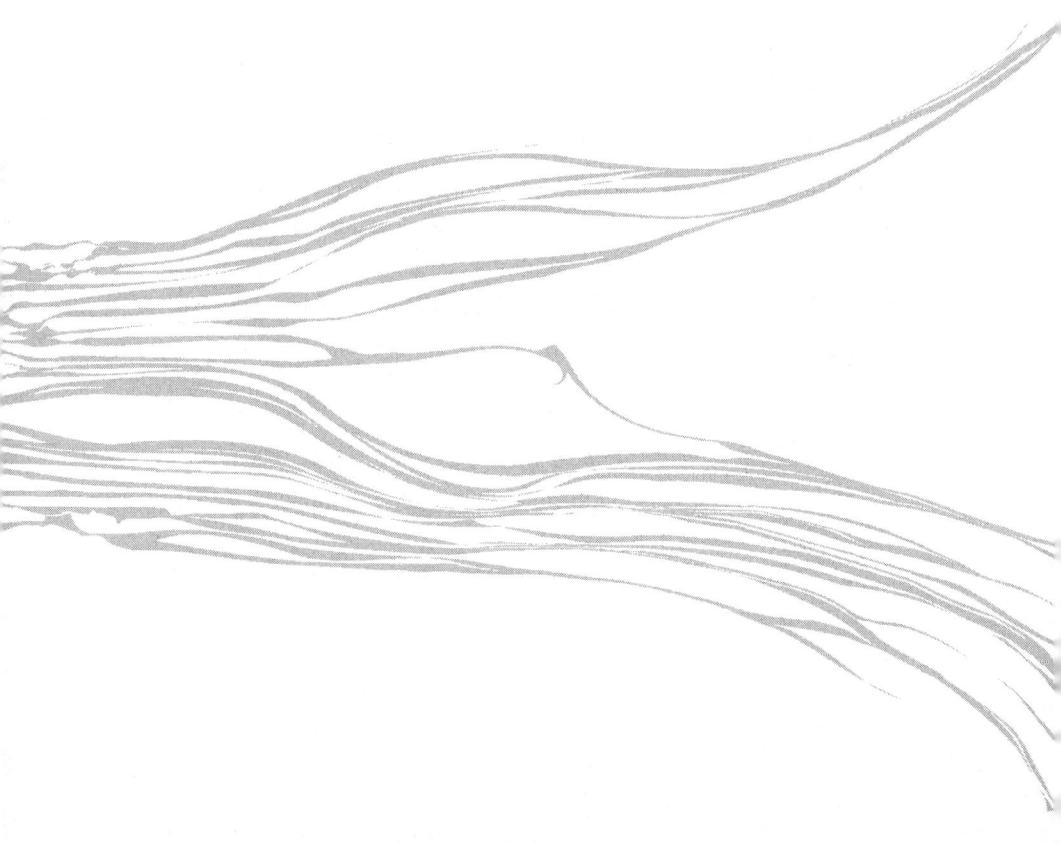

我想要再次回到恩典的话题上去，看看它是如何与你觉醒的旅程相关，并且如何让你超越苦难。恩典是很难定义的东西，很不确切，它常常被认为是一个非常正向的时刻或事件。然而，当我们回头看时，我们都有过极其艰难的时刻，尤其是在我们发生最大转化的时刻，在我们个人的成长过程中产生最大飞跃的时候。回首往事时，我们看到这些挑战是我们前进道路上所必经的"门槛"，我们看到这些事件充满了恩典，它们就是上天给予我们的礼物，来帮助我们觉醒。

基本上，恩典是指能够帮助我们真正敞开的任何事情，无论是敞开我们的心智、身体、情绪还是我们的心灵。有时，恩典是温柔而美好的，它会以洞见的形式出现，它会像是一个突然的领悟那样出现，它可能是我们心灵的开花，或是我们身心的一个开解让我们可以有一种更深入的感觉，并且以一种更深入的方式与实相或是与彼此产生连结。恩典也可以是相当凶猛的。生命中有些时刻会是非常非常需要刻苦争取的，有时，我们甚至很难认出那是恩典，但是，当我们回头想想我们生命中那些充满力量的时刻，我们会开始看到我们所收到的伟大的礼物。

我记得一位非常有名的西藏老师讲过一段话，他有很多年的时间都住在喜马拉雅山的一个小石头屋子里。他残疾了，两条腿都没法动。他讲起一个巨石是如何砸断了他的双腿，他只能很多年都呆在石屋里，因为他什么也做不了。对于一个断腿的人而言，要想在喜马拉雅山活下去是很艰难的。他说完在这个小石屋里的故事之后说："被锁在那么小的一个石屋里这么多年，是能够发生在我身上的最伟大的事情，它是一个巨大的恩典，如果不是那样的话，我将不可能转向内在，也不可能找到那份自我展现的自由。所以，当我回头看我失去双腿这件事时，它是我一生中发生过的最深刻也最幸运的事件。"正常来看，我们大部分人不会认为失去双腿的功能会是一个恩典，但是，恩典就只是让我们打开心灵，让我们有能力敞开我们对生命的观点。

对我而言，恩典的出现是在我四年狂热的冥想毫无结果的时候，我彻底受挫。就像我以前曾说过的那样，我在那个时刻的体验是："就是这样了！我绝不可能有突破了！我不可能找出什么是开悟了！"那个时刻极具毁灭性，就像是我里面的一切都变得极度疲惫。我真的感觉到自己被打败了，实际上也是如此。我心里再也不想继续了，我内在也没有任何对未来的希望了。我记得我当时坐在小小的禅修室里，感觉到自己完全被击碎了，我开始相信这是我灵性生命的终结，我记得自己当时在想："我现在还在做什么？我的灵性生命玩完了，我已经失败了。"而我坐在那个完全被击败的时刻——如此完全的溃败以至于我都没有为自己感到难过——就在那个片刻之中，我的心就开始开花了。就仿佛我可以听见一切，一切都带着这份爱在歌唱。

我走出小屋，我所见到的一切都是这个爱的表达，都是这个爱的显化。整个宇宙除了是这个无限巨大的爱以外，什么也不是，而我就沐浴其中。就在那个时候，我听到一个声音——对我而言，那非常奇怪，因为在我的灵性生活中，我不是很容易看到图像或听到声音。我不知道它是从哪儿来的，但它只是在说："我如何爱着你，你就要如何与四处的众生分享爱。"当我听到这个声音时，我知道它是真实的。这个内在的声音已经将我一直以来都知道的东西告诉给我了，但是，我从来没有与它建立起连系。我那时候还不知道的就是，我整个一生都沐浴在这份爱之中，只是我从来没有完全对它敞开。这份爱同样也给了我一个挑战。它说："这是你将如何爱所有的东西和所有众生的方式。"

我记得当时我在想："我不知道要怎样做！我怎么可能那样做呢？"这份无条件的爱，就像是巨大的波浪一样冲刷着我，而我甚至都不可能考虑一下我将如何以那样的方式去爱，但是，在某种程度上，我知道那是可能的。我心中某个地方知道它将会发生，我不知道它将发生的确切时间及地点，但是，在某种程度上，我知道。

这就是恩典降临的时刻，这整个体验就是恩典。这种完全被击溃的感觉，无路可走，感觉无处可去，对自己的灵性求索感到绝望：这些都是恩典。有时候恩典会像一把刀一样刺透我们，正是这个溃败将我打开——打开我的身体，打开我的心智——也只有通过这被击溃的体验，我才能最终对这份无条件的爱敞开。

这并不是我最后一次感觉到自己被击败，也不是恩典最后一次向我显露。实际上，在后面的这些年里，我的整个灵性生命变成了一个溃败接着一个溃败。但在每一个溃败来临的时刻，每一次我感觉到自己已经撞上南墙而不知道要如何穿越的时候，我就被叫停了。每一次被叫停的时候，恩典就会自我显露。随着时间的推移，我意识到我不需要如此艰苦地奋斗，为了对恩典敞开，我不需要去与生活或是我自己抗争。但是，在我能够愿意敞开，并且对总是在那里的恩典臣服之前，我却经历了很多很多次的溃败。

真正的祈祷的力量

我说过很多次，"我的灵性道路就是一条溃败的道路，只有通过这种粉身碎骨的溃败，觉醒才会显露。"当人们听我这样说时，会轻笑，但是，他们大部分人都不会真正理解。当然，我们大多数人也都在试图逃避这种溃败——这种恩典的深深的切入——没有人会真正想要以这种方式被击败。我们大家都会有感觉到被推下来、被压迫的时候，但是，我所说的这种溃败却是一种真实的臣服、一份真实的敞开，在那里我们知道，我们不知该往哪儿去。这样的状态就是一个真正的祈祷，而一个真正的祈祷是一件非常有力量的事情。我经常告诉人们："当你说出一个真正的祈祷时，你最好要小心，因为你将得到你所祈祷的。"而我说的"真正的祈祷"的意思是指，你将自己向着整个宇宙敞开，从一个不知道也没有任何特别的期许的地方去说出或做出这个祈祷。

我第一次作出一个真实的祈祷，是当我坐在加州一个巨大的沙漠公共汽车站的时候，那个巨大的沙漠绵延在两座山之间。我在沉思我的灵性生活，突然间我有了一种想要祈祷的冲动。在那时候，我并不常作祈祷，但是，那一刻我似乎感觉到这个冲动。我对宇宙说："给我觉醒必需的任何东西吧。我不在乎那将怎样，我不在乎我的余生会不会很轻松，我不在乎我的余生会像是在地狱里一样。只要是必需的，我都想要。我在邀请它。给我可以让我从这个分离中觉醒所需要的一切。"当我做完这个祈祷，就像是把自己一直掌管的钥匙交回到宇宙的手中。当我在轻声地祈祷的时候，那是非常可怕的。我记得那时候我在想："我刚才做了什么？我释放出来的是什么样的力量？"

很清楚的是，我确实释放出一个巨大的力量。在那个片刻，我将我可以掌控的幻觉交回到一个更高的智慧那里，而十分确切的是，我确实得到了我所需要的一切，它在一个相对短的时间里，真正打开了我的意识。有些是很美好的，充满了自在、爱与敞开，而有些却相当吓人——让人感觉非常困难且费劲。但是，在回首往事的时候，我必须要承认，我得到了我想要的一切。我确确实实得到了能使我的意识从分离中觉醒过来的一切。所以，千万不要低估了祈祷的力量以及它将我们向恩典打开的能力。

当我们告诉神我们想要神做什么的时候，或者我们告诉宇宙我们想要它做什么的时候，我们还没有真正敞开我们自己——我们还是处在一个小我的状态里讲话。但是，当我们承认自己内心最深的渴望并且告诉神，我们正在邀请它给我们觉醒所需要的任何东西的时候，我们极有可能会得到。要向着这个恩典，这个真理之流敞开，意味着我们必须从我们自己那里走出来。我们必须不再让自己控制着我们的人生幻觉。当我们把它交出去的时候,我们会发现自己坠入恩典之中,坠入这份清明、敞开以及爱之中,直接坠入让我们从分离中觉醒的恩典之中,在那里我们会意识到我们真实的灵性本质:那显化于我们所见的万物之中的美丽的、未知的、未出生的临在。

敞开心灵的力量

灵性的教导很快就容易变成抽象的概念,我记得我的老师常说:"所有这一切很容易就变成了谈论,只是话语。"但是,话语还是重要的,而我们沟通的方式也同样重要。是,我们绝不能忘记的是,所有的话语,包括所有的灵性教导,正如禅宗里所说,是"指向月亮的手指",而不是我们朝着它走去的那个月亮——幸福、平和,以及我们伟大的愿景,即投身于某条特定的灵性道路之后,我们都希望得到的一个结果。但是,我们必须看到这个"月亮",或者我们内心真实的渴望,事实上就在此时此地。

我的老师过去常说:"正法在开始时是好的,在中间也是好的,在最终也是好的。"正法指的是真理或实相,从根基处开始,从人心里开始,它是我们最深切的诚挚之心。我们必须把它带进任何的灵性教导,带进我们生活的方方面面。我们带进这些教导之中的元素是最重要的。我们心智的状态是什么?我们真的开放了吗?我们真的想要转化吗?我们真的想要醒过来,还只是想要围绕着我们生活的幻象做一点改变而已?

　　我人生很重要的时刻之一发生在我的第一次禅修闭关中。那是一个五天课程中的第三天,闭关的导师邝老师讲了一个故事。故事中,他讲起自己最近一次在印度时,他站在一个小村子的土路上,看到一群孩子在路边玩。他注意到有一个孩子的脸变形了,而其他的孩子都在笑话他。这个孩子被其他人所排斥。邝老师看着这个可怜的小男孩,他说:"你们知道吗?我就站在那里,我不知道怎么办,我只是开始抽泣。"

　　当他在讲着这个故事的时候,他以很端庄的坐姿坐着,穿着美丽且有禅意的长袍,他完全敞开内心在那里哭泣。就在那个时候,我真的了解了他心灵的品质以及他的勇气。这里坐着一位禅修界最了不起的灵性权威,如此敞开地坐在那里哭泣,没有退缩,没有去隐藏他的情绪,没有觉得难为情。他被那个小男孩的痛苦所深深地触动了,而他站在路边想:"我能为他做些什么?"一会儿之后,他决定走到那孩子的旁边。因为他们语言不通,邝老师抓着孩子的手,他们一起站在路的中间,手牵着手。后来,邝老师注意到有一家冰淇淋店,他把孩子带到那个小店里,他把手伸进口袋,然后给了这孩子一些硬币。他示意这个孩子,他想要这个孩子给其他孩子每人都买一个冰淇淋,同时也给自己买一个。当这个小男孩告诉其他所有的人他将给每个人都买个冰淇淋时,他马上就变成了一个英雄,变成了焦点。一转眼,村里的孩子们就带着开心、爱和接纳将小男孩包围。小男孩给他们每个人都买了冰淇淋,而他们都在笑。一会儿，这个曾经被排斥的伤心的孩子开心了，而他再一次变成了集体的一员。

这是邝老师在那个当下所知道的唯一一件事。那只是一个小动作，却是一个关于敞开的心灵与心智具有多大的力量的一个很好的例子。尽管他不知道该怎么办，但是，他凭直觉走过去，抓住那个孩子的手，因为他的心智是敞开的。对我来说，这就是一个开悟的行动的最好例证。它说明：头脑也许不知道该做出怎样的回应，而一个敞开与觉醒的心却知道如何接管并且在那个当下提供美丽的东西。这种诚挚、这种敞开以及这份爱，就某种程度来说，正是我们都需要去开启的。

我们需要带着一颗敞开的心与一个敞开的头脑去开始我们的关系，尽可能地敞开，并且意识到这是我们——我们每个人，每个个体——所能够带到我们生命中任何一刻的最有价值的元素：这个元素就是我们想要敞开的意愿，想要去质疑的意愿，想要去关心去爱的意愿。

就像我常常对我的学生们讲的那样，你最难于向其敞开，并且毫无保留地去爱的那个人，就是你自己。一旦你可以爱你自己，你就可以无条件地爱整个宇宙。但是，一切都是从你开始，这些教导也是从你开始，你是其中最重要的因素。

当你敞开并且保持诚挚的时候，哪怕是最小的事情也可以改变你的整个世界，可以改变你所有的看法，而你就可以开始走出你的苦难。这并不是说你将从苦难或是世间的挑战中逃走，而是你的心会变得大到足以容下这个世界，包括它所有的美好与伤痛。而且，通过这个过程，你也将变成一个可以将某种革命性的东西奉献给这个世界的人——一个真正开放的头脑、一颗真正敞开的心以及一份敞开的意识。

活在恩典之中

如果我们有心去看的话，恩典一直都包围着我们。美好的时刻是恩典，艰难的时刻是恩典，令人困惑的时刻也是恩典。当我们开始变得足够敞开，并且意识到无论是难是易，我们所遇见的每种情境、所遇见的每个人都是恩典，我们的心就将开花，我们将能够表达出我们每个人内在都有的那份爱与平和。

我们因放下而投入恩典之中。恩典是需要我们坠入其中的东西，就像是投入某人的怀中，或是把我们的头躺到枕头上入睡一样。那是一个放松的意愿，哪怕我们正处在紧张之中。那是一个想要停下来一会儿的意愿，喘口气，注意到除了我们头脑里的故事之外还有别的东西在那里。在这个恩典来临的时刻，我们会看到，无论我们的体验是什么，从最艰难的情绪挑战到最无来由的喜悦，它们都来自于一个浩瀚的空间，那里充满了平和、定静与终极的安详。

如果我们可以花一点时间放下，如果我们可以放松，如果我们可以坠入到当下的中央，我们就能够直接遇见那个我们一直在寻找的自由。它就在此时此地，它并不在未来。它并不需要当生活改变、当我们的日常环境有所不同的时候才会来到。自由就是在这个片刻之中的东西。当我们开始臣服，不再要求生活如我们所想的那样去改变时，一切都会敞开。我们会从分离与挣扎的梦幻中醒过来，我们会认识到，我们一直寻找的恩典实际上就在我们自己的内在。这就是灵性觉醒的核心：意识到我们一直渴求的，正是我们一直拥有的，它就在我们内在的最深处。自由一直向我们敞开着。当我们知道我们不知道时，在那个时刻，当我们后退一步，让我们的心敞开，我们就将活在恩典中。

关于作者

阿迪亚香提（这个名字的意思是"原始的宁静"）向所有寻求心灵安宁与自由的人提出了一个挑战，即，我们该如何认真对待"此生就获得解脱"这个可能性。在他的禅宗老师（阿迪亚在这位老师门下学习了14年）的要求之下，阿迪亚在1996年开始了自己的教学生涯。从那时起，许多求道者在跟随阿迪亚香提学习的过程中，觉醒到了自己的真实自性。

阿迪亚香提还著有《空性之舞》、《真正的修行》以及《觉醒之后》。人们把他所呈现的自发而直接的非二元教导与中国早期禅宗大德以及吠檀多不二论圣哲们的教导相提并论。然而，阿迪亚自己却说："如果你透过任何传统或'主义'来理解我的话，就会错过我所传达的讯息。解脱的真义不是静止不变的，它是活生生的。我们无法用概念来描述它，也无法用头脑来理解它。真理超越所有概念层面的'主义'。你的真实自性一直安居在超然之境中——此时此刻你已经觉醒了。而我只是在帮助你认出这一点而已。"

阿迪亚香提是土生土长的北加州人，与妻子安妮（穆克缇）生活在一起，在旧金山湾区进行大量的教学活动，举办萨尚（satsangs，灵性联谊）、周末研讨会以及静修会。此外，他还经常去美国的其他地区以及加拿大授课。想了解阿迪亚的更多信息，请访问他的官方网站www.adyashanti.org。

译后记

能够接触到阿迪亚香提这样的老师本来就是一个恩典，而能够有缘翻译这本《活在恩典中》就更是一个恩典。在整个翻译的过程中，我常常不由得击节叫好，那些深刻的洞见，那种化繁为简的穿透力，实在让人有醍醐灌顶之感。

与他的《空性之舞》比较起来，这本《活在恩典中》更简单、直接、易懂，他对于造成我们受苦的最真实的根源有着非常清晰的阐述，相信每一位读者都能从中获益。

本书翻译过程的前后，也正是我一直在接受神圣恩典的时刻，我能够感觉到那巨大的赐福，无论它以怎样的形式将那些生命的礼物送到我的面前。感谢我亲密的伙伴梦桐给我的挑战与帮助，感谢我的同事子衡、倩倩、苗媛、昱彤、于颖对我的支持，感谢那些一直以来支持与关心着我的家人与朋友，感谢编辑的信任，给了我这样一个美好的机会。

无限的感恩与祝福！

李思坤

图书在版编目（CIP）数据

活在恩典中 /（美）阿迪亚香提著；李思坤译. ——北京：华夏出版社，2015.2
（2024.9重印）

书名原文：Falling into Grace:Insights on the End of Suffering

ISBN 978-7-5080-8391-9

Ⅰ.①活… Ⅱ.①阿… ②李… Ⅲ.①人生哲学－通俗读物 Ⅳ.①B821-49

中国版本图书馆CIP数据核字(2012)第233614号

Falling into Grace
© 2011 Adyashanti
SOUNDS TRUE is a trademark of Sounds True,Inc.
Simplified Chinese Copyright© Huaxia Publishing House 2012.
All Rights Reserved.

版权所有，翻印必究
北京市版权局著作权登记号：图字01-2012-2224

活在恩典中

作　　者	[美]阿迪亚香提
译　　者	李思坤
责任编辑	陈　迪
版式设计	郭　艳
出版发行	华夏出版社有限公司
经　　销	新华书店
印　　刷	三河市少明印务有限公司
装　　订	三河市少明印务有限公司
版　　次	2015年2月北京第1版　2024年9月北京第5次印刷
开　　本	710×1000　1/16开
印　　张	14
字　　数	146千字
定　　价	39.00元

华夏出版社有限公司
网址：www.hxph.com.cn　地址：北京市东直门外香河园北里4号　邮编：100028
若发现本版图书有印装质量问题，请与我社营销中心联系调换。　电话：（010）64663331（转）

是当老师铁了心就是觉得我的一切原罪都是因为不够努力的时候,我还能说什么?做什么?"

但是,我们听不到学生们心中的苦闷和无助的哀求。他们也可能是真的不喜欢,他们可能是真的尽力了。

在暴力沟通方面,校长可能会好一些,因为他们阅历多些,素质高些,对孩子更多些包容。但如果遇到德不配位的校长,情形可能更糟。因为校长有凌驾于学生、老师甚至家长之上的威严,有在校园里"执法"的权力。他们对教育本质的理解,在追求成绩和升学率的时候是否还愿意兼顾孩子的差异化、个性化的学习需求,都决定了他们用什么词汇和语气和那些书面成绩不理想的学生沟通。

有不少人认为校长是一所学校的灵魂,我年轻时也恬不知耻地认为自己的作用不可或缺。但现在的我对这句话有两层解读。一方面,校长必须有足够的勇气和担当,尤其当错误的言论和价值观绑架社会、家庭、学校的时候,他要足够勇敢,足够倔强,要理想主义,要不妥协,不苟且,并使尽全身的气力去保护孩子们不受侵害。

而另一方面,校长也千万不能把自己太当回事,不能让自己可能早已过时的思想和并没那么宽广的眼界成为学校发展的天花板,成为孩子走向未来的绊脚石。我见过的那些称职而受师生爱戴的好校长,无一例外都是不耻下问,不摆架子的谦谦君子。他们愿意和老师和学生平等对话,虚心接受意见,是整个学校终身学习的典范。

当然,我也无意苛责老师和校长,很多老师和校长的品格是高尚的，对孩子的感情也是真挚的，像孩子们的亲生爹妈一样真挚，甚至在父母缺席的情况下，还及时补位了孩子对父母之爱的需求和渴望。但是，这不代表他们没有进步的空间。我认为，《非暴力沟通》和《非暴力沟通·丰盈生命的教育》都应该被列入师范教育的必修课。

孩子们的非暴力沟通

那我们再来看看孩子们是怎么沟通的。

我参加美国NAIS（独立学校联盟）年会的时候，曾听过一位获得"美国年度教师"殊荣的老师的精彩分享。他这辈子只教过一个年级，在教书的时候，每年都会做一件事，让四年级的学生模拟联合国的官员，讨论那些困扰全球的大问题。很多人都觉得他疯了，让十岁的孩子解决连资深政客们都解决不了的问题。

但事实证明，孩子们不但学到了相关课题的知识，锻炼了受用终身的能力，而且给出的方案也远远超出了大人们的期待。他们是怎么做到的呢？

我猜，是因为孩子们：

没大人那么多私心和算计，没那么多尔虞我诈和明争暗斗；

没那么多成见和偏见，不容易滋生那么多裁决和歧视；

更不会用自己的价值观去绑架别人的意志和选择；

没那么喜欢站队，没那么介意别人持与自己不同的观点和意见；

在坚持自己的观点的时候没那么多因为面子、辈分、地位产生的顾忌；

没那么爱记仇，很容易原谅，刚打完架就可以勾肩搭背；

爱玩游戏，但他们不玩政治游戏；

没那么多谈判技巧，更愿意说真话，表达真实感受；

没有被洗过脑，不会只关心自己国家的利益；

不愿意把自己的幸福建立在别人的痛苦之上。

换句话说，孩子们天生比大人更知道"非暴力沟通"的原则，也就是马歇尔博士常常提到的能够以柔克刚的武器——同理心。如果一个人过度在意自己的需求，而不顾别人的需求，那TA就容易陷入唯我独尊的心态，变成一个自私的人。如果一个人过度在意别人的需求，而罔顾自己的需求，那TA这辈子将被困在委屈、隐忍、抱怨、愤怒织起的茧房里，痛苦一生。

同时兼顾我的需求和别人的需求，是一种高阶且必备的智慧，也是我们实现非暴力沟通的重要工具。

我们能为孩子们做些什么

你有没有见过或听说过那个著名的实验？我们往一个空瓶子里放东西，如果你依次放进去鹅卵石，小石子儿，沙子，啤酒，每次都会觉得已经满了，但其实还能再加不少东西，但如果你把顺序颠倒，先灌水或倒沙子，那就没地方放那些其实更重要的东西了。

在我们短暂而充满不确定的生命里，哪些东西最重要？在孩子的学习中，哪些东西更重要？在孩子有独立思考的能力之前，大人是有这个责任和孩子一起讨论出这个优先顺序的。

> 可背诵唐诗的数量
>
> 健康的身心
>
> 两位数的加减乘除
>
> 充足的睡眠
>
> 英语单词的词汇量
>
> 乐观积极的性格
>
> 学科考试的年级排名
>
> 交朋友的能力
>
> 拿奖杯奖状的次数
>
> 有一个可以废寝忘食的爱好
>
> 考进一所口碑不错的中学
>
> 每天大笑的次数和音量
>
> ……

孩子们现在面临双重危机，第一重，剧场效应下"内卷"化的教育，生怕被淘汰的恐惧推着每个家长都逼孩子"多学一点""早学一点"，严重危害了孩子的身心健康。第二重，在如此幼小的年纪，就得遵从"弱肉强食，适者生存"的丛林法则。两小无猜的童年玩伴都变成了潜在的竞争对手，本该充满善意和支持的学习环境变成了你死我活的角斗场。

雪崩来临的时候，没有一片雪花是无辜的。我没可能以一己之力叫停这个愈演愈烈的"内卷"游戏，所以我选择离开我其实无比热爱的校长岗位，至少不用被迫参与这场其实没有赢家的零和博弈。我创办的UNSCHOOL——一个以家庭教育为起点的终身共学社区，就希望用"无限游戏"的思维去推动家长和教育者们一起共创更多可能，重新定义成功和幸福。

但是那些仍然被困在体制中的人能做些什么呢？在游戏规则还没有被彻底改写之前，我们成人能做什么去改善老师/家长和学生之间对抗型的沟通，去改善学校和学生之间控制型的管理，去改善学生和学生之间竞争型的关系呢？

或许，我们可以先问问自己这些问题：

我们是否真的仔细观察过我们的孩子，他们的状态，他们面临的挑战，他们的焦虑？

我们是否真的不带评判地倾听过他们的需求，他们的情绪，哪怕一次？

我们是否经常无心地放大、夸张孩子们的问题，甚至上升到道德审判的高度？

我们是否意识到只有孩子参与讨论并认同的意义才可能

是有效的目标？

我们是否知道只有当他们曾做过选择才有可能做出让你放心的选择？

我们是否经常拿自己的孩子去跟别人家的孩子比较，并故意忽略他们沮丧、绝望的表情？

我们是否理解感受和想法的区别？并追问自己和孩子真正的感受？

我们是否意识到请求和要求能收获完全不同的沟通效果？

如果你没有答案，或感觉无助，那就说明，你可能需要好好读一读这本《非暴力沟通·丰盈生命的教育》了。它是马歇尔博士另一本专门针对学校和家庭教育的作品，帮助我们建立起关于语言的觉察习惯，从语言使用的角度，重新思考和塑造我们与自己、与孩子的关系。

马歇尔博士通过非暴力沟通的方式，帮助我们建立一种"爱的语言"，重塑积极的、开放的谈话和聆听方式，在每一次的沟通中明确自己和他人的观察、感受、需要和请求，重视社群或组织中每个人的幸福，支持成员间丰盈生命的连接。

不过你要清楚，这不是一本理论书，而是一本工具书。如果你是老师、校长、家长或教育从业者，它不应该被供在书架上，而应该放在你的案头或床头。工具书的性质决定了你不光要读懂它，还要坚持练习并运用。只有你真正在实践中完成内化，才能在使用时驾轻就熟。

到那时，你会发现，它不但能让你成为一名更称职的教育工作者，一个对孩子满怀期待的家长，更能让你免于成为一个本无心伤害但却遭孩子嫌厌的大人。

诚挚推荐给愿意好好说话的你。

钱志龙

UNSCHOOL 创始人

2021 年 7 月 7 日

译者序

每个人都渴望活出生命的丰盈。

当我们第一次睁开眼睛,挥动自己的四肢,调适自己的感官,在亲人欣喜的眼光中,用我们自己的节奏,纵情哭叫。那时的我们,对世界充满好奇,无所畏惧。

随着我们慢慢长大,在探索世界的同时,能够葆有这种丰盈饱满、本自具足的天性,大约是教育希望达成的目标吧。

如果你也像我一样,对这个目标有所憧憬,我满怀欣喜地向你推荐《非暴力沟通·丰盈生命的教育》。

我接触到非暴力沟通大约在十多年前,那时的我正在经历一段生命的暗淡时期。曾经美好的婚姻渐渐充斥着隔阂与冰冷,曾经激励我的职业目标也一下子失去了吸引力,整个人就像被困住,进退维谷、动弹不得。非暴力沟通帮助我把珍贵的注意力从产生冲突的想法中移开,回到自己的内心,让我重新获得对生活的热情。接下来,在初生般喜悦的探索中,之前的现实问题居然迎刃而解。在这个过程中,我意识到之前我接受的教育更多地教会了我解决问题的能力,而类似"人性"规律的教育却是缺失的。非暴力沟通拓展了我的视野,让我的目光超越了解决问题的层面,看到人们相互依存、融合的可能性,我眼里的世界也更加整全和清晰。欣喜之余,我多么渴望每个人在学校里就能学到这些，支持其一生的幸福！

然而当我环顾四周，"人"的教育的缺失依然在现今的孩子们身上重复。"抑郁症"变得常被提及，学生自杀事件时常出现在新闻里，学习者时常因为迷茫而失去朝气，"内卷"和焦虑成为教育讨论的高频词。孩子们到底是如何在家长和教育者关切的目光中，一步一步地离开了原有的丰盈状态？我们如何帮助孩子们找回他们该有的丰盈状态？

在《非暴力沟通·丰盈生命的教育》中，马歇尔展现了他的愿景："一个被诸多丰盈生命的组织滋养和支撑的世界。"当每个组织和个人的目标，都是为了服务于生命本身，而非其他目的，我们努力的结果才会如我们所期待。我们能感知到周围的生命的感受和需要，我们的言行才能与生命互动，彼此因受到滋养而丰盈。如果我们意识里只有对错、分数、收入、绩效，而没有"人"，我们必然无法直接回应和支持彼此的感受，生命将变得枯竭，"内卷"、抑郁、自我伤害就会如影随形。

马歇尔从不试图柔化他对教育的尖锐观点："我要热切倡导的是一种根本的转变——价值观的改变，是整个基底系统的完全革新。"正是价值观决定了一个人一次次的人生选择，决定了生命的走向。一边是生命的丰盈，一边是生命的枯竭，这个选择不是无比简单直接吗？

悲哀的是，很多时候这样的选择根本不存在，我们常常只看得见让生命枯竭的选项。在我学生时代所受的教育中，或者明说或者暗示，周围涌来的信息大都是"你只要搞好学习,别的不用管""别的你可以随便玩玩,但分数才是正事儿"。渐渐的,我就像戴了一副单色眼镜,看不到无法用分数的标尺量化的"人"的色彩。作为结果,在我做选择的时候变得有意无意地忽略了诸如情意、包容、灵动这些让我变得丰盈的信息,生命逐渐在成年走向了枯竭的一边。

在本书中,我看到马歇尔如何帮助老师们找到舒适的方式与学生相处,学生们如何找回学习的主动性,学习带着爱与自己相处、与他人相处、与世界相处。我心里那个美好的图景,逐渐变得具体而实在起来。

在第二章和第三章中,马歇尔介绍了非暴力沟通具体的沟通步骤以及解决问题的案例,邀请读者体验这种视角和沟通方式所带来的实际价值,帮助读者去掉单色眼镜,看到多彩的世界,重新拥有选择的自由。文中介绍的同理心的说与听的能力,为学习者创造了爱与包容的容器,让学习者在愿意打开心扉的瞬间得到有效回应,真切感受到生命的丰盈并得到成长。

没有了强制,没有了打分评级,师生之间会如何互动?第四章"在师生之间创建伙伴关系"和第五章"创造互助的学习社群"介绍了如何在师生关系和学校架构上贯彻马歇尔所倡导的价值观。师生共同制定学习目标、评估教学成果的阐述让我耳目一新。把学习的主动权交还给学习者,就是把生命的主动权交还给学习者。同时,作为教育环境,这种关系和架构的呈现本身就是一种无言的诉说,让学习者潜移默化地得到浸润，把人与人之间的相互协作和赋能活成生命的"本该如此"。

丰盈生命的教育给学生提供学习机会，来解决人类目前面临的各种问题。第六章"转化学校"给出解决学校冲突，打造可持续发展团队的方案和实例，展现了通过丰盈生命的学校，建立丰盈生命的社区，进而建立"一个被诸多丰盈生命的组织滋养和支撑的世界"。

本书所倡导的"丰盈生命的教育"在世界各地正在成为现实。我曾经带着书中的视角为国内一所国际学校做组织发展和文化架构的咨询工作。以丰盈生命为目标，我帮助学校建构了教育模型："在爱与包容的容器中制造学习的张力，并予以引领、陪伴和支持，让学生融合发展感知力和思辨力，在过程中养成获得幸福的能力。"

在学生的学习过程和日常交互中，用同理心承接学生内心打开的瞬间，增进学生与自己的连接，帮助学生意识到丰盈生命的价值，并以自我探索的经验为基础理解他人，逐步形成彼此爱与包容的文化氛围。同时，引导学生以兴趣为驱动力设立学习项目，增加个体与现实世界的关联和有效交互，让真实的学习发生，建构最终指向自我实现的学习目标和学习反馈系统。

在模型框架下，学校结合实际情况逐步实施了一些新的举措，包括定期与学生的深度沟通、每周感激圈、学科教学的项目式改革、学生对学校事务的项目式参与等等。一段时间后，学生的个人状态和学习风气逐渐有了变化。一位后勤老师感叹说："学生在食堂吃饭的时候还在讨论学习的内容,争论怎么鼓励项目里的其他同学参与进来,这在以前是不可能的。"同时,老师们也一改之前无所不知的"权威"形象,开始根据观察到的学生反应,尝试不同教学方式,让学生积极参与进来。他们的表情明显变得灵动而轻松,期间展现的无尽创造力让我叹为观止。

改变必然面对挑战。首先就是对教师提出了不一样的要求。我们的老师原来在知识教育的土壤中长大,在求同教育中长大,很多老师自己没有经历过丰盈生命的教育,没有经历过项目式教学和参与式教学。要让老师们跳脱出原有的讲授式模式,提供适应新时代的教育,需要大量的培训、教研和陪伴。其次,需要让学生慢慢适应在有些不确定的教学模式中定标自己的学习成果,产生获得感。另外,如何建设家校社群,跟家长形成共识与合力,都是下一步面临的问题。

但最大的挑战也许永远是对管理者自身如何融合社会环境中的不同价值观,实现我们所渴望的教育结构。

总体上来看,变化的结果让我欣喜。在实践中,我经常想起的就是马歇尔·卢森堡博士这本《非暴力沟通·丰盈生命的教育》,书里的很多洞见都在我心里时时回响,给我勇气。

希望这本书能对你的教育实践有参考价值,也诚挚邀请你,将自己在中国本土的教育经验,汇入"丰盈生命的教育"的探索之中。相信过程中一定会出现未知和不确定,但我同样相信马歇尔所说:"一件值得做的事情,即便做得不怎么样,也是值得的。"

愿每位老师都享受丰盈生命的美好，并用自己的丰盈生命影响和感染我们的孩子们。

李迪

国际非暴力沟通中心认证培训师

2021 年 5 月

目录 CONTENTS

致谢 001
序 001
前言 001

第一章 走向丰盈生命的教育

引言 … 003
丰盈生命型组织 … 003
丰盈生命型教育 … 005
根本的转变 … 006
教育中的非暴力沟通：分享场地 … 007

第二章 表达丰盈生命的信息

帮助学生做好准备 … 015
道德评判对学习的影响 … 016
用价值判断做评估 … 018
非暴力沟通的组成要素 … 019
做出清晰的观察而不带评论 … 020
练习一：观察还是评论？ … 024
识别和表达感受 … 027
练习二：表达感受 … 032
不表达感受的风险 … 035
把感受与需要相联系 … 035
你需要什么？ … 038
练习三：确认需要 … 039
提出让生命更美好的请求 … 042
请求和要求的区别 … 044
练习四：表达请求 … 046

过程就是目标 … 049
无论我们说什么，人们都可能听到要求 … 050
教育中的非暴力沟通：让每个人都开心 … 053

第三章
同理心倾听

同理心 … 059
用语言表达我们所听到的话 … 060
确认听到的请求 … 062
用同理心连接 … 063
当人们不知道如何自我表达，或者不愿自我表达，用同理心与之建立连接 … 067
练习五：这是同理心聆听吗？ … 070

第四章
在师生之间创建伙伴关系

目标设定与评估中的伙伴关系 … 077
设定与丰盈生命的目的相一致的目标 … 077
学生总是有选择 … 079
老师对学生参与目标设定的担心 … 080
共同制定目标的例子 … 082
听到"不"背后的需要 … 083
练习六：听到"不"背后的需要 … 086
同理倾听中最重要的部分 … 090
学生对自己参与目标制定的恐惧 … 091
评估中的伙伴关系 … 091
审视"打分评级" … 095
教育中的非暴力沟通：考试 … 099

第五章 创造互助的学习社群	发展利他主义以及对他人的关心和责任感 … 107 发展互助的学习社群 … 108 老师就像旅行社 … 109 让学生可以自学的教材 … 111 利用给学生或家长提供的教材 … 111 志愿者辅导服务 … 113 地域性社区资源也是学习资源 … 113 丰盈生命的课堂 … 114
第六章 转化我们的学校	当前的问题 … 119 控制型组织 … 119 冲突解决 … 121 调解 … 128 教育中的非暴力沟通:"你死定了"… 130 避免道德评判和诊断 … 137 运用强制力避免伤害 … 140 练习七:保护性强制力还是惩罚性强制力 … 142 打造可持续发展的团队 … 145 转化我们的学校 … 148

非暴力沟通四要素 … 150
人类共有的一些基本感受… 151
人类共有的一些基本需要… 151

致谢

感谢杰出教师比尔·佩吉（Bill Page），是他在三十多年前让我有机会想清楚我理想中师生互动的样子。

感谢乔安妮·安德森（JoAnne Anderson）和汤姆·沙欣（Tom Shaheen），是他们在伊利诺伊州罗克福德担任学校管理人员时，让我有机会在20世纪60年代末跟他们一起创立与我价值观相符的学校。

这些经验加上约翰·霍尔特（John Holt）、伊凡·伊里奇（Ivan Illich）、约翰·加托（John Gatto）和阿尔菲·科恩（Alfie Kohn）的著作，加深了我对教育政治学的认识，让我更渴望为彻底改变教育做出贡献。近来，理安·艾斯勒（Riane Eisler）关于伙伴式教育和控制式教育的著作也对我产生了影响。

特别感谢我的同事：以色列的美里·夏皮罗（Miri Shapiro），塞尔维亚的娜达·伊格纳托维奇（Nada Ignjatovic），意大利的威尔玛·科斯泰蒂（Vilma Costetti），还有美国的丽塔·赫尔佐克（Rita Herzog），他们让我知道我们每个人能做些什么，来将控制体制学校转化为提供丰盈生命教育机会的学校。

最后，我想对凯西·史密斯（Kathy Smith）致以深深的谢意，感谢她在丽塔·赫尔佐克和盖理·巴兰（GaryBaran）的协助下编辑我的手稿，并把学术性的文字改写成易于理解的语言。

序
理安·艾斯勒

很多人都意识到教育急需做出根本改变。我们意识到大多现行的教育体制无法让孩子们做好准备去应对21世纪前所未有的挑战。我们意识到，如果当今和未来的孩子们想要在一个更为和平、公正、可持续发展的世界生活，教育的改革是其根本。

马歇尔·卢森堡在本书中描述了他称作丰盈生命教育的要素，其中包括：

○ 教育者让孩子们知道学习要持续终生。

○ 与他人和自己都要相处融洽。

○ 要富有创造性，要懂得变通，要具有冒险精神。

○ 不光对亲朋好友，对整个人类也要保有同理心。

丰盈生命——拓展我们的脑、心和灵，理应是教育的目标。不幸的是，传统教育经常限制脑、心和灵的发展。它妨碍了我们对学习天然的好奇和乐趣，压制探索精神和批判性思维，示范和助长冷漠与暴力行为。

值得庆幸的是，当今大多数西方学校都摒弃了老旧的教育格言"不打不成器"，不再对孩子使用暴力。但是他们仍然使用的教育方法，让人们毫不质疑地服从上级——不管是学校的教师，工作中的上级还是政府官员。

课程设置也常以暴力与权威管控作为常态，甚至求之不得。例如在历史课上，孩子必须背诵战役和战争的日期，文学课上学习的史诗，会把暴力征服美化为英勇无畏。学校的结构通常是上下层级关系，在这里，教育被施加于学生而非与学生协作进行。

这种教育的过程、内容和结构适于被我称作权威或控制型社会，在这种社会，家庭、职场、部族和国家皆由僵化的层级组成，并最终以恐惧和强权为支撑。这种教育模式对于发展我所谓的伙伴关系模式和卢森堡所谓的丰盈生命的社会架构，发展民主、平等、和平的社会，是不适宜的。

至少世界上的某些地区在摆脱控制模式方面明显已经取得了长足的进展。否则，我们这样谈论教育的彻底改变，势必会冒着严重的风险，甚至危及生命，就像不是太过久远的欧洲中世纪对待自由思想和言论的前例一样，当今在很多地方依然有着同样的情形。

但进步不是直线前进的。不仅在进步路上的每一步都会遇到猛烈的抵抗，甚至会不时倒退到控制模式中。我们正在全球范围内经历这种倒退，倒退到更为不平等、暴力、对人性和环境更为严酷的剥削与控制之中。这就是为什么卢森堡的非暴力沟通方法如此重要，紧迫，且正当其时。

马歇尔·卢森堡是举世闻名的非暴力解决冲突的先锋。在过去的

40年中，他致力于发展和运用非暴力沟通这种工具，建立每个人都得到用心倾听和关怀的人际关系。在这本书中，他向我们展示了在学校中运用非暴力沟通的方法；还向我们展示了如何卓有成效地帮助年轻人携手用非暴力解决冲突，以同理心和关怀的方式为自己和他人的幸福做出贡献。

卢森堡的工作有个显著特征，就是非常专注于关怀、同理心和非暴力——在控制导向的文化中，这些特征被贬抑至社会统治核心之外：女性和"柔弱的"男性。卢森堡发现这些正是我们在男孩和女孩身上都需要培育的特质，并且为我们示范，如何通过切实有效的教育方法，真的让年轻人在互动中体验这种伙伴关系，来达成这一教育目标。

这种经验对每个孩子都至关重要。当孩子们体验到卢森堡在书中描述的丰盈生命的伙伴关系，他们会健康成长。体验这种关系对于某些在家庭、社区或族群中成长的孩子尤其重要，因为他们在环境中学到的是，生活只有两种选择：支配别人或被别人支配。这种体验会向他们展示另一种选择，会让所有人感觉更好，也更有效。

如果把卢森堡的非暴力生活拓展下的教育精神作用于学校的每一个互动之中，学生和老师是伙伴，学校就会成为学习社区，而非上下等级森严、没有人情味的工厂。学生开始把学校当作探索的地方，分享情感、交流想法的地方，安全并让人兴奋的地方，每个孩子都得到重视和认可，人性得以滋养而成长。

效果还不仅限于此。当我们给孩子们机会，让他们体验相互尊重、关怀的关系，我们不仅提升了他们的幸福感，学习效果和个人成长，还推动了整个社会的转型，向着更少暴力，更多公平和关怀以及真正的民主社会转型。

在这个生化武器和核武器的时代，人性正站在一个进化的十字路口。科技发展至今，用以维系控制模式关系的习惯性暴力、对关怀和倾听的匮乏，正危及人类的生存。

我们面前有两条路，一条是倒退回更僵化的控制体制，无论家庭、教育、宗教、经济、政治，皆是如此；另一条则是通向更多公平，更少暴力，更具关怀的合作关系的未来。几个世纪以来，迈向合作关系的浪潮愈见高涨，一部分原因是从农业社会到工业社会转型所需的技术改变，撼动了原有的习惯和体制。当今，从工业到后工业科技的快速转变，进一步动摇了根深蒂固的信念和体系，为积极改变开辟机遇。然而教育非但没有助力这场转变，反而成为障碍。

放眼未来，最基本的问题是：教育要传扬何种文化？是以伙伴关系和和平为基础的丰盈生命的文化，还是控制与暴力的文化？

作为一位母亲和祖母，我热切地渴望能助力于加速全球向合作伙伴关系转型的进程。从我的生活和研究中，我知道彻底的改变并非易事，但同时我也知道这是可能的。我们确实曾经取得成功，否则我们的世界还是那个模样，女人和大部分男人在僵化的权力结构体系下"谨守本分"。我们可以共创支持而非抑制人类发挥最高潜能的文化：相互关爱，用心倾听和提升创造力的极大潜能。这本书展示了马歇尔·卢森堡多年来在非暴力、丰盈生命以及沟通领域的开创性经验，可以帮助我们改善教育，加快实现这个迫切的目标。

理安·艾斯勒

《圣杯与剑》(The Chalice and The Blade)、《明日的孩子》(Tomorrow's Children)、《伙伴的力量》(The Power of Partnership) 作者。

2003年6月25日

前言

公立教育长久以来都非常重视提供对学生有益的课程。丰盈生命教育的假设是，师生关系、学生之间的关系以及学生和所学内容之间的关系，对于帮助学生迎接未来同样重要。

或许基本的阅读、写作、计算能力很重要，但孩子们需要的不仅止于此。孩子们也需要学习如何独立思考，如何在学习中找到意义，如何兼顾工作和学习。教师、学校行政人员和父母在接受丰盈生命的教育过程中，会拓展语言与沟通技能，学到如何构建学习氛围，帮助孩子们在学校发展既自主又互助的特质。这些技能会帮助你让学生对未来的生活做好准备。

我在美国学校的经历

我有40年为教师和行政人员提供咨询的经验，从公立学校到私立学校，从幼儿园到研究生院都有。在此期间，我帮助他们把这个我称为丰盈生命的教育，融入他们的课程。

在20世纪60年代早期，当我在圣路易斯（St. Louis）当心理医生时，我开始与学校一起工作。许多求助者都是父母，求助的原因是他们的孩子在学习和行为上无法达到校方的期待。当我代表学生开始与学校工作的时候，我开始看到，学校的组织方式让大多数的教师和学生蒙受苦难。

我发现学校的竞争氛围让学生们无法建立相互关怀的关系。

问题很少出在学校的雇员身上。在我与学校合作的这些年里，我所遇到的绝大多数教师和行政人员都让我印象深刻。他们关怀学生，勤勉工作，向学生提供学习机会来丰盈学生的生命，这些都让我感动不已。我发现这些教师和行政人员都和学生一样，饱受教育体制的摧残。

我逐渐意识到，现行教育体制与我的价值观相悖，这让我想去探索不同的教育体制。比尔·佩吉（Bill Page）是一个教师，常常参加我在这个城市举办的非暴力沟通工作坊。我跟他一起探索不一样的教育方法，让教师和学生成为伙伴，让课程促进合作而非导致竞争。

比尔的学校管理层不希望他用这种方式教授普通的班级，但允许他以这种方式对待被称作"捣蛋鬼"的学生们，反正他们也不做作业。我们找出了60个这样的学生，随机选出30个放到比尔班上，剩下的则留在普通的班里。学年末的学术测验表明，比尔班上的学生比传统班级的学生学到的东西多很多。而且当这些学生回到普通班级后，他们在接下来的四年中惹的麻烦比那些留在普通班的学生少得多。

我对于替代教学方法探索的深入，也得益于与汤姆·沙欣（Tom Shaheen）的合作。他是伊利诺伊州罗克福德学校的督学，极富远见。他和他的一个校长——乔安妮·安德森（JoAnn Anderson），一起创建强调尊重多元、自主、互助的学校体系。我获邀参与这个实验项目，来培训教师。项目中的第一个学校，学术表现优异，肆意破坏的行为显著减少，本项目也因为教育上的杰出表现而获得国家级奖项。

大约同一个时期,约翰逊政府发起了"向贫穷开战"运动,支持贫穷地区的学校开展创新课程,我受邀在全美不同城市参与这些项目。

在世界各地实施丰盈生命教育

自那年开始,在美国和其他国家,我持续帮助学校开发支持尊重多元、发展自主和互助的课程。

几年前,以色列一所学校的校长美里·夏皮罗(Miri Shapiro)听说了我帮助开发的学校项目,便邀请我去支持她在她的学校创建相似的项目。美里学校的成功,让欧盟同意提供资金在以色列和巴勒斯坦地区各建立了4所学校。因为这几所学校的成功,美里被任命为防止校园暴力国家委员会的负责人。她现在把我提供的培训传播给了以色列超过400所学校的行政人员、教师、父母和学生们。

同样,由欧盟资助的提供丰盈生命教育的学校,在意大利和塞尔维亚也建立起来。

接下来的章节你将进一步了解丰盈生命教育会如何支持:

- 以丰盈生命教育的方式进行自我表达;
- 以丰盈生命教育的方式达成与他人的同理心连接;
- 在学生、教师、行政人员和父母之间建立丰盈生命的伙伴关系;
- 构建丰盈生命学习社区,让人们可以为彼此的学习和幸福做出贡献;

○ 在学校维持丰盈生命的秩序和安全；

○ 实现我的丰盈生命学校的梦想以及如何开启这种转变。

马歇尔·卢森堡

于瑞士赖戈德斯维尔

我想提醒你的是，信息并非知识，知识并非智慧，智慧并非远见。皆由前者生发，且不可或缺。

——亚瑟·克拉克

第一章

走向丰盈生命的教育

引言

我想向你展现美国教育未来的图景。本书介绍的教育过程,会服务于生命本身,而非服务于独断的秩序和权威。在这个更广大的梦想里,服从权威将不再是我们在这个世界生活的主要目标。开始前,我们需要明确我们的梦想——我们的终极目标到底是什么。这是我的,并且我猜,也是每一个人发自内心的梦想和目标:一个被诸多丰盈生命的组织滋养和支撑的世界。

我希望能教育一代代的儿童,去创造以满足人的需要为目标的组织,让他们自己和他人的生活更美好。能够实现这一目标的教育过程,我称之为丰盈生命型教育。与之相对的,我称之为控制型教育。

丰盈生命型组织

丰盈生命型组织的特征是在资源和权力分配中的公正和平等。领导者服务于组织的其他成员,而非试图控制他们。法律、条例和规定的本质都能在其定义与理解上达成共识,并会被自愿遵守。

丰盈生命型组织,无论家庭、学校、企业或政府,都重视社群或组织中每个人的幸福,支持群体成员间丰盈生命的连接。

丰盈生命的人际关系有三个特征:

1)人们用同理心体会彼此的感受和需要而相互连接——他们并不责备

自己,或者让暗含指责的评判阻碍彼此的连接。

2)人人都意识到他们在关系中相互依存,息息相关,满足他人的需要与满足自己的需要同等重要——他们知道,如果以牺牲他人为代价,他们自己的需要也无法得到充分的满足。

3)人们照顾自己和他人的唯一目的就是丰盈彼此的生命,而非出于内疚、羞耻、责任、义务,或对惩罚的惧怕,不会被外界奖赏所驱使,或运用这些方式强迫他人。

梦想与梦魇的比较

把丰盈生命型组织的梦想描绘清楚,最好的方式也许就是与控制型组织的梦魇做对比。

控制型组织	丰盈生命型组织
目标: 证明谁是对的,谁是错的 得到你想要的 服从权威	**目标:** 让生活更美好 让所有人的需要得到满足 与自己和他人相连接
动机: 惩罚、奖励、内疚、羞耻、责任、义务	**动机:** 为他人的幸福做贡献;欣然接受他人的给予
评估方式: 标签、评断	**评估方式:** 什么在满足人的需要,什么没能满足? 什么让你我的生活更美好?

在丰盈生命型组织中，我们得到我们想要的，但决不以牺牲他人为代价——以他人为代价得到我们想要的，并不能满足我们所有的需要。在丰盈生命型组织中，我们的目标更加美好——表达我们的需要而不带对他人的指责，恭敬地聆听他人的需要，而无须任何人妥协或让步——这样建立起来的有品质的连接，会让所有人的需要都得到满足。

··· 丰盈生命型教育 ···

在我所倡导的教育项目中得到指导的学生，珍视他们的自主性和相互依赖，也掌握必要的组织技能，去创建丰盈生命型体系让自己乐在其中。

在这种学校你会看到：

- 教师和学生如伙伴般一起工作，一同设定目标并达成共识。
- 教师和学生使用过程性语言。我所教导的一种语言称为非暴力沟通语言，把注意力专注于：1）每个人行为背后的感受和需要，2）什么行为可能最能满足每个人的需要，且不以牺牲任何人为代价。
- 学生学习的动机是他们对学习本身的渴望，而不是对惩罚的惧怕或是对奖励的渴求。
- 测试在课程开始的时候进行，用以衡量需要，而不是在课程结束时用来决定如何奖励或惩罚。对学生学习的评估替代评分制度，来描述他们所掌握的知识与技能。

- 设立互助学习社群，鼓励学生彼此关心，互助学习，而非为数量有限的奖励而相互竞争——社群的共同目标就是支持所有学生达成他们的目标。
- 所有的规章制度由受规章制度影响的学生、教师、家长和管理者共同制定。强制力只用于保护健康和安全等需要，绝不以惩罚为目的。

··· 根本的转变 ···

所以我所倡导的不仅是一门课程，一种日程安排，班级管理的一个调整，或是在教学技巧上的某种创新。我将在这本书里介绍的做法，你们中的许多人已经尝试过，这并不是什么前所未闻的理念。我要热切倡导的是一种根本的转变：价值观的改变，整个基底系统的完全革新。

我遇到的人们都非常渴望这种改变。他们意识到，正如米奇·阿尔博姆（Mitch Albom）的畅销书《相约星期二》（*Tuesdays with Morrie*）里的莫里所言："我们现有的文化让人们感觉自己很糟。我们正在把错误的东西教给下一代。你必须足够坚强，才能不屈就于不适宜的文化，创造自己的文化。但是大部分人做不到这一点。"

也许单凭一己之力做不到，然而畅想一种丰盈生命型文化，就是创造它的第一步，然后我们共同努力，也许就可以达成。

教育中的非暴力沟通

分享场地

一个非暴力沟通培训师在一所小学向教师和学生们教授非暴力沟通。一天，操场上有两伙男孩子发生了争执，当时她也在场，正好可以用这个机会展示非暴力沟通的技巧，来演示如何通过帮助他们看到彼此的感受和需要来解决冲突。

当时午休快要结束，几位教师正在操场上与非暴力沟通培训师谈话。两个十岁到十二岁模样的男孩跑到培训师面前。个子高一点的男孩红着脸，紧紧抓住一个球。另一个个子稍矮一点的男孩在哭。

非暴力沟通培训师（首先，转向拿球的男孩，猜测他的感受）：
看起来你很激动，也很气恼！
男孩1：
是的，我想玩球，但玩不成，都是因为他（指向另一个男孩）。
非暴力沟通培训师（听到他的需要并复述）：
所以，你希望跟朋友们玩，但没玩成，是吗？
男孩1：
是，他跑来冲进我们的游戏要把球抢走，我们跟他说了好多次让他走。现在又没轮到他们玩。
非暴力沟通培训师（转向男孩2，看看他是否听到了男孩1的需要）：
你能告诉我你听到他说他的需要是什么了吗？
男孩2：
听到了，他们不想跟我们玩。

非暴力沟通培训师（又问男孩2）：
我听得出你也很沮丧，我还是想让你用自己的话说说，你听到他说了什么？

男孩2：
他们玩的时候不想被打扰。

非暴力沟通培训师：
我听到的也是这样。现在，我想知道你怎么看这种情况？

男孩2：
我们想玩。就是他们仗着个子大，从不把场地分给我们玩。

非暴力沟通培训师（转向男孩1）：
所以，你听到他说了什么？

男孩1：
嗯，他们也想玩。但是还没轮到他们。

非暴力沟通培训师：
等一下。现在你可以只是听听他的意思吗？

男孩1：
好，他也想玩。

非暴力沟通培训师：
所以我听到的是，你们双方都想玩。而且你们双方都想决定这个场地用哪里，怎么用。

男孩2：
但这不公平。他们仗着个子大，总是想怎样就怎样。

非暴力沟通培训师（听到他的需要）：

所以你希望得到尊重？需要公平？

男孩 2：

是的。

非暴力沟通培训师：

我猜你想有一样多的时间在场地上玩？这能满足你公平和尊重的需要吗？

男孩 2：

是的。

非暴力沟通培训师（转向男孩 1）：

我猜你也希望公平，是吗？

男孩 1：

是的。

非暴力沟通培训师：

我现在想知道你们是否准备好来想一些办法实现公平，或者在此之前你们俩有谁需要得到更多的理解吗？

男孩 2：

我觉得他肯定会把场地占上的。

男孩 1：

我怎么知道他不会一直来捣乱？

非暴力沟通培训师：

所以看起来不管怎么分，你俩都希望能信任另一方会遵守约定？

男孩 1 和男孩 2：

是的。

非暴力沟通培训师：

那么很重要的一件事情是，无论达成什么约定，你们双方都很舒服，并且能真心愿意尝试一段时间，看看是不是可行。你们同意吗？

男孩 1 和男孩 2（点点头）：

好的。

非暴力沟通培训师：

我猜你们俩都有了一些解决这个问题的想法。你们两个可以谈谈吗？然后把约定好的办法告诉我或者你们的老师，还是你们讨论的时候需要一个大人在场？

两个男孩说他们想自己谈。过了一小会儿，他们得到了一个方案：有几天的时间他们分着场地玩，另外的几天他们轮流使用整个场地。他们说先试两周，然后再次讨论这个方案是否合适。

当这两个男孩商定方案的时候，非暴力沟通培训师转向那群正在旁观这次调解的教师们。

非暴力沟通培训师：

我很好奇你们在刚才的互动中看到了什么？

教师 1：

我们很吃惊他们这么快就找到了办法。

非暴力沟通培训师：

所以你很惊奇,并且我猜,你还很高兴看到这些冲突中的学生能这么快达成相互理解吧?

教师 1:
是的。我还在想我以前是怎么处理的,如果照那样处理会有什么结果。

非暴力沟通培训师:
那会怎样呢?

教师 1:
我也许会斥责那个大孩子,告诉他一周不能在那个场地玩,诸如此类的话。如果我用了某种方式惩罚了他,他就不会跟那个小一点的孩子说话了。

教师 2:
我也在想我会怎么说。不过我可能会惩罚较小的男孩,因为他扰乱了别人的游戏。我会不许他们一伙进场地玩,让他们反省自己,直到他们学会和平共处。可这只能让冲突平息一小会儿,从没真正管用过。

非暴力沟通培训师:
听到这些,我想你们会有兴趣看看他们是如何继续自己解决问题的吧?

教师 1:
是的。我对我怎样才能学会像你刚才做的那样,帮助他们自己解决问题也很感兴趣。

第二章

表达丰盈生命的信息

… 帮助学生做好准备 …

身为教师，我们可以通过一种让彼此时刻保有实实在在连接的语言，帮助学生准备好参与并创建丰盈生命型组织。我称这种语言为"非暴力沟通"。使用这种语言，老师和学生就能成为伙伴，学生会得到不用打架也能解决纷争的方法，类似家长与校董事会的对立方之间也能架起桥梁，会对自己的幸福做出贡献，也会对他人的幸福做出贡献。所以，你也许会问，为什么我们不都快点去学这种美妙的语言，并在生活中天天使用呢？

不幸的是，我们之前习得的语言已经教会我们用道德标准去评价自己和对方的行为，比如："对/错""正确/不正确""好/坏""正常/不正常"，"恰当/不恰当"。

我们受到的进一步教育使我们相信，在权威位置上的人才知道哪种评判适合用在哪些地方。如果我们有了"教师"或者"校长"头衔，我们就会觉得我们应该知道什么对我们的学生或者下属是好的，谁不遵守我们的决定，我们就迅速把"不合作""不团结"，甚至"心理疾病"的标签贴在他身上。同时，如果我们的努力没有奏效，我们也会说自己"无能"。我们被教育使用这种语言方式后，便会顺从权威，这一点也是控制体系的基础。

有一次，我在一个广播节目上被主持人问道，"你认为怎样才能让世界和平"？我答道，"如果能让人们从需要的角度去思考，而不是对错、好坏之类的道德评判"。喔！你真是应该看看当时接线总机有多忙！许多人一听到那些话就害怕，以为我不做任何判断，主张全然放任。正好相反，和我有着相同信念的人都有着坚定的主张和鲜明的价值观，但他们的判断建立在这些价值观的基础上而不是道德评判上。

因此大部分人发现，非暴力沟通一点都不难学。难的是舍弃所学的道德评判的语言，也就是控制体系下的语言。

道德评判对学习的影响

我向教师们讲解道德评判和价值判断的区别，最成功的一次是在弗吉尼亚州的诺福克。我向教师们示范了如何用价值判断来评价学生的学术能力。这些教师对于不指出答案的对错来评估学生的作业持怀疑态度。因此我代了几堂课，包括数学、科学、语言，以期能向教师们证实，现有评价机制之外的替代方法是存在的。这些课堂都录了像。

那天的课拍了 4 个小时的录像带。然而，校方后来告诉我录像带的前 10 分钟已经足以让教师们相信，用其他方法替代道德评判有多么重要。

在这 10 分钟里，我跟一个 9 岁的小男孩互动。他刚算完一页数学加法题，我看到他把 9 加 6 算成了 14。我就对他说："嘿，小伙子，我不大懂你是怎么算出来这个答案的。我得到的答案跟你的不一样。我想让你跟我讲讲，你是怎么算的。"

我是真心诚意这么说的，因为我真的不知道他怎么算出来的答案。

或许他发明了新的算术系统，比我之前学的更让我喜欢。总之，我不确定他是否有一个新发明，还是他做了什么别的东西。因此我接着说："我很想知道你是怎么得到这个答案的。我算出来的跟你的不一样。你愿意跟我讲讲你是怎么算的吗？"

那男孩垂下头开始哭。

我问："小伙子，怎么了？"

他答道："我算错了。"

教师们看到这里就明白了。这个孩子到了三年级已经学会了在学校里最重要的，就是别人会如何评价你。即便我并没有说"错"这个字，他也好像听到的是"错"，而且他的回应也表现出对于"错"他有多羞愧。他可能已经把"错"这个字与被评判的痛苦经历和严重的后果关联起来，像是被说成"愚蠢"以及被群体排除在外。

我们是多么快让学生们意识到上学最重要的不是提升他们丰盈生命的技能和知识，而是赢得正面的评价，避免负面的评价。

这种认知对于维持控制体制至关重要，这种体制下的工作就是要赢得奖赏避免惩罚。当人们意识到他们的工作是为自己和他人的幸福做贡献时，奖赏和惩罚将不再需要。

我记得得克萨斯州一个小学教师，她在听到我讲解用价值判断评估的益处时非常恼火。她说："你在把简单的东西复杂化，这根本没必要。事实就是事实，学生对的老师就说对，学生错的老师就说错，我看不出这有什么问题。"我请那个教师举个铁定是事实的例子。她回答："比如,哥伦布发现美洲新大陆,这是个事实。"那天一个美洲原住民朋友跟我一起来的。他镇定地对那位老师说:"这跟我祖父说的可不一样。"

用价值判断做评估

用价值判断做评估,让学生知道他的表现是否与老师的需要或者价值观相一致。这种评估不是静态的道德评判,而价值判断通常不是"批评",就是正向的类似"表扬""赞美"的评价。所以,教师评估学生的表现时可能会这么说,"我赞同"或"我不赞同",而非"这是对的"或"这是错的"。教师们会表达他们希望学生们做什么,但是不会用语言暗示学生别无选择,例如"你不得不""你不能做那件事""你应该"或"你必须"。

尽管并不容易,但为了让教师真的全力支持这种理念的推行,我们在丰盈生命学校设置了特别的探测器。如果教师的意识中有如下词语,将不许他通过校门:对、错、正确、不正确、好、坏、正常、不正常、有礼貌的、没礼貌的、有天分的、没天分的、不得不、必须、理当,尤其有一个词语——应该。

在这种无评判环境中,受教育的学生的学习动力,是他们真心选择要学习,而不是为赢得奖励或者避免道德评判或惩罚。每个教师都明白,或者至少可以想象,教授一个真心要学习的学生,会有多么喜悦,而那又是多么珍贵。

我希望从现在起你开始了解，仅仅用不同的语言来评价学生的表现就能彻底改变我们的教育体制。不过你或许会问："那些成绩单怎么做呢？还有能力和学业测验怎么办呢？"

我会尝试回答这些问题。不过我想先来谈谈非暴力沟通的基本原则。

非暴力沟通的组成要素

非暴力沟通帮助我们有觉察地清晰表达：

○ 我们观察到可以满足我们需要的事物；

○ 我们观察到不能满足我们需要的事物；

○ 我们当下的感受和需要；

○ 为满足我们的需要，我们请求的行动；

○ 了解观点和信念仅仅是观点和信念而不是事实。

非暴力沟通也帮我们以同理心倾听：

○ 他们观察到可以满足他们需要的事物；

○ 他们观察到不能满足他们需要的事物；

○ 他们的感受和需要；

○ 为满足他们的需要，他们请求的行动。

记住我们的目标和非暴力沟通的目标不是让我们得到我们想要的，

而是建立人与人的连接，这些连接会让所有人的需要得到满足。它是那么简单，又那么复杂。

…做出清晰的观察而不带评论…

非暴力沟通的一个重点是有能力表达对别人行为的观察，而不掺杂任何听起来像指责的评论。我的经验是，如果人们听到指责，任何人的需要都很难满足（例如，学生学习的需要，教师教学的需要）。指责更容易引发的是防卫性争辩或反驳而非合作。

即使他人遂了我们的心愿，他也很可能是出于羞愧、内疚或者害怕惩罚，而非出于满足任何人需要的愿望。当人们出于这些原因做出选择，任何一方都会付出沉重的代价。他人会付出代价是因为，这些行为会因其意图而丧失其人性的光芒。我们会付出代价是因为，当我们与人性的丧失联系在一起，他人为我们的幸福做贡献时的喜悦会减少，甚至造福我们的意愿也会降低。

作曲家及诗人鲁思·贝本梅尔（Ruth Bebermeyer）写下了这首歌，帮助孩子们学习不带评论的观察：

> 我从未见过什么懒汉；
> 我见过的他，未曾在我目力所及跑步，
> 我见过的他，有时在下午睡觉，

在某个下雨的日子里待在家里。

但他不是个懒汉。

请在说我胡言乱语之前,

想一想,他真的是个懒汉,还是

他的行为被我们贴上了"懒惰"的标签?

我从未见过什么傻孩子;

我见过这个孩子有时做的事,

我不能理解或始料不及,

我见过这个孩子的看法与我的不同,

但他不是个傻孩子。

请在你说他傻之前,

想一想,他是个傻孩子,还是

他知道的事情和你知道的不同?

我使劲儿看了又看,

却从未看到一个厨师;

我看到的是一个人,为我们的餐食调配食材,

那个人点燃灶头,看着炉子上正烹饪着的肉食,

我看到的只是这些,而不是厨师。

请告诉我,当你看的时候,

你看到的是位厨师,还是

有个人做的事情被我们称为烹饪?

有些人所说的懒惰,

另一些人却说那是淡泊人生;

有些人所说的愚蠢,

另一些人称之为看法不同。

因此,我得出结论,

如果不在所见中夹杂我们的观点,

我们便可以避免混乱。

可能你还有困惑,

因而,我还想说的是:

我知道这只是我的看法。

——鲁斯·贝本梅尔

我说的观察,可以是看到、听到、摸到,可以用摄像机记录下的东西。观察是描述性的,而评论则包含我们对观察做出的推断。非暴力沟通并非建议我们做到完全客观而不加一点评论。我们可以告诉别人我们观察到的、我们的感觉如何以及我们看重的。不过对孩子大吼:"莎伦!这样也太狠了,怎么能拿积木打莱昂内尔的头!"与后面的表达很不同:"当我看到你拿积木打莱昂内尔的头,我很害怕,我希望教室里的每个人都很安全。"

要说清楚纯粹的观察和带有评论的观察的区别，我所知道的最好的办法就是使用下表：

把观察和评论混为一谈	区分观察和评论
你太慷慨了。	当你把你的午饭钱给别人的时候，我担心你把自己可能需要的钱也给出去了。
道格拖拖拉拉。	道格只在考试前一晚看书。
他不会把他的工作做好。	他没把他的工作做好。
少数民族都不好好保护自己的财产。	我没见过街角少数民族那家人清理门前人行道上的积雪。
汉克·史密斯是个差劲的球员。	汉克·史密斯在 20 场比赛中没进一个球。
吉姆很丑。	我不觉得吉姆的外表吸引人。

表中右列的例子中，有些包含了评论，作为评论表达出来而非事实；其余的没有包含评论，只是纯粹的观察。

练习一

观察还是评论？

完成以下练习，来测试你区分观察和评论的能力。找到不带有评论的观察的句子，在前面的数字上画圈。

1. "当我请玛利亚听我说话时，她很粗鲁地回应我。"
2. "托比告诉我，他的狗把他的作业吃了。"
3. "我听到一个六年级学生对一个三年级学生说：'你太傻了。'"
4. "她很聪明。"
5. "你是个很棒的作家。"
6. "我想不起来这周有哪次她是在铃响之前到校的。"
7. "他是个小霸王。"
8. "她告诉我她有学习障碍。"
9. "我看到她跟另外三个女孩一边指着新同学，一边说笑。"
10. "他们一直在搞破坏。"

以下是我对练习一的回答:

1. 如果你圈了这句话,我们的意见不一致。我认为"粗鲁"是评论。不带评论的观察可能是:当我请玛利亚听我说话时,她答道:"我不必听任何人说话。"
2. 如果你圈了这句话,我们的意见一致,这是个不带评论的观察。
3. 如果你圈了这句话,我们的意见一致,这是个不带评论的观察。
4. 如果你圈了这句话,我们的意见不一致。我认为"聪明"是评论。不带评论的观察可能是:"每次期末考试,她每道题的回答我都很满意。"
5. 如果你圈了这句话,我们的意见不一致。我认为"很棒"是评论。不带评论的观察可能是:"在你的故事里,每个角色你都用至少三段来描述他们的生活。"
6. 如果你圈了这句话,我们的意见一致,这是个不带评论的观察。
7. 如果你圈了这句话,我们的意见不一致。我认为"小霸王"是评论。不带评论的观察可能是:"六个学生告诉我,如果不照他说的做就会受到威胁。"或"我好几次在休息时间看到他把球从其他同学手中抢走。"
8. 如果你圈了这句话,我们的意见一致,这是个不带评论的观察。虽然我认为"学习障碍"是个评论,但是"她告诉我她有学习障碍"是对她言行的观察。

9. 如果你圈了这句话,我们的意见一致,这是个不带评论的观察。

10. 如果你圈了这句话,我们的意见不一致。我认为"搞破坏"是评论。不带评论的观察可能是:"当我试着给出指导的时候,他们笑的声音大过我能接受的程度。"

··· 识别和表达感受 ···

非暴力沟通的一个基本功能，就是随时把注意力集中在我们的感受上。要做到这一点，需要表达感受的能力。不幸的是，我们大多数人被教会了控制体系下的语言，对于"愚蠢"这个词我们能想到10个同义词，而对于感受，除了"好"和"坏"之外没有太多的词汇。

在表达我们感受的时候，明确具体的词汇相比泛泛的词汇会更有帮助。如果我说，"我觉得那样很好"，或者"我觉得那样很糟"，我对自己是什么感受并不十分清晰。"好"可能意味着兴高采烈，欢欣鼓舞，心满意足，或者介于这些情绪之间的什么感受。"糟"可能在表达意气消沉，灰心气馁，或者只是有点失望。

用我们的语言表达感受并不容易。我们的确用了"觉得"这个词，但是根本没有表达感受。在以下句子中，当"觉得"这个词后面是"好像""似乎""我""你""他""她"或者"他们"时，说话的人其实并没有在清晰表达感受：

○ "我觉得你应该更清楚。"
○ "我觉得似乎我更应该去做别的事。"
○ "我觉得对我不公平。"
○ "我觉得他们想让我走。"

我们完全不知道做出上述表述的人有何感受。我们可以猜测，但很容易猜错。说最后一句话的人可能感觉心烦意乱，或者因为期待着想要离开而心花怒放。

以下列出的词汇，可以帮你提高表达感受的能力。但这不是全部，请增加你自己的词汇。

需要得到满足时的感受

全神贯注	镇静	兴奋
新奇	关切	开朗
深情	自信	期盼
机敏	惬意	兴高采烈
有活力	冷静	着迷
惊奇	好奇	自在
开怀	倾倒	友善
生机勃勃	愉悦	满足
感激	热忱	高兴
热心	奔放	欢欣雀跃
振作	欣喜若狂	明媚
惊讶	活跃	热情洋溢
极为幸福	欢欣鼓舞	快乐
屏气敛息	陶醉	感谢
快活	受鼓舞	心满意足
平静	精力充沛	幸福
无忧无虑	聚精会神	热心
开心	生气勃勃	满怀希望
舒适	热情	感兴趣
得意	激动	受启迪

激切	宁静	心花怒放
趣味	活泼	激励
迷住	愉快	惊喜
精神焕发	开心	柔软
热衷	自豪	欣慰
欢乐	安静	乐不可支
欢腾	容光焕发	触动
亢奋	痴迷	恬静
有爱心	神清气爽	满怀信任
甜美	放松	乐观开朗
轻快	如释重负	温暖
欢喜	满意	清醒
感动	安全	美妙
乐观	敏感	热情高涨
大喜	安详	
受宠若惊	入迷	

需要未得到满足时的感受

畏惧	焦虑	乏味
气恼	冷淡	忧郁
焦躁	担心	无聊
惊慌	刺激	心碎
冷漠	羞愧	屈辱
愤怒	丧气	寒冷
痛苦	迷惑	忧虑
烦扰	苦涩	困惑

冷酷	愁苦	孤独
生气	惊吓	气愤
低落	懊恼	汗颜
抑郁	大怒	郁闷
绝望	低落	昏沉
沮丧	内疚	阴郁
抽离	逼迫	哀悼
不满	沉重	紧张
失望	无助	心乱如麻
挫败	犹豫	麻木
幻灭	恐惧	被动
不高兴	敌对	迷茫
厌恶	灼热	悲观
灰心	单调	苦思冥想
惊愕	受伤	充满敌意
不快	不耐烦	迟疑
不安	不在乎	排斥
苦恼	激烈	仇恨
麻烦	怒气	躁动
垂头丧气	恼怒	难过
消沉	激怒	害怕
沉闷	嫉妒	敏感
愤恨	紧张不安	颤抖
恼火	激动不安	震惊
耗尽	懒散	批判
精疲力竭	疑虑	困乏
担忧	倦怠	哀痛
坐立不安	无精打采	歉意

没有斗志	不适	拘谨
失魂落魄	不感兴趣	棘手
惊讶	心神不宁	厌倦
怀疑	心烦意乱	伤感
不冷不热	不开心	退缩
惊恐	气馁	悲伤
劳累	不稳定	着急
烦恼	烦乱	糟糕

练习二

表达感受

在这个练习中,你会了解在用语言表达感受方面我们是否有共识。请找出用语言表达感受的句子,并在前面的数字上画圈。

1. "我觉得你生气了。"
2. "我很高兴你完成了报告。"
3. "我很难过,因为我希望每个人在学校都找到归属感,我看得出你没找到。"
4. "你让人心情愉悦。"
5. "看你带着新生参观,我非常高兴。"
6. "我很感激你告诉我你的烦心事。"
7. "我觉得你们这些学生好像没有尽全力。"
8. "我担心你没有时间完成。"
9. "你没照我说的做,我感到不被尊重。"
10. "看到你学了这么多我很开心。"

下是我对练习二的回答：

1. 如果你圈了这句话，我们的意见不一致。我认为"你生气了"不是感受。对我来说，这表达了说话者认为他人的感受是什么，而不是说话人的感受。无论何时，当"觉得"这个词后面是好像、似乎、我、你、他、她或者他们时，后面说的话我通常都不认为是感受。感受的表达可能是："我觉得担心……"或"我感到好奇……"
2. 如果你圈了这句话，我们的意见一致，感受通过语言表达了。
3. 如果你圈了这句话，我们的意见一致，感受通过语言表达了。
4. 如果你圈了这句话，我们的意见不一致。我认为"让人心情愉悦"不是感受。对我来说，这表达了说话者如何评价别人是让人心情愉悦的，而没有表达说话者的感受。对感受的表达可能是："我感到愉悦…"或"我看到你很开心。"
5. 如果你圈了这句话，我们的意见一致，感受通过语言表达了。
6. 如果你圈了这句话，我们的意见一致，感受通过语言表达了。
7. 如果你圈了这句话，我们的意见不一致。对我来说，这句话表达了说话者认为他人正在做什么。这也是我觉得后面跟着好像的常见的情况。对感受的表达可能是："看到你们交来的作业，我感到有点难过也有些担心。"
8. 如果你圈了这句话，我们的意见一致，感受通过语言表达了。
9. 如果你圈了这句话，我们的意见不一致。我认为"不被尊重"

不是感受。对我来说,这句话表达了说话者认为他人正在做什么。对感受的表达可能是:"我感到失望……"或"我感到沮丧……"

10. 如果你圈了这句话,我们的意见一致,感受通过语言表达了。

⋯ 不表达感受的风险 ⋯

如果我们不表达感受，可能会带来负面的影响。一次我应邀到圣路易斯市中心为一群学生教授非暴力沟通课。当我第一天走进教室的时候，正在兴致勃勃交谈的学生们安静了下来。当我说"早上好"时，没有人回应我。我感到非常不舒服但是我不敢这么说。我没有表达我的感受，而是用了最职业或许带点夸张的口气接着说："我们将要学习沟通过程，我希望这会对你们的家庭关系和朋友关系都有帮助。"我接着讲了非暴力沟通的知识，但看上去没有人在听。一个女孩拿出指甲锉开始修整指甲。窗边的学生向窗外张望，看着街上发生的事。我感到更不舒服了，但继续蹩脚地讲个不停。

最后，一个比我更有勇气的学生说道："你讨厌黑人，不是吗？"我马上意识到我对不舒服的极力掩饰让学生们这么解读了我的想法。

我答道："我感到非常紧张，不是因为你是黑人。我紧张是因为我一个人也不认识，走进教室的时候我觉得我不被接受。"

这样表达我脆弱的一面，对学生有显著的影响。他们开始问我问题，逐渐开始告诉我他们自己的事，对学习非暴力沟通表现出了兴趣。

⋯ 把感受与需要相联系 ⋯

非暴力沟通会让我们更强烈地意识到，他人的言行激发了我们的感受，但绝不是原因。我们的感受源于我们的需要是否得到满足。所以当用积木打了莱昂内尔的头的时候，莎伦并没有让老师感到害怕，老师感到害怕是因为他需要确保教室里孩子们的人身安全和幸福。如果那一刻他的需要是休息，因为他前一天夜里照顾生病的孩子没睡好，他可能会感到精疲力竭而不是害怕，他可能会检查一下莱昂内尔的头皮有没有受伤，而完全不管莎伦，因为他实在没有力气了。

对他人的解释、批评、诊断、评判都是对我们未满足需要的悲剧性表达。例如，如果一个学生对老师说："那不公平！你从不选我！"学生或许是在表达他公平的需要没有得到满足。或者如果一个老师对学生说："你这周每天都迟到。你根本不在意你有没有学到东西，是吗？"老师可能在表达他对感谢的需要未被满足，他每天都为班级做了准备和计划。

用这种间接的方式表达我们的需要，往往事与愿违。越是直接把我们的感受联系到需要，就越容易得到他人友善的回应。另一方面，当我们的需要通过解释和评判来表达，他人会更容易听到批评。就像我之前提到过的，如果人们听到任何类似批评的言语，他们的注意力往往都放在防御或反驳上，而很难放在友善的回应上。

然而，我们大多数人所受的教育，并非从自身需要的角度来思考。我们被言传身教的思考方式反而是，我们的需要未被满足时，他人做错了什么。因此如果学生没按时完成作业，我们会说他们"懒"，如果作业落在家里，就是"不负责任"。我的经验一再验证，从人们谈论他们需要的时刻开始，而非谈论他人的过错，找到满足每个人方法的可能性会大幅提高。

人类共有的一些基本需要：

自主选择

选择梦想 / 目标 / 价值

选择实现梦想 / 目标 / 价值的方法

庆祝 / 哀悼

庆祝生命的创造和梦想实现

哀悼失去：亲友离世，梦想破灭，等等

一致性

真实

创造

意义

相互依存

接纳

欣赏

亲密

社群

体谅

服务生命

心理安全

同理心

诚实（可以让我们从自身的局限中学习的、赋能的诚实）

爱

肯定

尊重

支持

信任

理解

滋养身体

空气

食物，水

运动 / 锻炼

保护生命（免受病毒、细菌、昆虫、食肉动物的伤害）

休息

性表达

住所

身体接触

玩耍

乐趣

快乐

精神交流

美

和谐

启迪

秩序

和平

我把建立一个如上的需要词汇表看作是一个持续的工作，总是欢迎对它进行修改和添加。我的一个教师朋友创建了她自己的需要词汇表，她发现在与孩子们互动的时候很有帮助：

··· 你需要什么？ ···

自主选择；成就；关爱；欣赏；美；帮助他人的机会；创造性表达；尊严；运动；食物，水，空气，温暖；玩乐；和谐；坦诚，真实；学习新技巧；爱和归属感；秩序；和平；信心；尊重；休息；安全、保护；空间；支持；身体接触；信任；理解

希望你喜欢创建词汇表的过程，只列出人类共有的需要即可。

练习三

确认需要

为练习识别需要,请找出说话者把自己的感受与自己的需要相联系,以此表示为自己的感受负责的句子,并在前面的数字上画圈。

1. "你回来让我心里很踏实,因为我担心你的安全。"
2. "听到你叫她绰号我很难过,因为我希望每个人都得到尊重。"
3. "你的报告让我很兴奋。"
4. "你说'我不在乎'的时候,我觉得很伤心。"
5. "当你迟到的时候,我很沮丧。"
6. "你在纸上乱画,让我很生气。"
7. "我感到失望,我想把我的意思说清楚,但没做到。"
8. "你们能互相帮助,让我好高兴。"
9. "你那样做,我很困惑。"
10. "我很感谢你说出来,因为我看重诚实。"

以下是我对练习三的回答：

1. 如果你圈了这句话，我们的意见一致，说话者为自己的感受负责。

2. 如果你圈了这句话，我们的意见一致，说话者为自己的感受负责。

3. 如果你圈了这句话，我们的意见不一致。要表达感受下面的需要或想法，说话者或许可以说："看了你的报告我很兴奋，因为我一直想对海豚有多一些的了解。"

4. 如果你圈了这句话，我们的意见不一致。对我来说，这句话暗示他人的行为完全要为说话者的感受负责。说话者感受下面的需要或想法没有得到明确表达，要做到这一点，说话者或许可以说："当你说'我不在乎'时，我有些伤心，我对体谅的需要没有得到满足。"

5. 如果你圈了这句话，我们的意见不一致。为表达感受下面的需要和想法，说话者或许可以说："你迟到的时候我很沮丧，因为我需要把时间用在每个人的学习上。"

6. 如果你圈了这句话，我们的意见不一致。为表达感受下面的需要和想法，说话者或许可以说："当你在纸上乱画，我感到生气，因为我看重节约资源。"

7. 如果你圈了这句话，我们的意见一致，说话者为自己的感受负责。

8. 如果你圈了这句话，我们的意见不一致。为表达感受下面的需要和想法，说话者或许可以说："看到你们相互帮助，我很开心，因为我看重合作和分享的学习方式。"
9. 如果你圈了这句话，我们的意见不一致。为表达感受下面的需要和想法，说话者或许可以说："看到你那样做，我很困惑。我很想理解你在试着满足什么需要。"
10. 如果你圈了这句话，我们的意见一致，说话者为自己的感受负责。

⋯ 提出让生命更美好的请求 ⋯

假定你的学生这周已经 5 次没做作业就来上你的英语课了，由于你已经决定用非暴力沟通的方式对待你的学生，你把说他懒和不负责任的话都咽回去了。相反，你告诉他你的观察，不带一点评论（"当你回答我的问题，说你没有阅读这项作业"），告诉他你的感受（"我感到困惑"），并把感受联系你的需要（"因为我需要帮助我的学生学习，如果你不阅读，我不知道你要怎么学美国文学"）。到这一步还不错。

最后一步是清晰表达你的学生可以做什么来满足你的需要。这有时候是最难的一步。你让他读《费恩历险记》(*Huckleberry Finn*)的某些章节已经 5 次了，他并不照做，所以再让他那么做也没有意义。你要做出怎样的提议，才能与他建立连接，并且最终让你们双方的需要都得到满足呢？

要找到问题的答案，让我们思考一下非暴力沟通的请求是什么。首先，非暴力沟通表达的是我们想要什么而不是不想要什么。当有人告诉我们什么事情不能做的时候，我们常常会感到困惑。我喜欢举的例子是，老师告诉一个幼儿园的孩子，在觉得其他小朋友惹她的时候不能拧他们。所以下一次一个孩子拿走她想要的玩具时，她用牙咬了那个孩子。

除了提出我们想要的是什么，我们提出的请求还要包括具体的行为，避免模糊、抽象的语言。当我们用清晰的行动性语言表达请求，我们增加了他人友善回应的可能。

一组漫画有趣地表现了在提出请求时，模糊或有歧义的语言会造成怎样的困扰。画面中一个人掉到了湖里，还不会游泳。他向他在岸上的狗喊道："莱西，快去找人帮忙！"下一幅图中，他的狗躺在精神科医生的诊疗椅上。

一次我应邀去帮助一些高中学生，他们认为校长有种族歧视，所以对校长有些不满。一位熟悉这群学生的牧师，留意到他们正在计划用暴力方式报复校长。他对此忧心忡忡，要学生们跟我见面。出于对牧师的尊重，他们同意了。

在会面中，学生们一开始就表示他们坚信自己受到了不公平的对待。听过一些解释之后，我建议他们搞清楚究竟要向校长提出什么请求。

一位学生不耐烦地说："那有什么用？我们已经找过校长，告诉他我们想要什么，他说：ّ滚出去！我不需要你们这些人告诉我要怎么做。'"

我问学生们他们提出了什么请求。他们告诉我，一开始他们先跟校长说，他们不想他干涉他们的着装和发型。我跟学生们分享我的看法，如果他们表达他们想要什么，而不是他们不想要什么，他们或许会收到更为积极的回应。

他们接着告诉我，他们已经告诉校长他们想要更为公平的对待。我再一次跟他们分享了我的看法，我相信如果他们提出请求的时候，能描述希望的具体行动，而不是用一个像"公平对待"这样模糊的表述，他们或许会收到更为积极的回应。

我们一起找方法，使他们可以用积极的行动性语言表达请求。在会谈结束时，学生们清晰列出了他们希望在学校实施的 38 项行动。

会谈第二天，学生们再次去见校长，对校长表达了他们的请求，只是这次他们用了我们之前演练的清晰的行动性语言。当天晚上，他们兴高采烈地给我打电话，告诉我校长同意了他们全部的请求。三天后，校区代表给我打电话，请我去把我教给学生的方法也教给行政人员。

⋯ 请求和要求的区别 ⋯

以非暴力沟通提出请求的第三个方面，是要了解请求和要求的区别。当他人把我们的请求听成要求，他们会认为如果不说"行"，他们会受到指责或惩罚。一旦他们把请求听成要求，他们只能看到顺从和反抗两个选项。不管哪个选项，他们都会觉得受到强迫，他们都不大可能用友善的方式回应我们的请求。

例如，如果一个老师对学生说："你能把你的座位移到教室后面吗？这样我就能把我的化石展台放在这儿。"从我对两者的定义而言，这句话可能是个请求，也可能是一个要求。请求和要求的区别不是看我们说话的语气多么委婉。区别是当他人不照做的时候，提出请求的人如何看待他人。

因此，如果学生这样回应老师："我想待在原来的位置。"老师说："你太不体谅别人了！"我就会把那句话称作要求。老师用道德标准评判学生的偏好，而不想去了解学生的动机。

这是个相似的场景。

老师：你能把你的座位移到教室后面吗？这样我就能把我的化石展台放在这儿。

学生：我想待在原来的位置。

老师：你拒绝做我要你做的事，伤了我的心。你知道化石收藏对我而言是多么重要。

在这个情境中，我们看到学生说"不"，老师暗示学生伤害了她的感情。如果我们把我们的感受归咎于他人，我们常常希望他们不照做的时候，能感到内疚。我们越是把"不"当成拒绝，或者是我们不开心的根源，我们今后的请求就越是可能被听成要求。

练习四

表达请求

为了确认我们对清晰表达请求的理解是否一致,在下面表述中,找出说话者用具体可操作的语言清晰表达请求的句子,并在前面的数字上画圈。

1. "我希望你尊重别人。"
2. "我希望你在我说话的时候注意听。"
3. "我想让你说说,你对我的目标是怎么理解的。"
4. "我想让你以后能准时。"
5. "我希望你告诉我,你是否愿意定个时间谈谈你和托比今天的事。"
6. "我希望你更努力尝试。"
7. "我想让你在五分钟内把你在做的所有材料都收好。"
8. "我希望你用自己的话跟她讲讲发生了什么事。"
9. "对我的讲解有任何不理解,我希望你随时举手。有人不愿意这样做吗?"
10. "我希望能公平处理。"

我对练习四的回答：

1. 如果你圈了这句话，我们的意见不一致。对我而言，"尊重他人"不是一个清晰的具体可执行的请求。说话者或许可以说："我希望你能回答我的问题，或者告诉我是什么需要妨碍了你这么做。"
2. 如果你圈了这句话，我们的意见不一致。对我而言，"注意听"不是一个清晰的具体可执行的请求。说话者或许可以说："我说完之后，想请你告诉我你听到了什么。"
3. 如果你圈了这句话，我们的意见一致。这句话清晰表达了说话者的请求。
4. 如果你圈了这句话，我们的意见不一致。对我而言，"准时"不是一个清晰的具体可执行的请求。说话者或许可以说："我希望你告诉我，你是否愿意从现在起，每次上课铃响前，把外套和背包放好并坐在座位上？"
5. 如果你圈了这句话，我们的意见一致。这句话清晰表达了说话者的请求。
6. 如果你圈了这句话，我们的意见不一致。对我而言，"努力尝试"不是一个清晰的具体可执行的请求。说话者或许可以说："我希望你告诉我，我做什么可以帮你专注完成这项工作？"
7. 如果你圈了这句话，我们的意见一致。这句话清晰表达了说话者的请求。

8. 如果你圈了这句话,我们的意见不一致。对我而言,"用自己的话"不是一个清晰的具体可执行的请求。说话者或许可以说:"我想让你告诉她你不喜欢她的哪些做法,告诉她你的感受,还有你的何种需要没有得到满足。"
9. 如果你圈了这句话,我们的意见一致。这句话清晰表达了说话者的请求。
10. 如果你圈了这句话,我们的意见不一致。对我而言,"公平处理"不是一个清晰的具体可执行的请求。说话者或许可以说:"我希望你告诉我,你是否愿意每个人都先只做一次,直到每个人都做过。"

··· 过程就是目标 ···

如果我们的目标只是改变人们的行为，或是得到我们想要的，非暴力沟通不适合我们。如果我们渴望他人只有在他们真心愿意，并带着爱去做的时候，才对我们的请求说"是"，非暴力沟通是为我们准备的。

非暴力沟通的目标是建立有品质的连接，让每个人的需要都得到满足，我们使用这种语言，并不是试图让人们做我们想让他们做的事。当人们相信我们竭力追求的是有品质的关系——以诚实和同理心为基础的关系——以及我们的目标是让所有人的需要都得到满足，他们会相信，我们的请求确实是请求而非命令。

因此，之前那个想重新安排教室的老师，如果渴望了解为何学生不愿意挪动座位，她或许会发现，那位学生视力有问题，想要留在教室前面坐。在双方对话的过程中，其他学生有可能就会自愿挪动自己的座位为化石展台留出空间。这样每个人的需要都得到了满足，没有人会被批评或陷于内疚。

关于要求，我自己的孩子们给我上了意义深远的一课。不知何故，我觉得作为家长，我的职责就是发号施令。我的孩子们让我学到，我尽可以提任何要求，他们仍旧什么都不会照做。

如果你觉得因为你是家长、老师、校领导，你就有责任改变他人，让他们规规矩矩，那确实是一堂有深度的教我们谦卑的课。我的孩子们让我学到，我无法让他们听命行事，而只能让他们后悔没有照做。

他们更让我明白，我如果傻到让他们后悔没照做，他们之后的行为会让我更加后悔。

… 无论我们说什么，人们都可能听到要求 …

当然，无论我们如何尝试避免要求式沟通，仍然有人会听到要求和批评。当我们身居要职，我们谈话的对象又曾与发号施令的权威打过交道，我们说的尤其容易被听成要求。

例如，一所高中的领导请我向老师们演示如何用非暴力沟通语言跟不听话的学生对话。安排我去见的是40个被校方称为有"社交与情感障碍"的学生。

我的经验是，当我们给人们贴了标签，我们与他们互动的方式会让他们更有可能做出让我们最担心的行为。然后我们用这种行为来证明我们的诊断是正确的。如果你是一个学生，被贴上了"社交与情感障碍"的标签，是不是无论让你干什么你都想要抗拒？所以，当我走进教室，看到有差不多一半学生从窗户向外探身，冲着院子里的朋友大声喊着污秽的话语时，我一点也不吃惊。

我开始这样提出我的请求："我想让你们所有人都坐过来，这样我能告诉你们我是谁，我今天想跟大家一起做什么。"大约一半的学生照做了。我不确定是否所有的学生都听到了我的声音，所以我重复了我的请求。余下的学生们也陆续回到了他们的座位，只剩下两个年轻人还站在窗边。不巧的是，这两个是班里块头最大的。

我对他们俩说："劳驾，哪位先生愿意告诉我你听到我说了什么？"其中一位带着一脸厌恶，轻蔑地说："呵，你说我们得过去坐下。"我暗想："糟糕！他把我的请求理解成命令了。"

我接着对他说："先生……（我已经知道，一个像他那样有强健的肌肉，特别是身上还有文身的人，一定要用'先生'的称呼）你是否愿意告诉我，怎样才能让你觉得我希望你做的事，听起来不像在说'你必须照做'？"他说："啊？"已经习惯于从权威那里听到要求，显然对他来讲把我的请求听成请求而非要求并不容易。

所以我试着换了种方式问道："我如何才能让你觉得我想让你做的事，听起来不是在发号施令？"

他想了一会儿我问的话，回答道："我不知道。"

我接着说："此刻我们之间正在发生的事，就是我今天想谈的话题很好的例子。我相信如果人们可以说出他们想要的，而非发号施令，人们能更愉快地在一起相处。但是，我不知道我说什么你才会相信，当我告诉你我要什么，并不是说你就得这么做，如果不照做我就要找你麻烦。"他好像听懂了我的话，我松了口气。他跟他的朋友走到其他人中间，我们一起度过了收获颇丰的一天。

在话里加上几个字，表明我们想让对方做的事，是仅仅在他们心里愿意这样做才做，我们就能帮助对方相信我们的请求是个请求而不是个要求。因此我们可以说："你是不是愿意擦黑板？"而不是"我想让你把黑板擦了"。然而，要表达我们的请求不是要求，最有效的方法就是在对方不照做的时候，也能用同理心理解他们。

回看那个不愿意读《费恩历险记》的学生。你已经告诉他你感到困惑（你可能也有点泄气，但是"困惑"会更中性，不容易被听成你想让他内疚），你需要帮助他学习，但是不知道他不读书怎么学。所以你提出你的请求——正向的、具体的，可以立即执行的请求而非命令："你是否愿意告诉我，是什么原因让你不读《费恩历险记》？"

到目前为止，我们已经介绍了非暴力沟通的前半部分，也就是丰盈生命的语言的一半。接下来的一半是，如何用丰盈生命的耳朵去听，好让你知道当你听到你的学生说"《费恩历险记》好无聊"的时候，如何继续对话。

教育中的非暴力沟通

让每个人都开心

一位老师在课后辅导的时间,教 15 个 5 到 8 岁的孩子非暴力沟通。他们每天放学后在学校体育馆里上课。开始的前 20 分钟,他们会吃点心,相互聊天玩耍。然后老师会介绍活动或游戏的内容,希望让孩子们用这种有趣的方式学习非暴力沟通技能。

有一天,他们玩的是合作游戏。每个人把沙包顶在头顶,音乐响起的时候,在体育馆里或走或跑,尽可能让沙包保持在头顶上不掉下来。如果谁的沙包掉了,就要停住不动。自己的沙包不能自己捡,而必须要等别人捡起来放在他们头上,他们才可以再次动起来。玩了一会儿,两个男孩子开始打落其他孩子头上的沙包,没多久,所有的孩子都开始相互追逐,要把别人头上的沙包打落。

老师非常挫败,又很焦虑。她希望活动有序进行,也想确保每个人的安全。她喊道:"我想让所有人马上在地板上围成圈坐好!"

大约有一半的孩子跑向地板上画的圈并坐了下来,其余的还是跑来跑去,越跑越快,还开始相互扔沙包。

"马上停下来!"老师提高音量喊道,"我让你们马上坐过来!"

当学生们围成圆圈时,一个叫肖恩的 7 岁男孩向老师走来,这是他们的对话:

肖恩:
玛丽小姐,你感到很生气,是吗?

老师（对听到的话又惊又喜）：
哇！是的，肖恩，我现在挺挫败的。你能注意到，这让我心里很温暖。我很好奇你是怎么知道我的感觉的？
肖恩：
看到你从地上把沙包抓起来的样子我就知道了。
老师（笑了）：
所以你明显看出我很心烦？
肖恩：
是的。
老师：
嗯，你能看到这一点对我真的帮助很大。我现在感觉轻松多了。
接着老师请大家保持安静。
老师（对着圈里坐的所有学生）：
几分钟前当我冲你们喊，让你们停下来坐好的时候，我感觉很挫败。我想让大家一起玩，一起学，并觉得活动有乐趣，刚才发生的事对我来说一点也不好玩，因为我担心有人会受伤。谁能告诉我，到目前为止你听到了什么？
学生1：
你说你不想让我们伤到彼此。
学生2：
你说你很挫败。

老师：
感谢你们能听到这些。能被听到的感觉真好。我也很感谢肖恩跑过来问我是不是生气了。有几分钟我确实很心烦，现在感觉轻松多了，但我还是想看看我们如何能在一起更开心地玩，我还不为安全担心。我想听听你们对刚才的游戏有什么感觉。

学生3：
我觉得很好玩，我想玩得更久一些。

学生4：
对啊，没有人受伤啊。

学生5：
你砸我头的时候我很痛。

学生4：
才没有。

老师：
所以听起来一些人觉得很好玩，另一些人觉得不好玩，是这样吗？
（他们点头。）

老师：
我想找一个方法，让每个人都觉得好玩，又确保安全。谁有什么办法？

  老师和学生在余下的时间讨论了可以让每个人都觉得开心的方式。就像通常发生的那样，相比老师原来安排的游戏，这种现实互动中的实际演练会向参与者提供有价值的学习机会。课程最后，他们决定下次尝试游戏的三种玩法，看看哪种玩法最能满足所有人的需要。

第三章

同理心倾听

···同理心···

本章将讨论如何戴上丰盈生命的耳朵，用同理心倾听他人表达的信息。

> 用耳朵聆听是一回事，用理解聆听是另一回事。但用心的聆听则不受限于任何感官，不受限于耳朵或者头脑，因此所有感官都要放空。当感官放空，你的全身心就开始倾听，你会对眼前的景象有种全然的领悟，远非用耳朵听或头脑理解所能触及。
>
> ——托马斯·摩尔（Thomas Moore）《论庄子》

同理心的要素之一，就是全然体会他人当下的感受和需要，而避免迷失于诊断和解释的烟雾之中。做到这一点，就不能表面上假装在听对面的人，头脑却一直在分析对方。有一个动画片里有这么个人，当他的朋友说："我感觉我在跟你说话的时候，你好像没有在听。"这个人回答："没错。我宁可听待会儿我要讲的话，也不想听你现在说的。"我们不想成为这种人。

这种全身心的体会还要求我们清除在意识中对他人话语所怀有的预设和评判。这一点我不想被听成我在鼓励压抑或者抑制人的感受。专注于说话人的感受更为重要，而非让我们自身的反应造成干扰。

我发现以下的比喻，可以说清楚同理心所需要的专注的本质。回忆一下当你身体某处正在疼痛，也许是头痛或者是牙痛，然后你让自己全神贯注阅读一本书，你的痛会有什么变化？你不会再感觉到它。你没有压抑它，你注意力的焦点专注于读书，就不会注意到身体的那个痛。在同理心中，我们的注意力完全聚焦于他人当下的感受和需要，我们也不会注意到我们对他人的想法。

身体疼痛的比喻也可以帮助我们分辨同理心和同情的区别。当我对一个人说："听到你这么痛苦，我很难过。"我们没有用同理心连接对方的痛苦，我们在表达被他人的痛苦所触发的我们自己的痛苦，那就是同情。只要正当其时，同情的回应可能也会对他人有帮助。如果我们在用同理心连接之后表达同情，这会加深我们与他人的连接。然而，如果我们在他人需要同理心的时候表达同情，则会阻断彼此的连接。

… 用语言表达我们所听到的话 …

倾听是同理心的一个部分。另一个部分就是确保我们听到的，与我们以为我们听到的相一致。"我知道你相信你理解了我说的话，但是我不确定你是否意识到，你听到的并不是我的意思。"在我的一次工作坊中，一位老师分享了这句未注明出处的话。我很喜欢这句话，它清晰地提醒我们一个事实，就是我们或许非常确信我们知道他人的意思，而实际上可能并不知道。表达我们对说话者的感受和需要的理解可以核实我们是不是全然理解说话者的意思。

所以遇到一个幼儿园小朋友哀号着说："我要回家！"我们可能这样回应："你是不是很想妈妈，希望能回家跟她在一起？"而听到的可能是："不！我昨天发现了一个鸟巢，我想回家去带来让大家看看。"

用语言做出回应有两个原因。第一是确保我们准确理解他人的感受和需要是什么。如果我们理解的不是他们想要表达的，对方可以纠正我们。

第二个原因是我发觉说话者确认其得到了理解会非常欣慰。当我们用语言表达同理心，我们想去猜对方的感受和需要是什么，而不是告诉对方她的感受和需要是什么。如果我们猜错了，让说话人纠正我们。千万不要暗示我们比她自己还清楚她的内在正发生着什么。

即便我们想要同理倾听的那个人根本什么都没说，这种原则也同样适用。因此，我们可能对独自站在操场边的孩子说："你是不是有点孤单，因为你希望有人跟你一起玩，而其他的孩子不跟你玩？"而不是说出一个事实："我知道你感觉很孤单，因为你想有人跟你一起玩。"

有时我们的同理心可以通过非言语的方式表达，需要非言语的反馈。我们全然体会他人的内在正发生着什么，与用头脑分析那个人或是思考我们下一句说什么相比，我们的表达是完全不同的。无论同理心的表达方式是什么，它触及人性深层的需要，让人感到另一个人可以真的听到他们的心声，而不带任何评判。

当我们已经用同理心与说话者表达出的感受和需要建立连接，我们下一步就要试着澄清说话者可能对我们有什么期待。有时说话者可能已经很快表达出请求。但他们刚开始表达出的感受和需要可能与其他的感受和需要相关，他们可能需要更多的同理心才能表达他们的请求。（比如，那个孤单的孩子可能也会感到害怕或者生气，因为他之前跟同学吵架了。）

两个迹象可以用以辨别说话者是否做好了提出请求的准备。第一，当人们在那一刻得到了他们需要的同理心，他们会放松，而我们通常可以感觉到这种放松。另一个更为明显的迹象就是他们停止说话。当然，在请他们提出请求前问一句：“还有什么要说的吗？"也只会有益无害。

… 确认听到的请求 …

当人们能感受到我们的同理心之后，他们会提出什么请求呢？也许他们会特别想知道对于他们说的我们有什么感觉。也许他们会希望知道我们是否愿意做出某种行动满足他们表达出的需要。确认方式之一，就是确认他们的请求是什么，看看我们的猜测是否准确。这样，我们就可以跟那个孤单的孩子说：“你想让我帮你找个人一起玩吗？"

如果我们不能感知对方的感受、需要或请求，我们当然可以请说话者告诉我们。（例如，我们可以这样问那个孤单的孩子：“出什么事儿了？愿意跟我说说吗？"）然而，对方常常不能用语言直接表达他们的感受、需要和请求。正是由于这个原因，我发现尽可能仔细地体会对方的感受和需要，再去核实，会更有帮助。

⋯ 用同理心连接 ⋯

为帮助教师发展用同理心与学生建立连接的能力，我常常扮演学生，不完成作业被问到时我会说："我讨厌做这个作业，太无聊了。我想做点别的。"这时，跟我合作的老师可能会说："用同理心回应真是太傻了，学生的感受和需要太明显了。"接着我请老师用同理心跟我核实我（以学生角色）说的话。那个老师就试着表现出同理心："所以你的意思是你不想做任何需要花费一点点工夫的事？"这时，我指出这样的回应是在用头脑对学生的感受和需要进行解读，而不是尝试连接学生的感受和需要。

因此我们又试了一次。我重复（以学生角色），"我讨厌做这个作业，太无聊了。我想做点别的"。

那个老师接着可能会说，"哦，所以你在说你想让我允许你今天想干吗就干吗"。我指出老师把学生可能的请求与学生的需要弄混了。我提醒老师，需要并不包含特定的人做特定的事。

通常一位老师需要尝试四到五次，来准确表达学生可能的感受和需要。

当老师听到"我讨厌做这个作业，太无聊了。我想做点别的"，通常的反应如下：

合理化或解释:"你想要考上大学,这个作业非常重要。"

调查(询问对方感受和需要之外的其他信息):"你觉得哪里无聊?"

宣称理解但不确认是否真的理解:"我理解。"或者"我原来也常常这么觉得。"

道歉或同情:"我很抱歉让你有这样的感觉。"或者"你有这样的感觉我很难过。"

评判:"真傻。《费恩历险记》可是部经典名著。"

赞同:"我赞同你,我也不喜欢那本书。"

不赞同:"我不赞同你,《费恩历险记》是我最喜欢的书。"

诠释:"你根本就是不想写作业。"

建议:"你可以等几分钟,或许你会有不同的感觉。"

自责:"我一定是个很差劲的老师,连《费恩历险记》都教得没意思。"

直接解决问题:"我们做什么让它变得有趣些呢?"

最后,老师会说:"所以你读《费恩历险记》觉得无聊,一直在研究它你也累了吧?"

"是的,这本书连英文都没用对。"

"当你看到方言的部分,你真的觉得很无聊,也有点累,是吗?"

"对,根本看不懂。"

"所以你感到挫败,需要一些帮助?"

有关同理心,一个常见问题是:"你这么回应,难道学生不会觉得在你眼里他们的想法和感受都是可以的吗？"在回答中，我会设法澄清同理心的理解和赞同之间的差别。我表达对学生感受和需要的理解，并不表示我同意、纵容，甚至喜欢他的感受和需要。

我听到老师提出的另一个顾虑是，表达同理心意味着要有一个持续的长时间对话，教室里常常有时间压力，这太不现实了。老师们经常问我："我把所有的时间都用在同理倾听一个学生的时候，其他学生做什么呢？"我相信表达同理心是一个节省时间而非浪费时间的过程。

我看到有一项劳工管理谈判的研究指出，运用一个简单原则即可大大缩短调解纠纷的时间：每个参加者必须复述前一个说话者的话，才可以进行反驳。

我发现教室里也有相同的情况。一旦学生看到老师希望理解而不是强迫，会更有可能发展出合作的态度，从而加速而非阻碍事情的解决。所以当老师对我说："但是在教室里你不得不告诉孩子们该做什么，你不能把所有的时间花在展现你有多理解他们上。"我提醒他们，其实他们一天相当多的时间都花在一遍一遍地告诉学生应该做什么。如果老师已经告诉学生好多次要做某件事，学生一直不照做，那么老师重复的时间往往比他一开始就去充分理解学生的感受和需要所花的时间还要多。

我发现老师常常把同理心和鹦鹉学舌或者只是简单重复说话者的准确话语搞混。我把同理心倾听的过程，定义为类似把外语翻译成母语的过程。翻译的目的是，要把原文准确的含义理解清楚，翻译成更为熟悉的用语。同样的，表达同理心的目的是把说话者表达出的话语翻译成感受和需要。

如果说话者本来就在表达感受和需要，我们也许会重复说话者的一些词或者许多词。当然，我们的目标比所使用的词语更为重要。我们的目标是用同理心和他人建立连接。有时我们的眼神，或者触碰，就能传达同理心连接，并不是必须说出来。

我有个校长朋友，当时我们正给她的学校做向非暴力沟通理念的转型，她跟我分享了下面的故事。

"一天我吃完午饭回去，发现米尔德里德（一位小学生）沮丧地坐在凳子上等我。我坐在她旁边的椅子上，她开始说：'安德森女士，你有没有过这样的经历：在一周里你做的所有事情都伤害了别人，而你却根本没有伤害任何人的心？'

"'是的，'我答道，'我想我理解。'

"米尔德里德接着告诉我那一周发生的一些事情，有关她的姐姐、她的同学和老师。当时，原定要参加一个重要会议，我已经迟到了，我还穿着外套，我有点着急，不想让一屋子的人等，所以我问：'米尔德里德，我能为你做些什么呢？'

"米尔德里德把她的椅子挪了挪，好抓住我的肩膀。她直视我的眼睛，坚定地说：'安德森女士，我不要你做任何事，我只要你听我说。'

"这是我一生中最重要的学习经验之一，而且是一个孩子教我的。我决定：'让一屋子成年人等着吧！'我们俩换到更隐秘的一张长椅上，她搂着我的腰,直到她把所有的心事都说了出来。"

… 当人们不知道如何自我表达,或者不愿自我表达,用同理心与之建立连接 …

不幸的是,我发现很少有学生愿意像米尔德里德那样分享他们的感受和需要。他们已经被教会控制体制的语言,他们学会用不同方式去隐藏他们丰盈生命的信息。因此我希望,在学生还不知道如何敞开表达自己的时候,老师们可以设法去触及学生的感受和需要。

在面对不直接表达感受和需要的对象时,我提醒我自己,我可能诠释为攻击、批评或侮辱的那些话,可以被理解为说话者有需要没有得到满足,他为此而感到痛苦。或者像休·普莱瑟(Hugh Prather)曾说:"如果有人批评我,我不会因此而受到贬损。那批评不是针对我,而是说话者对自己的批判性思考。他在表达他的想法和情感,而不是我的样子。"(《给我自己的信》,Notes to Myself,休·普莱瑟,1970)为了对不愿敞开内心分享的学生表达同理心,教师需要学会在要求、评论、质疑、非语言信息和请求这几种信息中,发现对方的感受以及感受的根源。

以下是老师向未表达感受和需要的学生给予同理心的例子:

场景一:老师对学生的某些言行表达不满。

学生的信息:"你真刻薄!"

老师的同理心："你有些难过，希望得到更多尊重，而不是听到像我刚才那样的话？"

场景二：学生早上走进教室，不跟任何人说话，独自坐下来。
学生的信息：学生沉默不语，老师把她脸上的表情解读为"痛苦"。
老师的同理心："你感到低落，需要一些理解吗？"

场景三：其他学生叫一个学生离他们远点儿。
学生的信息："没人喜欢我。"
老师的同理心："你是不是很难过，需要别人接纳你，是吗？"

场景四：家长要跟老师会面谈谈他女儿跟老师的问题。
家长的信息："我女儿跟其他老师都相处融洽。"
老师的同理心："你是不是有点恼火，希望确认你的女儿得到了足够的关注？"

我与华盛顿一所学校一群八年级学生一起工作，教授他们与任何信息背后的感受和需要相连接。我让他们列出父母、老师、同学说出的让他们感觉是批评的话，示范如何学着体会这些表述背后的感受和需要。我告诉他们每句听起来像批评的话语，都是一首我想唱给他们的歌。歌名叫"请看到我的美丽"，作者凯西·格莱玛（Kathy Grammer）和瑞德·格莱玛（Red Grammer）。

请看到我的美丽

请看到我最好的地方。

这是真正的我

也是我想成为的样子。

也许要花一些时间，

也许找起来很困难，

但是

请看到我的美丽。

请看到我的美丽

每一天

请去尝试一下，

请找到那个方法

在我做的每件事情里

看到我的闪光之处

并看到我的美丽。

（版权信息："See Me Beautiful" by Kathy & Red Grammer ©1986 Smilin Atcha Music Inc. Available from Red Note Records 800-824-2980）

  一个月后，我回到那个城市，跟那个学校的一位老师谈话。那位老师微笑着告诉我："你知道你弄出来了什么怪物？现在每次我冲他们吼，他们就把手臂挽在一起开始唱《请看到我的美丽》！"

练习五

这是同理心聆听吗？

如果你想做个练习看看我们对于同理心的理解是否一致，请找出角色B用同理心倾听角色A内在状态的对话，并在前面的数字上画圈。

1. 角色A（学生）：没有人喜欢我。
   角色B（老师）：不，他们喜欢你的。只是因为你太害羞，他们跟你不熟。

2. 角色A（学生）：我不会做这些数学题。我很笨。
   角色B（老师）：你感到很挫败，希望能更多理解数学？

3. 角色A（家长）：我女儿什么都不跟我说。
   角色B（老师）：你有没有试试多听她说？

4. 角色A（校长）：你要把你学生的考试成绩带起来。
   角色B（老师）：你有些担心，希望保护我们，免得因为成绩低我们可能会遭遇不愉快的后果？

5. 角色A（学生）：帕特总是老师的宠儿。
   角色B（老师）：我常请她帮我，你感到很生气？

6. 角色A（学生）：我讨厌学校。
   角色B（老师）：我太理解你的感受了。在我这么大的时候我也不喜欢学校。

7. 角色A（学生）：别的班比我们休息的时间长，太不公平了。
   角色B（老师）：他们年龄小啊。

8. 角色 A（家长）：你给学生留的作业太多了。我女儿每天晚上都写到直哭。

   角色 B（老师）：你是不是担心女儿的健康和幸福？

9. 角色 A（学生）：我不想谈这件事。

   角色 B（老师）：如果你不谈，我不知道怎么解决这件事。

10. 角色 A（学生）：我不想让铃响，我还没讲完故事。

    角色 B（老师）：你是不是感觉有点沮丧，因为你真想现在讲完你的故事，并且也快要讲完了。

这是我对练习五的回答:

1. 我没有圈这句,因为我听到角色 B 先给予安慰,然后做出分析,而不是用同理心倾听角色 A。

    角色 B 或许可以说:"你感到伤心,因为你真的想要有朋友?"

2. 如果你圈了这句,我跟你的意见一致。我听到角色 B 用同理心倾听角色 A 表达的内容。

3. 我没有圈这句,因为我听到角色 B 给出了建议,而不是用同理心倾听角色 A。

    角色 B 或许可以说:"你感到难过,因为你希望跟女儿多些连接?"

4. 如果你圈了这句,我跟你的意见一致。我听到角色 B 用同理心倾听角色 A 表达的内容。

5. 我听到角色 B 要为角色 A 的感受承担责任,而不是用同理心倾听角色 A。

    角色 B 或许可以说:"你感到生气,是因为你希望有更多帮忙的机会?"

6. 我听到角色 B 以为他(她)理解了,接着谈论了自己的感受,而不是用同理心倾听角色 A。

    角色 B 或许可以说:"你感到挫败,这门课需要多一些的帮助,是吗?"

7. 我听到角色 B 在解释,而不是用同理心倾听角色 A。

    角色 B 或许可以说:"你有些气恼,因为你希望学校里的每个人都能得到公平的对待？"

8. 如果你圈出这句话，我跟你的意见一致。我听到角色 B 用同理心倾听角色 A 表达的内容。

9. 我听到角色 B 在给出自己的意见，而不是用同理心倾听角色 A。角色 B 或许可以说："你有些心烦，需要给自己一些时间来体会自己的感受，是吗？"

10. 如果你圈出这句话，我跟你的意见一致。我听到角色 B 用同理心倾听角色 A。

第四章

在师生之间创建伙伴关系

… 目标设定与评估中的伙伴关系 …

大部分的学校，控制体系的学校，老师的职责就是控制学生的言行，且老师理所当然地知道学生要学什么以及学生应该如何表现。在这样的认知下，老师有权使用"控制"的方法（奖励、惩罚、内疚、羞愧、责任、义务）去管束学生的言行。以此为基础，校方单方面制定学习目标，让大部分学生只能看到顺从和反抗两种可能，而对"控制"方式无法完全赞成的老师，则感到无力改变。

但如果我们想帮助学生，为创建和维持丰盈生命的组织做好准备，我建议让学生有机会和老师及行政人员成为伙伴。实现这种伙伴关系的方法之一，就是共同制定学习目标。

… 设定与丰盈生命的目的相一致的目标 …

为了共同制定目标，教师有必要和学生进行清晰的沟通，通过追求他们的目标，学生们的生命将会如何得到丰盈。这一点至关重要，因为丰盈生命的教育希望老师和学生的行为的动力源自丰盈生命的目的，而非害怕惩罚或希望得到额外奖励（例如，更高的分数或是奖学金），更不是像某些教条所言，当权者才知道什么对我们最好。

所以我倡导在学校中采取完全放任的方式，学生想学什么学什么，想什么时候学什么时候学吗？不！就像不主张延续控制体系一样，我也不主张完全放任。

也许，讨论如何确定学习目标，是最能清楚区分控制、放任和丰盈生命方式的办法：

- 控制体系教育中，老师制定所追求的目标而无须学生认同
- 在放任教育中，学生制定所追求的目标而无须老师认同
- 在丰盈生命教育中，老师与学生必须对师生共同追求的目标达成共识

老师和学生共同制定目标，可以先由老师推荐一个学习的范围，并讲解通过这些内容的学习，会满足何种需要。如果学生看到了建议课程的价值，并同意接受这个目标，则共同目标达成。或者，共同目标也可由学生建议一个老师愿意支持的学习范围。

在第二章和第三章中讨论的对话技巧，对教师与其学生们达成共同学习目标极为重要。为了确保学生最大限度参与目标制定和维护，老师不但要真切了解建议的目标中是否具有丰盈生命的本质，而且要有能力向学生说明这些目标如何能丰盈学生的生命。

当学生不愿意追求某些目标时，老师需要用这些沟通技能去帮助他们理解学生不愿意的原因，这样老师就能知道如何制定出更为吸引人的目标。或者根据这些理解，老师或许发现其他目标比原来建议的目标更适合学生。

回顾这些年，那些职业教师们认定会对我有帮助的教育目标，我想说他们预测的不那么准确。在我看来，大部分的学科教育对丰盈我的生命帮助不大。回看过往，相比其他人为我选择的领域，相信在我

渴望追求的许多领域探索，会让我获益更多。

当然，如果学校的架构能支持师生们制定共同的学习目标，那会容易很多。如果管理人员已经建立了一个固定的课程表，老师和学生只有两种选择。他们可以一起决定无视固定的课程表，了解此举可能带来的负面后果（例如，学业测试中表现不佳）。或者为了避免负面后果，他们可以一起决定遵守固定课程表。也许他们能在固定课程的教与学过程中想到有创造性的方法。

… 学生总是有选择 …

让学生以伙伴方式参与目标制定，并不像起初看上去那么激进。无论学生作为伙伴决定他们目标的权利是否得到认可，学生仍然有选择。根据我的经验，如果老师和行政人员用建议的方式给出目标（当然，假定这些目标都有丰盈生命的可能），而非强制性任务，会有更多学生选择向着这个目标迈进。

换句话说，丰盈生命教育和控制体系教育的差异，不是前者给出选择而后者没有。两者的差异在于，丰盈生命教育重视和尊重这种选择，而在控制体系教育里这一点却很含糊。

我跟美国一位大城市的高中校长交流时，我提出让学生参与学习决策，他对此非常生气。他驳斥道，有些决定不能让学生做。我请他举个例子。

他说："本州法律规定未满 16 岁必须去上学，所以，上不上学这件事他们别无选择。"

我觉得有点滑稽。当初我为什么会去他的学校呢？校董事会聘我与他们城市每天旷课率高于 30% 的学校一起工作，希望我能为学校想想办法来提高教育对学生们的吸引力。虽然那个校长声称学生们不能选择上学与否，但至少 30% 的学生意识到他们有这个选择。

当天下午下课时，一位老师对我说："如果你想看点好笑的，你得到我们学校来，看看校长向学生们宣布必须每天上学时，学生们笑得前仰后合的样子。那 30% 该听到这些话的学生根本不在现场。"

··· 老师对学生参与目标设定的担心 ···

控制体制下的部分教师和行政人员，听到我提议让学生与老师平起平坐来设定学习目标，会看起来十分震惊。我发现教师们对学生参与设定目标有两方面的顾虑。一个是他们担心学生的无知会让他们不知道什么对他们最好。举例来说，我听到一年级的老师说："我无法想象怎么能跟一年级的小朋友们一起设定目标。他们对可能的选项了解甚少，根本没办法做出有效的选择。"我也听到高校的老师说："我不知道怎么在技术学科中跟学生制定共同目标，他们对这个领域一无所知。"我不认为学生的无知是老师单方面决定学习目标的理由。如果老师坚信某一个目标十分重要，我希望他们负起责任，让学生看到它的重要性，并愿意积极致力于达成这个目标。

老师们对共同制定目标的第二个顾虑是，学生可能会拒绝老师认同的很关键的价值。与前一种情况不同的是，并不是学生的无知才使学生不认同那些目标的重要性。在这种情况下，许多老师相信"菠菜理论"的方法。这种方法简单说就是："虽然他们现在还不想吃菠菜，但是如果强迫他们吃，他们总有一天会回来感谢我让他们吃了菠菜。"

我对这种想法感到担忧，原因有二。第一，我想问这种方式会让多少人后来爱上"吃菠菜"。我只要听到有一个老师说有学生后来爱上了"吃菠菜"，我就会听到有十个学生跟我说他们恨透了老师逼他们"吃菠菜"。

第二，即使学生确实通过这种方式爱上了"吃菠菜"，我仍然担心他们会学习老师的做法，一旦你坚信什么，就可以"把它强加在别人身上，因为这是为他好"。我看到过太多因这种想法而造成的伤害，不想看到它继续发生在教育机构之中。

如果老师最终不能就某些重要目标与学生达成共识，我希望老师可以考虑以下三种可能：

1. 这些目标对学生不重要，因此不应该当成对这个学生必不可少的而他必须接受的目标。
2. 那个目标是有价值的，但是老师无法向学生阐明它的价值。这种情况老师应该意识到有必要与学生进行更深入的对话。
3. 老师不但阐明了他坚信这个目标是重要的，而且表达了对学生达成目标的渴望，并且同样表明如果这些目标不能达成，学生不会受到责罚。

⋯ 共同制定目标的例子 ⋯

在蒙大拿州的某个一年级班里，老师在学期开始的时候向学生们解释，她希望在教授学生们阅读、数学、科学和语言艺术的过程中，他们想学多少，她就教多少。例如，一本他们可以学着看懂的书，一些他们能解决的数学问题，老师试着用这种方式来说清楚学生们在每个学科中可以达成的目标。

接下来老师建议学生，一旦决定了想要学什么就告诉她。这段时间里，学生可以自由在教室里走动，看看她在教室各处摆放的材料。当学生让她知道他们希望为之努力的目标时，老师再和学生一起细化下一层级的目标。

比如，如果学生说他们想学着读老师提供的一本书，老师可能会问他们是否知道辅音字母的读音（当然她要说明辅音是什么意思）。如果学生不知道辅音字母的发音，他们和老师可能会达成共识，现在的目标是学习某个辅音字母的发音。

另一个达成共同学习目标的例子，是在密苏里一所大学里的政治科学课上出现的。课上常常会有三百多人，所以设立个人独立的学习目标会非常花时间。第一天课上，老师分发了列有 12 个不同目标的一张单子，鼓励学生在 12 个目标中选择他们最感兴趣的一项，在纸上画出他们的选择，签上名交给老师。这张纸就是师生之间的约定，代表他们已经共同赞成这些目标。如果学生在这 12 条提议的目标中找不到感兴趣的，老师会请他们进行单独交谈，考虑其他他们感兴趣的目标。

… 听到"不"背后的需要 …

为了制定共同目标，老师常常需要听出学生说"不"或者"我不想要你说的那些"的背后所传达的需要的信息。如果老师拥有非暴力沟通技能，他们就能体会这些表达背后的需要。这些话语常常在表达"我害怕失败，我要保护我自己不再遭受先前因没学好而经历的那些痛苦"或"我正为个人问题苦恼，真希望能得到些理解，不然我就没什么力气学习"。

一旦老师识别出了"不"背后的需要，老师就更容易照顾到那些需要，也会让学生更愿意进行老师建议的学习活动。

当然，老师要能够接受一种可能，"不"意味着老师提供的目标不能满足学生的需要，换一个替代方案也许对师生双方都有好处。

一个老师给了我这样一个案例，案例中，这位老师在六年级班里运用这些沟通技能解决与学生的冲突。事情发生在开学第二天。老师提出了一些数学课的目标。班里每个人都选择了一个努力的目标，只有一个男孩子坐在那里沉着脸看着窗外。以下是老师回想起来的学生和她之间的对话：

老师：你看上去对我提议的数学课目标有点烦，觉得没意思。好像你想做点别的。

学生（生气地）：数学太傻了！

老师：听上去你真的不喜欢数学，想学一些对你更有帮助的东西。

学生：对。

老师：我对自己很失望。我想让数学有趣一些，但好像我没有让你产生兴趣。

学生：我想不通为什么我们还要学数学。

老师：你是希望在学什么之前先了解它的重要性？你看不到学数学的理由？

学生：对。

老师：我有点困惑，不大确定你是不知道数学有什么用，还是只是不喜欢学数学。我想知道是哪个原因。

学生：就是太难了。

老师：你的意思是你有点受挫，需要更多帮助来理解这些题怎么做？

学生：是的，太没意思了。

老师：你觉得没意思，希望能有更带劲儿的方法？

学生：是的。

老师：我有信心我们能一起让它变得更容易和有趣，我很乐意试试看。

学生：怎么做呢？

老师：我需要你帮我。每当作业变得没意思或者太难，你马上告诉我。那样我们就能一起试验，找到办法让它变得更容易，更好理解。

老师：（尝试用同理心倾听学生的非语言行为）你看上去还是有疑虑。

学生： 要是你太忙怎么办？

老师： 所以你想知道我们具体会怎么操作？

学生： 对啊。

老师： 出现这种情况时，在我忙完之前，你先做你能做的作业。我不想让你已经卡在那儿了还在一直学数学。

老师一再强调她会尽她所能根据学生的能力调整作业，并尽量让作业变得更有趣，学生也愿意为数学课的目标做出努力。

这个例子并不是说共同的解决方案总是学生做了老师想要做的。就像所有丰盈生命的互动一样，达成共同解决方案最重要的是，老师明确意识到目标并不是让学生做老师想要做的事，而是建立有品质的连接，让师生的需要都得以满足。

有时师生意见不一致，而最终双方都同意依照学生的目标而不是老师的，这种情况下，我常常看到老师把这种可能解读为老师"让步"或学生"赢了"。对于那些相信老师的"责任"就是要让学生做"对他们好的事"（就是学生做老师想让他做的事）的人而言，这种解读实在让人难受。但我相信那个老师只有在他违背自己意愿而屈从于某个方案时，才是"输了"。而当他们理解了学生的感受和需要之后，受影响改变了立场，这不能算失败。

练习六

听到"不"背后的需要

为了制定共同目标,营造彼此尊重的氛围,而非把我们的意志强加于人,练习听到他人说"不"的背后在对什么需要说"是",会很有帮助。请找出角色B能听到角色A说"不"背后需要的句子,并在前面数字上画圈。

1. 角色A(学生):"不。我才不想在我的空闲时间帮她完成她的任务。"
   角色B(老师):"我们需要互相帮助。"

2. 角色A(学生):"我不必向旗子敬礼。"
   角色B(老师):"你不这么做就必须去校长那里解释。"

3. 角色A(家长):"我不会让我女儿做她不认同的事。"
   角色B(老师):"听起来你希望支持女儿坦诚并真实地面对自己。"

4. 角色A(校长):"不,你不能在班里取消成绩等级制度。"
   角色B(老师):"我无法一直支持一个让孩子分为三六九等、带来压力和无情竞争的系统。"

5. 角色A(学生):"我不想参与团体项目。"
   角色B(老师):"试试看。"

6. 角色A(学生):"这个作业太傻了。我不想做。"
   角色B(老师):"你想确认你做的作业对你是有意义的?"

7. 角色A(学生):"我不想道歉时我是不会说的。"

角色 B（老师）："你不道歉有你好看。"

8. 角色 A（父母）："我不想坐在这里听你讲我的孩子有什么错。"

   角色 B（老师）："听起来您希望我们的对话更平衡一些，除了让我顾虑的方面，或许您还希望听到一些您孩子身上我欣赏的地方？"

9. 角色 A（学生）："你是不会听到我背诗的。"

   角色 B（老师）："是不是觉得一点都不酷？"

10. 角色 A（学生）："给地图上色真无聊。"

    角色 B（老师）："你想换个方式学习地理，是吗？"

这是我对练习六的回答:

1. 我没圈这句是因为我看到角色 B 想要通过说教引发角色 A 的内疚,而不是尝试理解 A 的内在状态。我猜角色 A 在如何支配时间的选择上,需要尊重和支持他的自主权。

2. 我看到角色 B 在威胁角色 A,而不是尝试理解角色 A 的内在状态。我猜角色 A 的自主权需要保护。

3. 如果你圈了这句,我们的意见一致,角色 B 在尝试倾听角色 A 的需要。

4. 我看到角色 B 表达自己意见的方式是在暗示角色 A 是错的,并不是在倾听角色 A 的需要。我猜角色 A 需要靠谱和效率。

5. 我看到角色 B 在提供建议,而不是倾听角色 A 的需要。我猜角色 A 需要保护,免受之前团体项目中经历的挫折和不满。

6. 如果你圈了这句,我们的意见一致。我看到角色 B 在尝试倾听角色 A 所看重的。

7. 如果你圈了这句,我们的意见不一致。我听到角色 B 的表达暗含威胁,并试图用恐惧胁迫,而不是倾听角色 A 的需要。我或许会问:"你需要有人倾听你正经历的痛苦吗?"

8. 如果你圈了这句,我们的意见一致,角色 B 在尝试倾听角色 A 的需要。

9. 我看到角色 B 在试探和询问角色 A 的想法,而不是倾听角色 A 的需要。表明角色 B 在倾听角色 A 需要的回应可能是:

"你是不是想保护自己,免得遭遇像尴尬、害怕之类痛苦的感觉?"
10. 如果你圈了这句,我们的意见一致,角色 B 在尝试倾听角色 A 的需要。

⋯ 同理倾听中最重要的部分 ⋯

一次，我参加了卡尔·罗杰斯的一堂心理治疗课，在前十分钟我就学到了学生参与制定学习目标的重要价值。

罗杰斯的开场方式对我有点陌生。他不是进来就直接引导学习过程，而只是坐在那里，等着我们表达我们想从课上学到什么。一个同学表达了他对罗杰斯非指导性教学模式的不满，说他交了学费就是来学习罗杰斯要教些什么，希望了解为什么罗杰斯不向我们讲解心理治疗的知识。罗杰斯真诚地倾听那个学生的不满，回答道："我相信，每个人，无论有多少知识和创意，他们都在一个特定的领域里，或许自己独到的见解只有一到两个。我可以在五分钟之内跟你讲完我在心理治疗方面广受肯定的一到两个思想。那这个学期剩下的时间我们干吗？"

罗杰斯的说法显然激起了这位学生的愤怒，他说："对，我同意没有人对一个学科无所不知。但是对于这个领域做过哪些研究或是哪些值得学，你知道的比我们知道的多。"

罗杰斯再一次专注地倾听学生的发言，然后说："或许的确是这样，我比你们更了解这个领域做过什么研究。可能我也更了解这个领域通常都教些什么。但是，我不愿意自己决定你们的学习重点是什么，因为我相信学习最重要的方面就是选择什么值得学。如果我自己做决定，每天我只是在储存对我而言重要的部分而已。"

多年来我对这堂课一直记忆深刻，它帮我记得，让学生作为伙伴决定什么值得学，是多么有价值。

… 学生对自己参与目标制定的恐惧 …

对于常年接受控制体系学校教育的学生而言，当他们有机会参与设定自己的学习目标时，他们会感到很不自在。这并不罕见。"听着，"某个学生会说，"我不想跟你扯这些事，快告诉我需要学什么。"

所以当我在教学中听到这样的评论时，我首先会用同理心倾听他的不快。然后，我会建议他试试这个我将要尝试的方法，它很新鲜甚至有点颠覆，看看他会不会喜欢。我对全班说："我想让大家举手看一下，有多少人来这里是因为你知道这门课是什么，并且你真的想学？"举手的成为第一组。"有多少人来这里，是因为你害怕不来的后果。"这次是第二组。

现在，我想说在我曾工作过的绝大部分的学校里，大约四分之三的人都在第二组。举手之后，我提议我们不再进行课程内容，直到所有人都在第一组，但不能因为恐惧或者责任才加入第一组。之后两组间的对话，不但有关课程教材的价值，还涉及学生和我自己的价值偏好。

一些学生完全无法欣赏这种方法，或者至少不能认可这种方法是有益的，但大部分学生渐渐看到了它的价值。常常是最初反对的学生能找到最吸引人的原因，来说明为何这种课堂是丰盈生命的（即使他不熟悉这个概念），这会比我更能说服第二组的人加入第一组。

… 评估中的伙伴关系 …

在丰盈生命的教育中，师生间的伙伴关系，也体现在如何评估目标的达成。做到这一点，需要有设定可测量目标的能力以及评估达成与否的方法。

如果老师学会与学生共同制定清晰、有吸引力且恰当的目标，我看到六种结果，每种都能增强学生的独立与自主性，支持师生间的伙伴关系。

1. 当师生共同制定可衡量的目标，学生们对老师的依赖变得更少。实际上，一旦学生确切知道他们的目标是什么，知道如何衡量这些目标何时达成，有时可能完全无须老师帮助自己达成目标。相反，如果目标只在老师的脑海里，学生除被动等待老师的指导之外别无选择。

2. 当师生共同制定可衡量的目标，评估就会客观而非主观臆度。对学生的行为而言，明确表述目标的好处之一就是有一个具体标准可以决定目标是否达成以及何时达成。多数情况下，学生们自己就可以检验，相对于目标，自己身处何地。这让老师和学生逃离"分等级游戏"的武断评估。一旦标准被共同制定，学生就能持续努力达成目标。

3. 当师生共同制定可衡量的目标，我看到学生会更积极地投入自我评估。这一点跟以上益处一脉相承。那就是，一旦目标表述成清晰可衡量的条目，学生就能更好地评估自身的表现，因此在评估中会扮演更主动的角色。

4. 当师生共同制定可衡量的目标，学生会有更多机会获得成就感。

一旦学生知道目标是什么以及如何评估，他们会持续努力直至完全掌握目标。与之相对，我认为如果目标定义模糊且评估方式武断，很有可能学生上了十二年学，都未曾感到他们完全掌握过任何一个目标。教室里的大多数人想要过得下去，就得比别的学生拿到更高的分数。因此，在班里得了"A"的学生可能并不觉得他们真的在班里学到了东西。得"A"只不过是学过的东西比别人多（可能之前就学过）。我个人不觉得拿到高分比达到我自己制定的学习目标更有意义。

5. 当师生共同制定可衡量的目标，相比老师为他们制定目标，学生们会更有意愿和热情去达成目标。我相信教室里冷淡的气氛很大程度上源自学生对他们正要达成的目标缺乏投入度。事实上，之前也提到过，大多数学生并不清楚他们的目标是什么。企业心理学家的研究表明，对目标的投入度会影响士气和生产力。老师在确信学生满怀热情地投身于提议的目标之前开始讲课，我相信是错误的做法。当学生开始主动投身于目标，我还看到纪律问题大为减少。师生对目标越是一致，我相信管理问题就会越少。

6. 当师生共同制定可衡量的目标，师生都会得到保护，免于枝节困扰。当老师尝试向学生展示向目标努力他的生命将会如何得到丰盈，不久老师就会发现课程表中的一些内容可能并不能满足学生的需要。或许它们在五十年前被创建进课程表的时候是有意义的，但在今天可能已经不再适宜。

不幸的是，即便发现科目不适合学生，并不意味着这个科目就会从课表中去除。有时僵化的教育体系导致即便科目完全没有意义，它还是在课表中。这种情况下，前文已经提及，我认为诚实面对是对学生的最佳选择。这种诚实有可能这样表述："我想推荐这个目标的唯一原因是，它是这个学校十分看重的科目。虽然我看不出学它有什么实际价值，但选择它可以让你在现有体系中自保。我很愿意与你一起尝试各种方法，尽可能愉快地达成这个目标。"

下面的例子是一个老师试着和学生一起制定某一主题的共同目标，学生不认为该主题可以丰盈生命，但这是教育体系要求一定得做的。这个对话发生在七年级的一个班里，三十个学生在普通班里都表现不佳。我帮助设计这个项目，培训了指导这门课的老师。

当师生讨论学生应该为之努力的目标时，老师建议学生学习分数的乘除法。一个学生问老师分数乘除法的重要性在哪里。

老师回答："你将来可能会做一些要求了解分数乘除法的工作。例如，如果你要烹饪，它可以帮你计算如何减少或者增加食谱的分量。如果你是木工，它可以帮你根据图纸缩放你的房屋。"

这时学生说："但我不会做厨师或者木工。"

老师想了一会儿说："现在想来，我工作之后就再也没用过分数的乘除法。"又想了一会儿老师说："但是，我知道在大部分的学业考试里都会考分数的乘除法，如果你学业考试考不好，你很有可能一直只能待在学校的慢班。"

"在很多公职人员考试中也会考分数的乘除法。如果你不会解这些题，有可能会影响你将来的就业机会。"这时，质疑这个目标的学生认为分数的乘除法值得学习。即使他没有选择这个目标，老师也会尊重他的选择，并看看他是否对其他目标感兴趣。

当师生都觉得有些科目没有丰盈生命的价值，而他们身在其中的教育体系却要求他们学，另一个选择就是师生一起合作，尝试把这些他们觉得不适合的科目从课程表中移除。

…审视"打分评级"…

在丰盈生命的教育方案中，用考试来判断是否达成目标，如果没有，考试会说明学生有哪些仍需完成。考试并不仅在课程末尾为了打分评级而设置。

在丰盈生命教育的课堂上，学生进步报告是对学生各项能力发展的描述。根据不同情况，可能是一份报告书，或是家长会。如果选用家长会的形式，我建议学生也参加会议。

丰盈生命教育方案里没有打分评级，而是在报告中体现学生在新学期开始的时候做不到而在学期末能做到的事，确切有哪些。

我常听老师们说："但是在我们体系里必须打分评级。"

我理解他们指的情况。曾经，我在圣路易斯一个大学教书，有一次，提交分数期限过去两天后，一个行政人员来到我的办公室，气冲冲地要求我交出成绩单。我解释说我选择了另外的评估体系。

那个教务主任听了我的回应很吃惊，说："但你必须给出成绩。"我说给出成绩有悖于我的价值观。那个行政人员要求我说明给出成绩让我的何种价值观不能得到满足。

我解释说，这所学院半数学生都是黑人，而80%的不及格成绩都给了黑人学生。我说支持种族歧视的评估系统与我的价值观相悖。

我进一步解释说，我认为打分评级不公平，因为分数很少考虑学生在课程开始时候程度的差异。有些学生在学期一开始学术能力就远超班里的其他人，即使他们这学期学到很少或者根本什么都没学，他们也更有可能得到高分（假定他们没惹老师生气的话）。相反地，有的学生在学期开始就远远落后于其他人，即便整个学期有长足的进步，他们也更有可能拿到低分。

我还指出，分数是学生学习动力的外在因素，我想确保我的学生做这件事只是因为他们看到了这么做的内在价值。我表达了我对施加在学生身上的外部激励的顾虑。设定模糊的、老师指导的目标，当学生们不能达成目标，就用社会的不认同来惩罚他们（用低分的形式），这样只会造成他们不必要的焦虑，让他们急于迎合外界。

我接着告诉他，我认为评分系统传达的是竞争重于相互依赖。在使用竞争性评分的学校，我看到学生学会了为获取高分不惜踩着别人往上爬，而这不仅是适宜的而且居然是受到期许的。我说我更愿意看到在班里能强调相互依赖，让学生们知道他人的幸福与自己的幸福相互交织，息息相关。在这样的课堂上，压力不在于为了高分而竞争，而在于每个人通过合作达成所有目标。

最后，我解释了我理解打分的目标在于负责任，但我认为打分是个很差的责任担当系统。我告诉教务主任，我正在为每个学生准备一份介绍，列出他们本来做不到，跟我学习的这段时间后他们能做到的事情。我指出，就这一点而言，我比那些只用字母给出分数等级而对学生学到的东西少有提及的老师，更为负责任。

我说服了那位教务主任。另外一些老师，在说服行政人员分数不是对学生最有益这方面不那么成功，他们也尝试了不同的方式。莫里·施瓦茨（Morrie Schwartz，《相约星期二》的莫里）是布兰迪斯大学的一名教授，在越战时期，他与学校的其他教员都不愿意给他的学生不及格，因为不及格很可能让学生因此被征兵而在战争中丧命。所以每个人都得到 A 的成绩。

美国的研究表明，如果你追踪学生从每学期开始到结尾的成长，你会发现得 A 的学生每学期学到的和得 D 和 F 的学生学到的一样多。为什么呢？得 A 的学生早已掌握学习内容。他们的父母早就帮他们做准备，请家教，提供只有富人才能负担得起的丰富教育体验，让他们的孩子成为得 A 的学生。那些孩子总是马上举手，因为他们早就知道答案了。

但只是看上去好像我们在教他们。

我并不是在暗示我们的目标仅仅是去除评分系统。就像用非暴力沟通解决冲突，目标也不是让我们为所欲为。我们渴望建立人与人的连接，让每个人的需要都得到满足，对于历史悠久的评分系统，不愿打分的老师和坚持打分的行政人员之间，也许会进行旷日持久的对话。但当我们不但向行政人员，还向学生、家长、其他老师传达我们所主张的图景，我们也在慢慢地教育他们，使他们睁开双眼看到新的、美好的可能性，看到我们对学校的愿景：在学校里，学生们乐意并渴望学习，而不仅仅为了得到 A，而避免得到 F。

教育中的非暴力沟通

考试

一位高中老师讲了这个故事。

我的班级是学区中几个"自学班"中的一个。这种班专门接收那些不适合在普通高中就读的孩子，这些孩子多半是因为长期有攻击行为，或是因为压抑消沉，作息不规律。孩子们的情绪很不稳定。

在上第一堂非暴力沟通课之前，我完全依赖各种行为矫正技巧来维持秩序。我花了大量的时间用奖励收买孩子们，还用惩罚吓唬他们。这些技巧，尤其是用惩罚威胁，经常是那一刻是有效的，但我看到的长期影响是，它助长了孩子身上难以摆脱的像怨恨、愤怒、低自尊的特质。不幸的是，我没有任何管理班级的其他手段，直到我发现非暴力沟通。

当我头一次听到非暴力沟通培训师说，人们说的每句话都是"请"或"谢谢"，我大笑出来。从我学生的话语里只听出"请"或"谢谢"，需要天马行空的想象力。但是我猜我一定绝望到连天马行空都要试一下的程度，因为我很快发现，换一个方式来听学生的话真的能在他们的要求和咆哮中，听到"请听我说"或者"请帮我"。用这种新的方法聆听，并学习向学生表达自己的感受和需要，改变了教室的气氛，教室的气氛从持续紧绷变得更为敞开和信任。

我第一次感觉到这种转变，是我们正准备半年度的全州统考。大部分学生的成绩在这些考试中都不及格，他们很讨厌这些考试。要在以前，我会这样想，"这件事是我们必须要做的，抱怨也没用"。这次跟以往一样，我感觉到紧张的气氛，观察到他们身体上的紧张，也看到他们更容易发火。不同的是我更清晰地看到了他们行为背后的原因。用我新学到的非暴力沟通技巧，我可以猜出他们的感受以及何种需要没有得到满足。

我用同理心静默地倾听了他们没有表达的感受和需要："我猜你很害怕，想要保护自己不再遭受痛苦和失败。""我猜你有些伤心，你需要被完全认可，而不是只被看成'坏学生'。""我听到你很生气，我猜是因为你需要保护你的自主权——选择如何使用时间。"……并且，我非常确信，我的许多学生对在学校或者其他任何地方，满足他们的需要常常感到没指望。不得不参加标准统考，似乎让他们所有这些痛苦的感受和未满足的需要浮现在表面。

用这种方式去理解他们真的打开了我的心，让我在班里宣布我们这周的考试安排时能够停下来倾听他们，当时一个学生突然叫起来，其他学生也跟着吵嚷。

学生1：
为什么我们非要参加这个愚蠢的考试？

学生2：
对，给我们一个好的理由。

学生3：
就是要看出来谁聪明谁傻吧。

学生4：
呃，那安排这场考试的人一定是蠢到家了。

老师（倾听他们的感受和需要）：

你们感到很恼怒,因为你们需要明确你们参加这次考试对你们有什么好处?

学生1:
对啊,为什么我们一定要参加呢?我们都知道结果会怎样。这只是白白浪费时间。

老师(反馈他的需要):
我猜你希望知道别人请你做事情背后的理由?

学生5:
不是"请"我们做,是"强迫"我们。

老师(进一步听到感受和需要):
所以你也很生气,因为你想要能够选择你在这儿做什么,而不是被强迫。

学生5:
是啊,在这儿和在任何地方都一样。我们有什么可以选择的?我们甚至连穿我们想穿的衣服来学校都不行。

老师(用询问的口气):
你受够了大人什么事都替你决定?你希望有更多选择?

学生5:
这件事说起来就很蠢。我们什么都不能做。

老师(继续猜测感受和需要):
听起来你对让大人听到你的心声感到非常泄气。

学生5:

是啊。为什么浪费口舌？

老师：

所以你感到很无望，并且我猜，当你理解的需要没有得到满足，你真的感到很伤心。

学生5：

（沉默，低下头，眼里满含泪水。）

所有人安静了几分钟。教室里的能量有了明显的转换，从紧张和愤怒到柔软和伤感。我确定是因为我只是倾听了他们的话——不带对抗、争辩或敷衍地回答。接着，第一个说话的学生又把他的问题问了一次。

学生1：

所以为什么我们非得参加这些考试呢？你知道吗？

老师：

其实，我也不知道你们为何必须参加这些考试。有人告诉了我参加考试的理由，但我觉得那不够清晰，所以我不想现在说这些理由。我保证我会仔细调研设置这些考试的原因，再来答复你们。我真的想弄清楚我为什么要求你们做这些事情。我也感到很沮丧，因为自主对我无比珍贵，我想让你们在生命中获得更多的选择。我也希望能为之做出努力。所以我很感激你们把这个摊开来讨论，分享了你们的需要和相关联的感受。

交换看法之后，我对我的学生们说："很明显，参加这些考试会引发你们很多痛苦。对于考试的目的也不明确。我想要继续关注你们的需要和困惑以及其他相关联的感受。有人怀疑我这样做的诚意吗？"

看到没有人说话，我继续说道："同时，现在为大家着想，我想开始并完成这一轮已经安排好的考试。有人不愿意跟我一起参加吗？"我还记得当我看到没有人不愿意参加这个可怕的考试时，我感觉又惊讶又感激。

现在，当然，我看到我的学生常会告诉我他们的感受。我做的与众不同的是，那天我换了一种方式，花时间倾听他们的话，愿意诚实表达我自己的感受和需要。

那一天，我真的看到了非暴力沟通在教育中的力量。

第五章

创造互助的学习社群

… 发展利他主义以及对他人的关心和责任感 …

教室和学校的组织方式对学生的学习体验影响深远。教室和学校的组织可以为学生的学习提供支持，让学生得以开发和维护一个支持互助的架构，或是一个强调竞争和控制的架构。

丰盈生命教育中的学校架构是一个社群，在这里，每个学生对他人与自己达成各自的学习目标都一样关切。一个学习社群不仅提供对学生有帮助的学习，帮助学生成年后创建和维持丰盈生命的家庭，工作和政府组织，而且还帮助他们发展"世俗伦理"。

> 教育通常只关乎学术成就。年青一代在各种教育机构学习过程中，我们需要在他们的心中发展利他主义以及对他人的关心和责任感。这无须宗教的介入。你可以称之为"世俗伦理"，因为它由基本人性的品质所构成，包括仁爱、慈悲、真挚和诚实。

大多数人都同意我们需要支持年青一代发展更多的利他主义以及对他人的关心和责任感。但是我们身处一个支持竞争的文化里，看谁能从这场不公平的竞赛里胜出，而特权阶层几乎注定是赢家。这一点在我们的学校清晰地呈现出来。我在上一章提到，得到高分的学生并不一定是学得最多的。他们在老师讲之前已经学过了讲课的内容，因为他们家庭的经济状况让他们在学校的学习中占尽先机。

所以我想看到竞争的教室向学习社群转型，所有的成员不仅关心自己的学习，而且同样关心他人的学习。

…发展互助的学习社群…

互助学习社群蓬勃发展的学校和教室通常会鼓励达成某个目标的学生们，帮助那些希望达成这些目标的人。学生们相互指导有助于发展互助的学习社群。一旦学生达成了某个学习目标，他们就能够支持其他学生的学习。

这种互助可能有多种形式。首先，可以是家庭教师的方式，获得一项技能的学生可以教别人。有充分证据表明学生有效指导别人，与受过训练的老师教他们一样。在乡村学校、蒙特梭利学校或者混龄班级里，这才不是什么新的想法。在这些情况下，不同年龄的学生被编入同一班级中，学生之间相互指导十分常见。

最近在以色列一所以非暴力沟通为基础的学校，我看到在这种班里有一个女孩正在教一个年龄相仿的男孩。当我看到男孩正在写女孩给出的一些题目时，女孩转向右边接受另一个年纪稍长的学生在其他科目上给予的指导。班里所有的学生都在这样接受和给出指导，除了四个学生在跟老师一起工作。他们是有特殊教育需要的学生。老师有时间照顾他们的需要，因为其他学生都在主动学习，不需要她来介入。

允许学生在教室里自己学习或跟别人互助学习，老师就有闲暇来处理问题。这也许包括个别指导，或是如果与处理特定的学习任务相比学生们更需要交流，就找一天和这些学生们坐在一起聊聊天。问题处理可能也涉及与学习效率不佳的学生互动，探寻他们的需要。

我听说一些老师对学生们相互指导有些担心，怕对那些需要指导他人的学生不公平。但大多数老师都赞同，通过教别人，自己会在学科里学到最多，教的孩子和被教的孩子收获相当。在教室里实践这种方法的老师们告诉我，学生们通过教授他人，对学习过程有了很好的理解，而这也有助于他们自己的学习。

⋯ 老师就像旅行社 ⋯

一些老师表示，他们担心指派一个学生做另一个学生的老师会引发竞争，导致另一种"高人一等"的情形发生。但在一个人人学习目标各不相同的教室里，并没有既定的成就等级，很可能出现的情形是，一个学生有能力在某领域教别人，在另一领域需要别人的指导，可以自在地提供和寻求帮助。

或许因为我经常旅行，我与旅行社打过许多交道，而在课堂上，我喜欢把老师比作旅行社，把学生比作旅行者。一个旅行社不需要告诉我要去哪。但有时，如果我告诉他我的需要，他或许会推荐一些我还没想到的，或者我根本不知道的地方。所以，老师就像一个旅行社，或许提供一些建议，或许坚定地为学生打气，但是永远不会告诉学生要去哪。同时，学生旅行者或许会告诉别人，他去过的一个地方有多么棒，让那个学生兴奋不已也想去。

另一个我喜欢旅行社比喻的原因是，旅行社并不跟着客户一起旅行，所以这段旅行与是否有旅行社可用无关。在上文提到的以色列学校，每天都有一个特定的时段让学生挑选谁来教自己功课，有60%的学生挑选的是其他同学。

美国的研究显示，刚学会某种技能的孩子，在指导其他孩子学习这项技能上，比受过培训的老师要做得好。为何会这么令人惊讶呢？孩子们用着同样的语言，他们相互了解，彼此在一起很有安全感，第一次学习这种技能的体验还在脑海中新鲜浮现着。所以有人会骑自行车，他就会教人骑车。有人会算加法，她可以示范给别人看怎么算。

旅行社并不指望所有客户，甚至有同样目标的客户，能同时到达他们的目的地，能选择相同的出行方式。如果有些人钱不多，他或许可以坐火车。另一个人可能乘飞机，等等。老师可以根据旅行者的情况调整行程。所以如果学生在阅读理解方面有问题，老师就用另一种方法教，直到他达成目标。如果学生的一个目标是学他在学科书中见过的一些内容，老师可以请能阅读的学生读给他听，而不是让他用还没掌握的阅读理解能力去学。

所以旅行社并不告诉你去哪，也不跟你去。但是她会协助你，给你提供一些选择，向你展示这些选择会如何丰盈生命。

… 让学生可以自学的教材 …

在师生制定了共同的学习目标之后，老师接下来与学生一起取得成功实现目标所需的信息和教材。理想的教材是学生常常可以自己使用。做到这一点，老师要识别出必备的能力和概念，好让学生做好准备开始向目标努力。

下一步是师生一起合作，识别和确定用得上的概念、活动步骤、完成日期以及为达成目标需要掌握的词汇。老师接下来要编排这些元素的顺序，以便最大限度地支持学生向着目标迈进。每项元素的呈现方式，都要完整地让学生明确，他们需要知道什么，或者做什么，也要说明哪些教材或学习经验是掌握这个目标所必需的。

还用旅行社的比喻，这些"旅行包"包含一套说明书，向学生说明使用方法，不依赖老师的讲解就能使用。老师们可以准备定制的或者特殊用途的学习单元，当然也可以使用商业教材。有多种多样的此类教材可供有预算的老师挑选。如果学生、志愿者或者父母愿意帮忙的话，也可以自己制作教材，这样学生的学习就不用总是决定于老师是否有时间。

… 利用给学生或家长提供的教材 …

在准备教材的过程中，学生和他们的父母是可以求助的资源。学生和父母不仅会帮助节省老师的时间和精力，而且他们也会在这个过程中受益。

在我朋友七年级的班里，学生们喜欢用一套商业的阅读材料，但是全班只有一套。因此我的朋友建议，全班可以依照那套书的设计用杂志上的文章多做几套。几个学生满怀热情地开始做这件事。起初我的朋友很担心，因为他预想学生们制作教材所用的文章对他们来讲不大容易读得懂。比如，他们因为兴趣选择了有关药物的主题，而刊载其中许多文章的杂志的难度，恐怕已经远超学生的阅读能力。然而，让我朋友惊奇的是，学生们不但用这些自制的教材提高了他们的阅读能力，而且做出的这套教材比商业教材更受欢迎。

一次，我受邀参加小儿子幼儿园的家长会。原本幼儿园请我们的目的是让家长们了解幼儿园的课程。我们到了，园方告诉家长和学生，做是最好的学。所以，并不是家长被动听老师介绍课程，而是园方给我们机会用制作教材的方式了解课程。老师们已经收集了许多原始材料（每样都不贵），旧杂志、胶水、颜料、彩色卡纸、剪刀，诸如此类。然后老师给出制作不同教材的指导。老师指导时也说明了这些教材会怎么用。

我被分配详细制作几套概念卡片。我要看杂志，找放在一起的四张图片（例如，四种交通工具的图片——小汽车、飞机、船、火车）和一张不是这一组的（例如，橙子的图片）。这些图片每张都要贴在 3×5 的索引卡上。不属于这一组的卡片（在例子中是橙子）背面涂成红色。

园方告诉我们，这些卡片会帮助我们的孩子认识不同概念。学生们会拿到这些卡片，要把不是同类的卡片放在上面，然后检查是不是上面的一张背面是红色。这样我们主动了解了课程，老师也利用这次志愿者的劳动，在很短的时间就大量扩充了教材的储备。

⋯ 志愿者辅导服务 ⋯

对于志愿者服务，我心里想的主要是利用父母、祖父母或者其他附近的人员，来支持学习社群。我相信这些人会对无法参加前述流程学习的学生有极大帮助。据我所知，一个"情绪障碍"孩子的寄宿式治疗中心就请老年人为孩子们做辅导。

迄今为止孩子们和老人们都获益良多。学校校长告诉我老人们通常会有年轻人需要的耐心，也有时间投注在他们身上。

⋯ 地域性社区资源也是学习资源 ⋯

另一个可以找来支持学习社群的资源是学校周边的社区。我在费城帕克威教学项目中，看到了许多地域性社区资源支持教学的优良案例。在这个项目中，城市自身就被当成"学校"。课程可以在社区里任何有学习意义的地方进行。因此学生可能在动物园、美术馆或者当地企业中上课。

校方主动联络这些单位，判断他们是否有意愿提供个别指导、资源、设施，并在教育过程中把对方看作是伙伴，而不是愉悦而孤立的一次校外参观罢了。

⋯ 丰盈生命的课堂 ⋯

前一章我描述了蒙特梭利一年级班里，老师与每个学生制定共同目标的过程。我只讲到几个学生跟老师说他们想学六个辅音字母的发音。

我想继续讲讲后续发生的事，来说明我在本章的一些建议。

针对与学生达成学习六个辅音字母发音的教学目标，老师有几种选择：

1. 老师可以看看有没有学习辅音发音的游戏他们可以玩（有一些这样的商业游戏）。如果这些游戏需要更多玩伴，她会问班里其他人是否对学习辅音发音感兴趣，当作开始阅读的方法。
2. 老师可以看看她是不是有之前编排好的材料，可以让学生学习辅音发音。
3. 老师可以看看班上是否有熟悉辅音发音的其他学生，愿意教要学的学生。
4. 老师可以看看她自己是否有时间教那些学生发音。

那位老师告诉我，通常在第二天，所有学生都确定了至少一个为之努力的目标。我想要跟进那几个要学习六个辅音发音的学生。我们假定他们选择了玩辅音配配对游戏，现在相信他们已经学会了六个辅音的发音。他们可能去跟老师说,"我们觉得我们已经学会发音了"。

如果老师还没有开发出学生自我评测的步骤,她接下来也许会检查一下学生们是否已经学会了辅音的发音。如果他们的发音熟练,老师就把这一点记在他们的资料夹中。学生们一旦学会打印,他们就能负责更新自己的资料夹,记录每一个自己达成的目标。学生每学期要安排两次大会,由家长、老师、他们自己参加。会上学生用他们的资料夹向老师和家长展示,他们到目前为止学到了什么。

班上所有学生都同样遵循上述流程。当完成某个目标,学生或老师就会记在他们的资料夹中,下一个目标也如此这般。如果老师看到一些学生阅读方面进步很大,而数学却没什么突破,她可能会表达对这种失衡的顾虑,鼓励学生完成更多数学目标。不过无论何时,老师不能把目标强加给学生。

家长们对这种兼具自由和灵活性的教学方法十分满意。他们对学生学到那么多东西,并且那么享受学习也非常欣慰。事实上,家长满意到去向校董事会请愿要求继续这个项目,让他们的孩子在老师的班上多上一年。我非常高兴地报告给诸位,学校董事会非常看重老师取得的成果,他们请她向想要用同样方式安排教学的老师提供咨询。

我完全明白我所讲的都是旧调重弹。我也好像能听到你的反对意见,这或许跟你学校所在的地点有关,或许跟你有限的资源有关。

如果我让你以为从控制体制的课堂或学校,转化成丰盈生命的课堂或学校很容易,这里我明确一下现实并非如此。我个人曾经经历过这种挣扎，多次要建立这种学校却以失败告终，这让我万分失望，这也使我认识到挑战会有多大。逆流而上，转化固有的传统体制，绝非易事。

我提出的丰盈生命教育的理念能够有机会施行，不是因为像之前提及的自编教材、结对教学和旅行社教室这些技术的方面。要让这些技巧不但在单独几所学校发挥作用，而且扩展到其他所有学校，依靠的是丰盈生命的学校和所有丰盈生命组织的核心原则：目标是帮助彼此，让彼此的生活更美好，这一点在互助学习社群里已经得到验证。

运用非暴力沟通技能，不断询问学生、老师、行政人员和我们自己："你有什么感受和需要？"我们真的可以满足所有人的需要。我们的目标不仅仅是减少暴力和胡作非为，让孩子们尽可能久地待在学校，让孩子们的学业成绩高于其他国家的孩子，让进入高校的孩子们的数量高于上年，或者提高我们的学生在学术能力评估测试（SAT）中的表现。

学生和老师不再只有顺从和反抗两种选择。如果只有一个目标，那就是让所有人的需要得到满足，教室和学校就可以改变。因为我们发现，每个人都有共同的需要。

第六章

转化我们的学校

⋯ 当前的问题 ⋯

我们显然需要完全不同的组织，而不是现在的这些，来掌控世人的生活品质。即使这个星球为世人提供了充足的食物，每年还是有数以百万计的人们在忍饥挨饿。我们生活在恐怖的心理、生理暴力之中，并由来已久。

我赞同心理学家乔治·米勒（George Miller）的话："世界上最紧要的问题是我们自己制造出来的。它们不是天地不仁的结果，也不是上帝惩罚我们的意志使然。这些人类的问题需要我们改变行为和社会制度才能解决。"

丰盈生命的教育着眼于老师们如何提供学习机会，使学生能成为解决这些人类问题的积极力量。他们会学习如何丰盈自己的生命，同时帮助他人，让他们的生命也丰盈起来。

⋯ 控制型组织 ⋯

这些人类的问题给我们制造了不必要的苦难和暴力，它们是如何产生的？文化历史学家兼进化哲学家理安·艾斯勒在她的著作《圣杯与剑》和新近出版的《伙伴关系的力量》中，阐明了几千年来伙伴模式和权威/控制模式间此消彼长的竞争关系。理安·艾斯勒在幼年时亲历了逃离纳粹的恐怖，并在研究中揭示了人类三万多年来的演化过程中，随着早期的伙伴关系文化被史前控制关系文化所压制和征服，人类的种种问题也随之产生。

作家兼神学家沃尔特·温克（Walter Wink）也有类似的观点，认为大约一万年来，人类大部分的组织以"控制型组织"模式运作，控制我们的精神、社会架构、教育和人性发展（《当权者》，*The Powers That Be*，1999）。温克所定义的控制型组织的特征，即资源和特权的不平等分配、层级权力关系以及使用暴力维持秩序——由少数人统治多数人的体系。

像艾斯勒一样，温克进一步指出，这种体系构建在一种人性的本质是自私与暴力的精神之上。以此为前提，我们就需要最不邪恶的人，用控制体制管理他人。千百年来，有关谁该占据这个名单的首位就引发了无数纷争。

这些人用控制的手段——主要是惩罚和奖励——支配他人。他们惩罚那些不顺从的人。教育人们的唯一方法，就是给他们一个教训，让他们知道自己一无是处而且活该受罚。这就是人们合理化自称优越者控制和支配他人的说辞。

当温克提及控制体系时，他显然不仅仅指如纳粹德国之类的集权政府。即使在美国，这种例子也数不胜数：特权集团身居高位，做最好的工作，住在最好的社区，也当然得到最好的教育，这一切显得顺理成章而使机会均等看似谎言。

一旦我们意识到控制体系的力量，就更容易看到向丰盈生命体系的转化会更有可能让人民大众的需要都得到满足。我希望教育这一代以及未来世世代代的儿童，去创造以满足人们需要为目标的组织，让彼此的生命变得更加精彩。有了这样的意识，我们可以把对孩子的教育作为转化的开端。

⋯ 冲突解决 ⋯

任何学校都面临两大议题，就是如何维持秩序及如何解决冲突。创建一所丰盈生命学校所必需的要素之一，就是让双方都能满意的冲突解决技能。在控制体系下的学校中，老师和行政人员依据他们"知道什么对学生最好"的经验做决定，制定规章制度并用惩罚和奖励来强制实施。用这种方法建立规章制度，老师和行政人员不一定与学生商量。但是老师和行政人员会依仗他们的专业和经验所赋予的权力最终做出单方面的决定。

在丰盈生命的教育中，无论需要何种规章制度来维持秩序，都是由教职员和学生一起对话后共同做出决定，尊重每个人的需要。这个过程中不会让任何人屈服，放弃或者妥协。

要以这种方法维持秩序和解决冲突，需要教职员和学生都很熟悉非暴力沟通技能，精通如何连接彼此的感受和需要。达到这种品质的连接之后，双方参与解决问题，来找到可行的行动来满足各方的需要。

重要的是，在同意采取行动前，要扪心自问，确认行动的唯一动机是为了满足需要，而不是为躲避惩罚、罪恶感和羞耻，不是出于责任或义务，也不是为了得到高分或其他外在奖励。

反对以这种方式维持秩序和解决冲突的说辞大抵像这样："噢，这些孩子们一定要学会尊重权威！这正是我们必须做的，让孩子们学会尊重权威！"我通常会这样回应："你是想要教孩子们尊重权威，还是让他们害怕位高权重的你会对他们做些什么？"许多人在控制体制中受教育，无法分辨两者的差异。

我想这样解释尊重权威：在教室里，如果老师懂得一些学生认为有价值的知识，且她愿意用非强迫的方式将知识传授给学生，学生就会学着尊重她的权威。但她赢得了尊重，而非强求。对于老师是不是权威这件事，学生拥有最高权威，这是学生每天都清晰呈现的事实。要得到看似尊重权威的形式很容易，只要给有头衔的人赋予法定权力，施以奖惩即可。

另一种描述两者差异的方法，就是解释自律和顺从的区别。如果你要的是顺从，惩罚和奖励会很有效。狗也能用这种方式学习顺从。如果把蟑螂放进T形迷宫，右转时给吃的，左转时电击，它也能学会顺从。但是如果你要的是自律，我建议你不要用任何强迫性方法，因为这会妨碍自律。自律的学生或者员工，其行为是出于对自我价值的觉察，出于对他的所作所为如何贡献到自己和他人的幸福，而不是出于渴望得到奖励或者惧怕受到惩罚。

许多老师听到不要用惩罚、奖励、负罪感、羞耻感、责任感来激励学生，都会觉得很无助。他们会问，那还剩什么呢？剩下的就是人与人的连接以及对自我实现、他人的幸福做出贡献的渴望。我的经验是，这些基本的人性需要可以通过学习使用非暴力沟通技能得到满足。我们分享对我们有价值的经验，告诉他们为何我们鼓励他人去考虑这点，并倾听他们的感受和需要。

请注意，做到这一点，需要老师熟练使用非暴力沟通技巧，即使班上的学生来自控制体系背景。与顺从（或不顺从）相对的自律并非一蹴而就。尝试变成丰盈生命学校的教育机构在最初的几周常会是一片混乱。

有一次我应邀去帮助建一所丰盈生命的学校，这所学校专为从公立学校辍学或开除的学生而设立。我们希望证明丰盈生命的教育可以接纳公立学校无法应对的学生。我的职责是帮这所学校的老师做好准备。

由于经费的原因，我只有四天的时间帮助老师做准备，因此我不能如愿提供较有深度的训练。顺便提一句，他们甚至不是专业的老师；因为经费紧张，我们给大学打电话招募志愿者来这所学校当老师。这样，一边是公立学校无法应对的孩子，另一边是一群热心的志愿者，并且我只有四天来培训他们。

并不奇怪，一些老师无法理解我所建议的建立规章制度和解决冲突的方法。

开学的头几天，我正好有事出城。当我回来的时候，我收到的第一个消息是校长发来的："赶快回来！他们考虑要关闭这所学校。太混乱啦！"我火速赶到学校。可怜的老师们看上去在一个星期老了二十岁。

当我从校长那里听完事情的经过，我说："把那几个最惹是生非的孩子带到一个房间里，跟我待在一起，让我们重新恢复学校秩序。"

校长叫来了8个学生，年龄在11岁到14岁之间。我开始向学生们介绍我自己，接着展开了以下讨论：

马歇尔·卢森堡：我听到老师说很多班上都很失控，我感到很失望。我非常希望这所学校能够成功。你们能不能告诉我发生了什么，帮我解决目前的问题？

威尔：这所学校的老师都是傻子，老兄。

马歇尔·卢森堡：我不大清楚，威尔，他们做了什么让你那么说。你能给我举个例子吗？

威尔：不管学生做什么，他们只会站在旁边微笑，像一群傻子。

马歇尔·卢森堡：你感到很厌恶，因为你希望学校更有秩序？

威尔：是的，老兄。不管谁做了什么，老师只会站在那里像个傻子一样微笑。比如，他（指着这群学生中的一位）昨天上学时，后面的口袋装了一品脱的威士忌。站在门口的老师看见了，却假装没看到，还笑着说："早上好！早上好！"

这时，学生们陆续都参与进来，一个一个举出例子说明老师们有多消极。

马歇尔·卢森堡：好了，谢谢你们，这些足够了。你们已经回答了我的问题，不过现在我需要你们的帮助来重建学校的秩序。

乔：老师们应该拿藤杖（该学区公立学校的行政人员拿的一种棍子，用以体罚学生）。

马歇尔·卢森堡：乔，你的意思是说，你希望老师揍那些招惹他人的学生？

乔：这是让他们（学生）不捣乱的唯一方法。

马歇尔·卢森堡：如果这是我唯一的方法，我会感到很沮丧。我很担心这种处理问题的方式，想要看看别的方法。

爱德：为什么呢？

马歇尔·卢森堡：有好几个原因。假想我用棍子揍了你，好让你不在学校里胡闹。如果你们当中的三四个在班里被我揍过，这三四个人在我回家的时候围在我车的外面，我想让你告诉我，会发生什么？

爱德：（笑起来）老兄，你的棍子最好够大。

马歇尔·卢森堡：这就是我不用这种方式建立秩序的原因。它会让我们变成敌人。记住，当我们邀请你入学时，我们说我们想要创建一所每个人都可以一起合作的学校。如果我们用打人的方式维持秩序，我担心我们不能达成在师生间建立连接的期待。

爱德：你可以把惹麻烦的家伙们开除。

马歇尔·卢森堡：听到这个主意我也感到沮丧。我希望找到不用开除任何人就能解决分歧的方法。

威尔：如果一个家伙除了惹麻烦之外什么都不做，你怎么不把他送到"什么都不做教室"？

马歇尔·卢森堡：我不大清楚你的建议，威尔，你能再解释一下吗？

威尔：有时候你来上学，你感觉除了捣乱什么都不想做。或许你爸爸在上学前暴打了你一顿，所以你只想捣乱。那就弄一个房间让他们有处可去，等他们想要上课的时候再回来。

（我注意到其他学生都在用非语言的方式对威尔的建议表示理解和赞同）

马歇尔·卢森堡：威尔，你的意思是不是，如果有人的行为影响了其他学生的学习，我们就可以叫他去这个房间？

威尔：没错。如果他们专门捣乱，留在教室也没用。

马歇尔·卢森堡：这个主意让我很兴奋，只要我们能让影响他人学习的学生知道，让他们去那个房间并不是惩罚他们，而只是在保护他人的权利，让想要学习的人可以学习。

进一步讨论之后，与会学生和我一致同意一起去每一个班级，建议他们试试下面的方法：如果有人觉得心情特别不好不愿意上课，他们的行为会影响到他人的学习，老师会请他们去一个"什么都不做教室"，他们可以待在这个房间，直到他们准备好回到班里不打扰其他人。

我向与会学生着重强调，他们一定要跟其他学生说明，这条规则是威尔的建议（而不是老师或行政人员单方面制定的）。我也强调了清晰意图的重要性，这条规则是为了保护那些想要学习的学生，并不是要惩罚没心情学习的学生。

这些学生很出色地完成了这项工作，让其他学生清楚理解了这两点。这个计划也顺利推行，班里的秩序得到改善。一个房间被设为"什么都不做教室"。如果一个学生打扰了他人，老师（有时是被打扰的学生）就会请那个学生去"什么都不做教室"。实际上"什么都不做教室"里有许多事可以做，比如有给学生听的音乐，有可供阅读的书籍，等等。我们希望竭尽所能来传达原本的意图，送到这里并不是为了惩罚。

在"什么都不做教室"发生了许多积极的沟通。在教室里捣乱的学生通常内心经历着巨大的压力，这才是导致破坏行为的原因。而分配到这个房间的老师都具备良好的倾听能力，他们的能力在这里也得到了充分施展。

在实施规则的头两周，"什么都不做教室"挤满了学生。但是忽然间，因为行为问题被要求前往"什么都不做教室"的学生变得越来越少。

在我讲这个故事时，说到藤杖那一段时我常常会听到："那是当然，因为这就说明，孩子在做错事的时候希望得到惩罚。那才表明你关心他们。"我理解他们会相信这一点，因为他们只能看到两种选择：秩序或混乱。乱作一团，完全没有秩序是很吓人的，如果孩子们认为他们的选择就是放任，结果就是乱糟糟，不然就是通过惩罚来建立秩序。根据我的经验，即便是那个被揍得最厉害的学生，也宁可要藤杖而不要混乱。但幸运的是，我们还有第三种选择，就是双方共同建立规则。

如果规则是由会被规则影响的人制定，而不是由某个权威单方面宣布实施，并且每个人都知道制定规则的意图是为了保护而非惩罚，这样的规则才最有可能得到尊重。这对任何年龄的人都适用。只要看看有多少成年人在高速公路上超速就明白了。

···调解···

如果教室里冲突的各方缺乏必备的沟通技巧来解决冲突，可以寻求第三方调解。例如，我在以色列一所学校推行这本书里介绍的丰盈生命的原则时，观察到有两个十岁的男孩要求找"和平使者"（这所学校里冲突调解者的称呼）。他们在操场上有了争执，没办法自己解决，就选择求助和平使者。

当天值班的和平使者是一个十一岁的男孩。每个人都坐下之后，和平使者问第一个男孩：观察？

第一个男孩知道这是一个观察请求，在请他说明哪种行为不能满足他的需要。他答道："他在操场无缘无故把我推倒了。"和平使者提醒这个男孩"无缘无故"是个评论而非观察。第一个男孩修正了他说的话,"他在操场把我推倒了"。

和平使者：感受？

第一个男孩：我感到伤心。

和平使者：需要？

第一个男孩：我需要得到尊重。

和平使者：请求？

第一个男孩：我希望他告诉我，为什么把我推倒。

和平使者接着转向第二个男孩，请他重复第一个男孩表达的观察、感受、需要、请求。他很容易就做到了。如果他做不到，受过训练的和平使者也会帮助他准确地回想第一个男孩说了什么。然后和平使者问第一个男孩他是否感到被理解，他表示肯定。

接着，和平使者转向第二个男孩，请他表明他的观察、感受、需要、请求，然后要第一个男孩反馈他说了什么。当两个男孩都相互得到理解，和平使者问男孩们是否有一个方法，让每个人的需要都得到满足。只花了几分钟时间，他们就找到了让双方都满意的解决方案。

然后，和平使者问两人感觉如何，第一个男孩回答："我感觉挺好。事情发生之前他就是我的朋友，如果失去这个朋友我会很难过。"这时，两个男孩和和平使者都会回到自己的班上。

教育中的非暴力沟通

"你死定了"

一位中学的辅导员为对非暴力沟通感兴趣的学生组织每周练习小组。一天,练习小组的成员金,很沮丧地来到辅导员的办公室。辅导员请她坐下,问她发生了什么事。金说,学校的另一个学生泰丝(不是非暴力沟通小组成员),刚刚在走廊上走过金的旁边时,盯着她的眼睛说:"你死定了。"金说她和泰丝确实有过节,但这次真的吓到她了。

辅导员:
啊,金……我看到你在发抖……

金:
(点头,深呼吸好让自己平复下来)是的,我很害怕。万一她来真的,怎么办?

辅导员:
(用同理心倾听金的感受和渴望)你是不是想知道泰丝说这句话的时候心里是怎么想的?你希望知道她是不是真的在想怎么伤害你?

金:
她做得到。她有朋友。并且她的声音真的很恼怒。

辅导员:
(试着进一步明确状况)我很好奇什么事情让她有这种反应,你知道吗?

金：

我在别的同学面前说她坏话了，让她很生气。

辅导员：

哎呀……

金：

我确实说了……但是她也说了我很多坏话，还说了很多！（突然生气）她没有权利威胁我的生命！

辅导员：

（倾听金的愤怒背后的感受）你听到她说的话真的很害怕，认为她是认真的？

金：

是的！我不想被伤害。

辅导员：

嗯……（开始反馈金的需要）你需要安全。

金：

正是。我还要好好过日子，来学校上课，而不是总是担惊受怕。

辅导员：

听起来你希望确保安全，让你在学校可以把注意力放在人身安全以外的事情上，比如上课，交朋友和踢足球，是吗？

金：

是的。这完全是浪费时间。我不知道情况怎么这么失控！我知道我也有错，我确实说了她的坏话。我不知道我为什么那么做，可真够蠢的。

辅导员：

（把金的评判转换成感受和需要）听起来你很后悔自己把自己卷进来，希望以后不这么做了？

金：

是的。我真的不想再说别人的八卦了，这真的会伤害到所有人。泰丝在背后说我的闲话，我恨死她了。

辅导员：

听起来你体会到，如果人们以这种方式谈论别人，大家会有多痛苦了？

金：

（点头）是的。我真的想停止这一切。

辅导员：

（注意到金得到这么多同理心，已经放松下来，她表达了她自己的感受和需要）听到你这么说，我感到松了一口气，也很兴奋，因为我有信心你能够通过选择换种方法行事，来停止与泰丝的冲突——就是用言语修复关系而非制造伤害。你也知道，这需要以一个连接的愿望作为开端。所以我想知道你是否已经做好准备今天跟泰丝建立连接？或者你还需要先得到更多理解？

金：

（听了一会儿，反省了一下自己）我想我准备好了。但我很害怕跟她说话。我希望你能在场。

辅导员：

我乐意在场。我希望听到你告诉她你的感受，还有你想要什么，就像你刚刚告诉我的那样。而且我猜她需要先得到一些同理心才能听进去你的话。你愿意在这件事情上体会她的感受和需要吗？

金：

我想试试看。

　　辅导员安排泰丝和金在当天晚些时候在她的办公室会面。金先到，当泰丝走到门口，看到金坐在那里，泰丝瞪了金，然后走进来坐在金对面的椅子上，肩膀往前倾，手臂交叉在身前，直勾勾盯着地板。

辅导员：

我很高兴你们两位能来。我猜你俩都有点紧张，不知道怎么往下进行？（看着泰丝）泰丝，我想先给你交代一下是件什么事。因为金跟你发生的一些事情一直憋在她心里，今天她来我办公室，希望我用同理心倾听她的心声。

在她得到了同理倾听之后，她说想要跟你谈谈。她让我也在场是想让我帮助你们用彼此希望的方式听到对方，听到你们心里更深层次的感受和需要。我协助的方式就是把听起来带有批评和指责的话语转化为感受和需要的表达。到目前为止，你感觉怎么样？

泰丝：

（仍旧看着地面）好吧。

辅导员：

太好了。我希望你们都感到安全，所以，如果在过程中有什么不舒服，请你们一定要说出来。可以吗？（看着她们俩点头，她转向金）那么，金，你愿意先开始，告诉泰丝你的感受和需要吗？

金：

好的。（看着泰丝）泰丝……我现在感到有些害怕，但不像今天早上你在走廊上对我说"你死定了"的时候那么害怕了。我来见保拉（辅导员的名字）是因为她平时用倾听我的方式帮我整理心绪。我现在懂了，我真的希望我们两个之间能够停战。

辅导员：

（提醒金在说完这些之后，提出一个此刻的请求，来看看泰丝是否听到了她表达的信息）那么，金，你希望听到泰丝对于你刚才说的，反馈些什么呢？

金：

我猜我想知道你听了我的话，是什么感受。

泰丝：

（终于抬起头，紧盯着金）你说我的全是谎话，现在每个人都信以为真。

　　（注意：泰丝的反馈没有回答金有关她感受的提问，而是表达了她的痛苦，很明显她现在需要同理心。）

金：

（从表达转换为倾听）听起来你对我说的话感到很生气。你希望大家知道真相，不相信那些中伤你的谣言？

泰丝：

是的。大家对我很生气，包括我的男朋友，都是因为你说的。

金：

这真是太糟了，亲近的人冲你发火，而且还是因为一些不真实的事，这真让人沮丧，对吧？

泰丝：

是啊。你到底为什么要那么说啊？

金：

（深呼吸两次，体会自己的感受）我说你的那些话，我也不知道是不是真的。为什么我会说呢？我想我只是想反击你，因为你曾经说我的话，还有我们之前相处的方式让我很难受。我说那些话只是想报复你，你明白我的意思吗？

泰丝：

明白。我了解难受和想去报复的感觉。是会让人感觉好一点……在那一会儿。

金：

是的，我们彼此伤害，真的让我很难过。我希望我没有说过那些事……还有其他我说过的话。我希望可以停战，看看我们能不能和平相处。

泰丝：

那他们都信以为真的谎话呢？

金：

你想讨论一下我们怎样可以澄清一下吗？

泰丝：

是啊。你觉得我们真的可以做到吗？

金：

（笑了，眼里挂着泪珠）是的，我真的觉得可以。

　　这个对话展现出原本十分"火爆"，还可能引发危险的情况，在相当短的时间内，通过同理心和坦诚表达，怒火得以平息。这种在金和泰丝之间建立的信任和连接在非暴力沟通对话中非常普遍，尽管有些对话过程需要持续更久，某些情况需要更多沟通。由上述案例可见，即使对话中只有一方熟悉非暴力沟通，仍然可以建立连接。

··· 避免道德评判和诊断 ···

向人们赋予化解冲突的能力，使得所有人的需要都得到满足的沟通过程，会受到习于控制体系老师的阻挠，他们所受的教育就是对学生们做道德评判和诊断。如果学生们不合作或者不学习，或者在某些方面无法表现出与老师的需要相一致，道德评判和诊断就会暗示这些学生有问题。

我注意到当教室里的学生行为与老师期待不一致时，老师常用的诊断分为 5 种：

诊断 1："学习障碍"或"特殊需求"

我听到老师用这个诊断描述那些被解读为无法学习或学习速度不及老师预期的学生。

诊断 2："行为失常"

我听到老师用这个诊断描述那些被解读为具有学习能力，但缺乏学习动力或自我控制的学生。其含义常常是指学生缺乏家教，有"品质"问题。

诊断 3："情绪失常"

我听到老师用这个诊断描述那些被认为具有学习能力，但是有情绪障碍阻碍学习的学生，通常是"问题家庭"的结果。

诊断 4："文化弱势"

我听到老师用这个诊断描述那些被认为智商足够，但文化体验不足以支撑他们在校表现的学生。

诊断 5："多动症 / 注意力缺失"

我听到老师用这个诊断描述那些被认为精力旺盛，没办法长时间把注意力专注在任何事情上的学生。

这些学生会被老师送进已经这样标记的教室中。父母们把孩子送进幼儿园时，小书包里可能就放着一种叫"利他林"的药，因为他在学龄前就被标记为注意力缺陷多动症（ADD-ADHD）。

所有跟我接受过同样学校教育的人以为，就是有一些"特殊需求"的学生，就像有的人数学好有的人数学不好，或者有的人擅长阅读有的人不擅长。因此许多好学生对自己也有负面的印象，总在担心"别人会不会觉得我很蠢"。

当我们的意识如此关注别人对我们的看法，或是犯错误的时候我们对自己的看法，那么任何学习都是让人惧怕的。这就是为什么有 15% 的学生遵循以下人生哲学：睡在地上就不会有掉床这件事。许多被我们称作后进生的人非常害怕做不对事，他们认定还是什么都不做比较安全。

我赞同肯尼斯·克拉克（Kenneth Clark）的建议，这些诊断式的分类常常导致自我实现的预言。

> 一旦教育系统组织方式，是给孩子设置固定的成长轨迹，或依据他们能力的诊断分类决定该教什么，教多少不教多少，可能会导致"结果总能验证假设"的恐怖结果。
> 用智力测验的结果给孩子烙下一生的烙印，以既定的成长方案或将相同类型的孩子分组决定教育的方式，造成了我们公立学校系统无法容忍的不民主的阶层体制，抹杀了公立教育的初衷。他们诱发了这些他们宣称要治愈的病症，又让这些病症得以永存。被公立学校当成无法教育的孩子，到最后几乎总是会无法教育……许多孩子现在正在被系统分类，分成小组，贴上学得慢、可以训练、无法训练、方案A、方案B、小猫型、小兔型等等标签。这都只表现出一个事实，就是他们没有得到教育，没有教育，他们就会失败。（克拉克，Dark Ghetto, 1965, p.128）

我发现当老师做出这种诊断时，他们自己并没有感到鼓舞，去看到发展他们自己建设性行动的可能。事实上，我能看到的这类诊断的另一种危险是一种隐含的假设，就是老师为避免自己疲惫不堪，应该把责任推卸给旁人。比如，当学生被标记为"学习障碍"，隐藏的含义常常是他们需要被转给有能力处理这类学生的特殊教育老师。

当学生们被标记为"情绪障碍",常常隐含的意思是需要把他们转介给义工,心理咨询师,或者精神科医生,这些专业人士会帮助他们解决问题,好让他们心无挂碍地回教室上课。如果老师可以从重视这类工作的系统中得到必要的支持,就有能力创造一个积极的学习环境,照顾好有不同需求的学生。

⋯ 运用强制力避免伤害 ⋯

当师生能够在冲突中以同理心连接彼此的感受和需要,他们通常会找到满足所有人需要的解决方案,或者至少各方可以和而不同,带着善意看待不同意见。

但某些情况下并没有机会进行这种对话,可能需要用强制力保护生命和个人权利。例如,老师想跟学生谈谈可能伤害他们自己或者他人的行为,但学生并不愿意谈。或马上会危及生命或者财产安全,没有时间沟通。这种情况下,老师可以选择使用强制力。重要的是,老师明确知道保护性使用强制力与惩罚性运用强制力的区别。

分辨保护性与惩罚性运用强制力的一个方法,就是检查使用强制力时的想法。保护性使用强制力的人不会对他人带有道德评判。相反,他只是关注于保护自己和他人的幸福。

例如,一个年少的学生正在往大街上跑,使用保护性强制力的老师想的只是保护学生，去束缚他的身体让他不在大街上跑。做到这一点可以完全不使用惩罚性强制力。而后者可能是打孩子，或是在心理上攻击他，说像是"你有毛病吧，怎么这么傻呢"或者"你真是没羞没臊的"之类的话。

惩罚性强制力的基本假设是，人们由于淘气伤害自己和他人，等他们长大会彻底变得邪恶。这种思路的必然推论，就是要通过惩罚让犯错误的人意识到自己错在哪里，让他们忏悔并做出改变。但这种做法在实践中很少行得通。惩罚性强制力很少引发我们渴望的忏悔和学习，而常常导致犯错的人感到憎恨和敌对，甚至会更加抗拒做出行为的改变。

保护性运用强制力的基本假设是，人们出于无知伤害自己和他人。这种无知可能是不知道自己的行为会影响他人，不知道如何满足自己的需要而不妨碍他人的需要，或者从文化中习得的视而不见，把他人的需要受到侵犯的事实合理化（例如，合理化自己的信念，认为他人活该为他们的所作所为而遭受苦难）。

另一种区分保护性强制力和惩罚性强制力的方法，是检查使用强制力的人的意图。使用保护性强制力的人，意图在于防止有人的权利受到伤害或侵犯。使用惩罚性强制力的人，意图在于让人痛苦而意识到自己错了。

练习七

保护性强制力还是惩罚性强制力

使用保护性强制力还是惩罚性强制力的一项主要区别就是使用强制力的人唯一的意图,保护性强制力是为了保护,而惩罚性强制力是为了惩罚(通过恐吓、使用体罚或企图引发羞耻感或罪恶感)。以下情景中,请在老师清晰运用保护性强制力的例子前画圈。

1. 午休时间,老师看到一个学生打了另一个学生。老师担心有人会受伤,就让打人的学生马上去校长室,直到她能去跟他谈话。

2. 老师问学生一个问题,学生没有回答。老师想:真没礼貌!我要让你好看!然后让学生放学后必须留下来。

3. 一位家长来到班里播放他们一家到巴西旅游的照片。在播放照片时,一个学生发出很大的声音吸引其他人的注意力,老师制止了好几次都没效果。万分沮丧的老师想要班里剩下的学生能专心看照片,便让那个学生去走廊上坐着,直到照片播放完。

4. 当老师注意到一群学生正在拿棍子互戳,她告诉他们:"马上停止,免得有人伤着。我想让你们过来坐下,直到你们一起想到一个安全的玩法。"

5. 老师对学生说:"我一直跟你们说别朝其他人扔球,但我还是看到你这么干。下面两个课间你就在班里待着擦黑板吧!"

6. 老师离开了教室 5 分钟,回来发现学生们跑来跑去,而不是照她之前说的在座位上读书。她说:"看起来你们不知道怎么坐在座位上,午休的头 10 分钟你们就练习坐在座位上吧。"

7. 老师对班里的学生说,最近的标准化考试中低分人数太多,她很失望。然后,她开始发考卷,每发到一个学生就把他的分数念出来。当发到最低分的时候,她还不以为然地摇了摇头。

8. 一位学生在走廊里跑得飞快,撞到一位老师。老师喊他别跑了并请他坐下来。她接着解释了在学校建筑物内禁止奔跑的原因,举出了因为在走廊上奔跑而造成伤害的例子。

我对练习七的回答：

1. 如果你在这个数字上画圈，我们的意见一致，这个情景中老师很可能是运用了保护性强制力，而不是惩罚——假定她相信校长不会惩罚那个孩子。

2. 如果你在这个数字上画圈，我们的意见不一致。老师的想法显露出的评判，常常伴随惩罚的意图。

3. 如果你在这个数字上画圈，说明对于这是不是个保护性强制力的明确例子，我们的意见不一致。对我来说给出的信息不能判定老师的意图。

4. 如果你在这个数字上画圈，我们的意见一致，这是个保护性强制力的例子。

5. 如果你圈了这个数字，我们的意见不一致。对我来说给出的信息无法判定老师的意图。我倾向于假定其意图是惩罚。

6. 如果你圈了这个数字，我们的意见不一致。同上一个情景一样，老师的意图不明确。我倾向于假定其意图是惩罚。

7. 如果你圈了这个数字，对于这是不是保护性强制力的例子，我们的意见不一致。公开宣布考试成绩，持续向低分学生表达她的失望，我会将老师的用意解读为通过引发愧疚来惩罚学生。

8. 如果你圈了这个数字，我们的意见一致。老师的想法与保护性强制力的理念相符。

…打造可持续发展的团队…

大多数美国人都熟知公立学校的不公与不足，它们使弱势群体依然弱势，即便完全从学校毕业也依然没有阅读能力，无法就业，注定贫穷而为非作歹。要求教育改革的呼声此起彼伏，此时更是发出前所未有的强音。

当前，我所犯的历史性错误之一，就是假定有一所学校，这所学校能让学生学得更快，有更好的学术能力，更少暴力，更多合作，这样的学校就能解决所有问题。全世界都会说："嘿，看看那个项目，那就是我们要做的！"

一旦我们建立了本书中描述的教育项目，我们可能需要创建能让它们得以延续的团队。不幸的是，丰盈生命的班级和学校很可能需要在并不支持它们的教育系统中挣扎求生。任何控制系统的目标，都有意无意地维持现状——由少数人维护他们的财富和特权，其他人永远贫穷或接近贫穷的经济体系。

长远来讲，这种体系不会对我所提倡的教育创新做出积极回应。它可能会启动新的教育项目，但除非我们组织了不断进步的团队来维护它们，这些学校很可能很快就重回它们原有的架构和运作模式。

如果你读过迈克尔·凯兹（Michel Katz）的书（《美国学校改革的讽刺》是其中一本），就会知道其中的原因。如果我们只是尝试改变教育体系，那仅仅是管中窥豹，看不见更大的图景。我们只会重复凯兹所描述的，自美国公立教育开始以来的改革运动：他们创立的新教育方案比原来的好，但是五年以后就消失了。

凯兹认为问题出在这些教育改革者一开始都假设只有教育体系需要改革。他们不谙政治，只看到学校的问题，看不到学校的作用，它们正在达成设立学校时要达成的目标：1）维持阶级制度（特权阶层出生的孩子进入学习环境时有更好的准备，因此更有可能成功），2）教育学生为了外界的奖励而努力（为分数而读书，而非检查所学是否对他们的生命有益，以便之后他们可以为薪水而工作），最重要的是，3）维持对权威的服从。

我问过许多老师，"评估老师的基本方法是什么"？他们回答，"安静的教室，教室的秩序"。那是排在第一位的目标，排在第二位的是"吸引人的公告栏"。最近我们听说要求老师有更多责任感，提高水平测试分数，但主流的意见仍然是这个目标只能在安静的、有吸引人的公告栏的教室里完成。

因此所有的改革者，无论他们持有何种教育理念，都以教育者的视角去审视学校项目。由于缺乏政治视角，他们看不到美国的公立教育就是要教育人们适应和遵守掌管着学校的控制型经济和政府组织。如果不认清这个潜藏的事实，任何改革都不可能成功。

建立一个团队来维持丰盈生命的学校，其重要性可以从我在伊利诺伊州罗克福德的学校项目中得到印证。那是头一次我有机会贡献一己之力，创建丰盈生命的学校。

如同我在本书引言中所述，充满远见和勇气的校长与督学，梦想创建这样一所学校作为实验项目，展示相比传统学校的优越之处。在证明其有效性之后，计划在整个学校体系之中建立丰盈生命的学校系统。

学校项目开始不久，反对的声音就很快浮现。这个社区不习惯一所学校建立在这种价值观之上。督学和校长常遭到尖锐的批评，还有人企图让他们辞职。幸运的是有家长和老师组成的团队支持督学的项目，让这个项目得以延续。这个团队邀请我为老师和家长提供培训以支持他们的努力。

以教育的标准而言，学校非常成功。学术成绩提高，破坏公物和其他形式的校园暴力减少。但是，即使学校这么成功，后一届的校董事会中还有四个成员倡议要关闭学校。社区的居民显然不能理解一所学校为什么这样运行，这与他们之前上过的学校完全不同。

支持建立这所学校的家长团队现在看到他们需要继续一起为维持这所学校而努力。他们计划与校董事会开会，希望能帮助他们更好理解这所学校的理念。

家长团队要召开会议并不容易。这用了十个月。董事会主席拒绝回应这个团队的电话留言或回信。幸运的是，一个团队成员认识的一位女士跟董事会主席同在一个社交圈子，她后来成功让董事会主席安排了推迟的会议。

会议达成了既定的目标：董事会同意维持学校，即使董事会的部分成员是因为倡议关闭学校才当选的。但是如果没有这个给力支持的家长团队，学校必定关门无疑。

那个会议我也在场。我试图理解董事会的成员之一，一位受过良好教育的内科医生，为何对这所学校如此反感。他告诉我他所观察到的现象让他心神不宁："孩子从一间教室走到另一间教室，不排队也没有老师带领。"我问有没有其他的例子，他补充道："在一个教室里我看到有孩子玩游戏。"接着他说出了我多年以来一次又一次听到的话。他说："学校不是玩乐的地方。如果你一直游戏，玩得开心，就什么也学不到。"这跟他所理解的学校差异太大了。我们双方在达成一些共识之后，他才愿意支持这所不一样的学校。

⋯ 转化我们的学校 ⋯

虽然教育的创新之路不易，我却把它看作达成世界和平的有效途径。如果未来的世世代代能在重视每个人需要的学校中接受教育，我相信他们会更有能力建立丰盈生命的家庭、工作场所和政府。

在我们的社会有许多资源可以支持那些想渴望生命蜕变的人。我想要提醒你，学校和其他组织也可以通过非暴力沟通过程和基本原则做出相似的转化。我们可以创造一个丰盈生命的体系，让每一个人都有机会做他在心里最享受的事：让我们自己和他人的生命更美好，满足每个人的需要。不管过去在某所学校或教育体系之中发生了什么，如果学生、老师、父母和行政人员学会用丰盈生命的方式建立连接，他们必将会开始建立丰盈生命的社区。

我曾见过这一幕发生过，一次又一次，当它发生时，美好无以言表。

···非暴力沟通四要素···

清晰地、不带指责或批评地表达自己
带着同理心倾听对方，而不解读为指责或批评

观察

1. 我所观察到的（看到的，听到的，记忆里的，想象的，不带自己的评价）是否为我的幸福做出了贡献：
"当我（看，听）……"

1. 你所观察到的（看到的，听到的，记忆里的，想象的，而不是你所评价的）是否为你的幸福做出了贡献：
"当你（看，听）……"
（有时会以静默的方式同理倾听）

感受

2. 与我的观察相关联，我的感受（情绪，知觉而非想法）：
"我感觉……"

2. 与你的观察相关联，你的感受（情绪，知觉而不是想法）：
"你感觉……"

需要

3. 引发我感受的根源是我所需要或看重的（而不是偏好或特定的行为）：
"……因为我需要/看重……"

3. 引发你感受的根源是你所需要或看重的（而不是偏好或特定的行为）：
"……因为你需要/看重……"

为了服务我的生命需要，清晰地表达请求而不是要求	同理倾听什么请求能服务你的生命需要，而不是听到任何要求。

请求

4. 我想采取的具体行动是：
"你愿意试试……吗？"

4. 你想采取的具体行动是：
"你想要试试……吗？"
（有时会以静默的方式同理倾听）

… 人类共有的一些基本感受 …

需要得到满足时的感受

- 惊叹
- 舒适
- 自信
- 期待
- 精力充沛

- 满足
- 开心
- 满怀希望
- 受启发的
- 好奇

- 愉快
- 感动
- 乐观
- 自豪
- 放心

- 兴奋
- 惊喜
- 感激
- 触动
- 信赖

需要未得到满足时的感受

- 生气
- 烦闷
- 担心
- 困惑
- 失望

- 灰心
- 苦恼
- 尴尬
- 挫败
- 无助

- 无望
- 不耐烦
- 恼火
- 孤单
- 紧张

- 不堪重负
- 迷茫
- 犹豫
- 难过
- 不适

… 人类共有的一些基本需要 …

自主选择
- 选择梦想 / 目标 / 价值
- 选择实现梦想 / 目标 / 价值的方法

庆祝 / 哀悼
- 庆祝生命的创造和梦想实现
- 哀悼失去：亲友离世，梦想破灭，等等

一致性
- 真实
- 意义
- 创造
- 自我价值

生理需要
- 空气
- 食物
- 运动 / 锻炼
- 保护（免受病毒、细菌、昆虫、食肉动物的伤害）
- 休息
- 住所
- 水
- 性表达
- 身体接触

玩耍
- 乐趣
- 快乐

精神需要
- 美
- 启迪
- 和平
- 和谐
- 秩序

相互依存

- 接纳
- 亲密
- 体谅
- 心理安全
- 诚实（赋能的诚实，可以让我们从自身的局限中学习）
- 爱
- 尊重
- 信任
- 欣赏
- 社群
- 服务生命
- 同理心
- 肯定
- 支持
- 理解

图书在版编目（CIP）数据

非暴力沟通．丰盈生命的教育/（美）马歇尔·卢森堡（Marshall B.Rosenberg）著；李迪译．—北京：华夏出版社有限公司，2021.10（2024.7重印）
（非暴力沟通系列）

书名原文：Life-Enriching Education：Nonviolent Communication Helps Schools Improve Performance，Reduce Conflict，and Enhance Relationships

ISBN 978-7-5222-0071-2

Ⅰ.①非… Ⅱ.①马… ②李… Ⅲ.①学校教育 Ⅳ.① G4

中国版本图书馆 CIP 数据核字（2020）第 268339 号

Translated from the book Life-Enriching Education by Marshall B. Rosenberg ISBN: 9781892005052 / 1892005050. Copyright © 2003 PuddleDancer Press, published by PuddleDancer Press. All rights reserved. Used with permission. For further information about Nonviolent Communication ™ please visit the Center for Nonviolent Communication on the Web at: www.cnvc.org.

版权所有，翻印必究。
北京市版权局著作权合同登记号：图字：01-2018-8654 号

非暴力沟通·丰盈生命的教育

作　　者	［美］马歇尔·卢森堡
译　　者	李　迪
责任编辑	王凤梅
责任印制	刘　洋

出版发行	华夏出版社有限公司
经　　销	新华书店
印　　刷	三河市少明印务有限公司
装　　订	三河市少明印务有限公司
版　　次	2021 年 10 月北京第 1 版　2024 年 7 月北京第 3 次印刷
开　　本	710×1000　1/16 开
印　　张	12
字　　数	125 千字
定　　价	59.80 元

华夏出版社有限公司　地址：北京市东直门外香河园北里 4 号　邮编：100028
网址：www.hxph.com.cn　电话：（010）64663331（转）
若发现本版图书有印装质量问题，请与我社营销中心联系调换。

图书在版编目（CIP）数据

非暴力沟通．丰盈生命的教育/（美）马歇尔·卢森堡（Marshall B.Rosenberg）著；李迪译．—北京：华夏出版社有限公司，2021.10（2024.7重印）
（非暴力沟通系列）
书名原文：Life-Enriching Education：Nonviolent Communication Helps Schools Improve Performance，Reduce Conflict，and Enhance Relationships
ISBN 978-7-5222-0071-2

Ⅰ．①非… Ⅱ．①马…②李… Ⅲ．①学校教育 Ⅳ．① G4

中国版本图书馆 CIP 数据核字（2020）第 268339 号

Translated from the book Life-Enriching Education by Marshall B. Rosenberg ISBN: 9781892005052 / 1892005050. Copyright © 2003 PuddleDancer Press, published by PuddleDancer Press. All rights reserved. Used with permission. For further information about Nonviolent Communication ™ please visit the Center for Nonviolent Communication on the Web at: www.cnvc.org.

版权所有，翻印必究。
北京市版权局著作权合同登记号：图字：01-2018-8654 号

非暴力沟通·丰盈生命的教育

作　　者	［美］马歇尔·卢森堡
译　　者	李　迪
责任编辑	王凤梅
责任印制	刘　洋

出版发行	华夏出版社有限公司
经　　销	新华书店
印　　刷	三河市少明印务有限公司
装　　订	三河市少明印务有限公司
版　　次	2021 年 10 月北京第 1 版　2024 年 7 月北京第 3 次印刷
开　　本	710×1000　1/16 开
印　　张	12
字　　数	125 千字
定　　价	59.80 元

华夏出版社有限公司　地址：北京市东直门外香河园北里 4 号　邮编：100028
网址：www.hxph.com.cn　电话：（010）64663331（转）
若发现本版图书有印装质量问题，请与我社营销中心联系调换。